La poesía de Rubén Darío

HISTORIA, CIENCIA, SOCIEDAD

PEDRO SALINAS

LA POESÍA
DE RUBÉN DARÍO

ENSAYO SOBRE EL TEMA
Y LOS TEMAS DEL POETA

Ediciones Península

Barcelona

Quedan rigurosamente prohibidas, sin la autorización escrita
de los titulares del «copyright», bajo las sanciones establecidas
en las leyes, la reproducción total o parcial de esta obra por
cualquier medio o procedimiento, comprendidos la reprografía
y el tratamiento informático, y la distribución de ejemplares
de ella mediante alquiler o préstamo públicos.

La primera edición de esta obra fue publicada
por la editorial Losada en 1948.

Primera edición en Ediciones Península: enero de 2005.
© Herederos de Pedro Salinas, 2005.
© de esta edición: Grup Editorial 62, S.L.U., Ediciones Península,
Peu de la Creu 4, 08001-Barcelona.
correu@grup62.com
www.grup62.com

VÍCTOR IGUAL • Fotocomposición
LIMPERGRAF S.L. • Impresión
DEPÓSITO LEGAL: B. 50.446-2004
ISBN: 84-8307-650-0

CONTENIDO

1. EL POETA Y SU VIDA   9
   Las constantes de la vida de Rubén Darío, 12. «Cuerpos bellos, bebedizos diabólicos», 12. Los amores, 13. Los «cuidados pequeños», 16. El periodismo, 18. La poesía, 21.

2. RUBÉN DARÍO Y LA PATRIA   27
   Varias patrias, 27. Nomadismo, 27. Las patrias americanas, 30. La patria de Europa, 31. España, 34. La patria «summa», 37.

3. EL TEMA DEL POETA   41
   Vida del tema, 42. Tema de vida externa, 43. Subtemas, 44.

4. LA PALOMA DE VENUS   45
   ¿Poeta amoroso, poeta erótico?, 47. El erotismo sin amada, 49. Tentativa de musa, 52. El delirio de la posesión, 56. La inconsciencia, clima erótico, 59. Eros, sin tiempo, 61.

5. EL OLÍMPICO CISNE   63
   Helenismo, 64. Lo griego y lo erótico, 67. La versión helénica de Rubén Darío, 68. Ingreso en la mitología, 70. Mundo de traslación, 72. Los favoritos de Rubén. La soberana, 75. El centauro, 77. Los divinos príncipes, 79.

6. EL JARDÍN DE LOS PAVOS REALES   87
   El deseo, gran peregrino, 87. Los mundos de la sensualidad, 89. Lo exótico, 89. La poesía pictórica, 93. Los «paisajes de cultura» de Rubén Darío, 96. El tiempo del rey Luis de Francia, 97. La «fiesta galante», 98. La divina Eulalia, 102. «Única, sola y todas», 107. La una y la múltiple, 110.

7. PASÓ UN BÚHO SOBRE MI FRENTE   117
   El erótico y el otro, 118. El alma contempla su dualidad, 120. Tiempo, tristeza, 124. Encuentro de Chronos y Eros, 125. Otoño en primavera, 126. Lo erótico en su nuevo mundo, 131. Primavera en otoño, 131. Conciencia y tiempo, 137. Los «Nocturnos», 139. ¿Estar triste de fiestas?, 141. Conciencia: pesadumbre, 142. Entre dos luces, 145. Mediterráneo, mar interior, 147.

8. DIVINA PSIQUIS, DULCE MARIPOSA   151
   La angustia del desorientado, 151. La reina de los espantos, 153. ¿Posible aurora?, 155. Hacia la luz tercera, 156. El corazón ofrecido, 159. Las angustias del arrepentido, 160. Las visiones, 165. La mujer-visión, 168. La tragedia de Psiquis, 171.

9. CUÁL FUE EL TEMA DE RUBÉN DARÍO   177
   Tradición del pecado, 181. El burlador, ¿burlado?, 183.

10. LA POESÍA SOCIAL (SUBTEMA 1)   185
    Poesía social, 185. Darío y lo social, 186. Sociedad en pasado: lo histórico, 188. España, 191. Nación y naciones. 193. La poesía política, 197. «Las vértebras enormes de los Andes», 198. Estado de esperanzas, 201. Los dos agonistas, 204. El escándalo del águila, 206. La guerra y la paz, 210. Los poemas argentinos, 212. El «Canto a la Argentina», 213. Lectura de imágenes, 218. Lo que se canta en el «Canto a la Argentina», 219. Poesía, paz, 220.

11. EL ARTE, LA POESÍA Y EL POETA (SUBTEMA 2)   223
    El prólogo a los «Cantos de vida y esperanza», 223. Reacción, 226. Idealismo, 226. Aristocracia y mediocracia, 228. Supremacía del arte, 230. Fe en el arte y voluntad de creación, 233. Glorias y trabajos de la poesía, 237. El poeta y su función, 239. Victor Hugo y «l'art pour l'art», 240. Entre el profeta y el artífice, 241. Heroísmo del poeta, 243. Admiraciones y modelos, 246.

12. CONCLUSIÓN 247
    Variedad de temas, unidad en el alma, 247.

*Índice alfabético de poesías de Rubén Darío comentadas en
este libro* 251

1

EL POETA Y SU VIDA

Lo que los hechos mortales, las mil acciones que el poeta va arrojando, conforme vive en cuanto simple ser humano, al fondo de cada día que pasa, tengan que ver con esos otros actos de excepción aspirantes a la inmortalidad, sus poesías, está todavía por averiguar. Muchos acertadores han querido dar con el enigma, y muchos dictámenes tienen formulados. Los unos, a un extremo, los *biografistas*, se empeñan en mirar cada poema como determinado específicamente por una circunstancia concreta de la vida del autor, que es posible aislar y poner en evidente relación con su efecto, cual si se tratara de un experimento de física. Según ellos, vida material y obra se corresponden, como el haz y el envés del tapiz. En la otra punta, los espiritualistas puros se complacen en contemplar la obra, suelta y desprendida de toda contingencia anecdótica de la vida de su autor, y tienen por tarea inútil la de intentar establecer un contacto entre lo escrito y lo vivido. Después de todo, piensan, ¿es que necesita para algo, la mirada que sigue a un avión en vuelo y se recrea en sus rasgos por el aire, saber de qué trozo de tierra despegó?

No hay hechura del hombre que no provenga de su vida. Por eso no existe arte que no sea humano, y aunque esta o aquella obra puedan aparecérsenos tan extrañas que las califiquemos de inhumanas, en el fondo responden a un modo de ser raro, extraño, de lo humano. El arte que se llamó deshumanizado es teoría de un hombre. ¿Cómo puede ser que el artista deshumanice el arte, si fatalmente ha de hacerlo desde su condición inescapable de humano?

Lo que llamamos más o menos vagamente nuestra vida es una energía, un *poder hacer* que se nos entrega en cuanto nacidos. Ese haz de potencias, lo mismo que la energía física general, puede pasar de una forma a otra. En la escuela nos enseñan muy pronto cómo la energía, una y la misma en su fondo, se trasmuta en movimiento, en calor, en luz, etc. Dormita en el tronco de la encina una misteriosa capacidad de ser llama. Allí se estará, si el árbol es feliz y no le alcanza el filo del hacha ni llega a la chimenea. El gran número de los hombres consume su energía vital en actos consuetudinarios y comunes, que se mueven en unas cuantas direcciones constantes. (A dos las reducía Juan Ruiz: «Por dos cosas trabaja el hombre...».) Pero en algunos seres humanos una chispa, venida Dios sabe de dónde, empuja la energía vital a su consumación en actos de otra categoría: los actos creadores. La que se suele llamar la vida es entonces puro combustible, materia de ardor. Y en esa forma de energía superior queda destruida, abolida, la de antes, lo mismo que la madera del leño entrega su peso, su forma, al no ser, para que exista la llamarada.

¿Qué importancia tendrá, entonces, esa materia, esa experiencia vital, de donde arranca el poema? Para el psicólogo, atraído por el problema del conjunto de actos psíquicos llamados génesis o proceso del poema, ese su punto de partida será un dato valioso.

Dudo mucho que tenga parecido valor, si es que tiene alguno, para el crítico literario o para el lector. Porque el oficio del poema no es reproducir aquella primera experiencia, sino crear otra, la obra, nueva, distinta, libre en su nuevo ser, en modo alguno esclava de su punto originario. El mundo de las formas artísticas es vida, claro. Pero no es la vida, ésta, el tráfago multitudinario de ir y venir, de dormir y despertarse, de amar y desamar por el mundo. Es otra vida. La partitura, el cuadro, el poema, los erigen los hombres sobre sus existencias materiales, precisamente para alzarse sobre ellas, para superarlas en una fabulosa operación de la fantasía que es incomparablemente más que la simple dúplica, copia o repetición, con que la teoría realista extravió tantas cabezas.

¿Rehacer el proceso? ¿Volver atrás, partiendo del poema, hasta dar con su circunstancia originaria? Empresa tentadora, escoltada de peligros, expuesta a caídas, que invita, y con sus buenos motivos, al espíritu humano curioso. Pero el poema, la obra terminada, que se basta a sí misma, suficiente en su perfección, poco o nada tiene que ver con ese trabajo que versa sobre un *antes* del poema, sobre su estado de no ser aún.

Por otra parte, esa tendencia biografista, ese prurito de adscribir cada poesía de un autor a un episodio de su vida, con todos los personajes y decoraciones que tiene el episodio, es muy comprensible. Las gentes se acercan por lo que les es común, se apartan por sus diferencias. He aquí un poema amoroso: el lector, en él, siente su radical distinción del poeta, y a la par su identidad con el poeta. Al gustar el poema se hace uno con el que lo escribió; pero al verlo, luego, en la página, al recordarlo como una obra, percibe la distancia que lo separa del que supo escribirlo. Pues bien, si un biografista sostiene que el poema nació de un cierto paseo que dio el autor con su novia por las orillas de un lago, todo mozo capaz de pasear con su enamorada por cualquier orilla de un lago cualquiera sentirá que por un instante él es igual al poeta. Porque en ese sentir—que fue puro inicio de la poesía—, todos somos iguales. De ese modo, en la explicación biográfica del poema el hombre satisface dos impulsos contradictorios que en él conviven. Uno es la resistencia a aceptar lo excepcional, lo descomunal, que por el solo hecho de existir le hace darse cuenta de su condición de común, de ordinario. Y otra es la inclinación a admirar lo extraordinario, lo desusado, lo que está por encima de él. El lector, a solas con la poesía, en la lectura, se siente dominado por la grandeza del poeta, percibe la disimilitud que hay entre los dos. Pero entonces interviene el biógrafo; explica el poema por un suceso de esos que ocurren a cualquiera, a cada momento; y el lector se confiesa vagamente halagado, porque, según esta interpretación biográfica, el poeta es, después de todo, uno de tantos. Podrán los artistas hollar nubes, presumir de nefelibatas, ostentar sus poesías como credenciales de su altura. Pero las biografías les tiran de los pies, con todo el peso documental de que es capaz el biógrafo, y les convierten en el vecino de al lado, aquel que de cuando en cuando armaba con la musa, su señora, trifulcas magnas, escándalo del barrio.

Afirmaba un dicho, muy redicho, que no hay grande hombre para su ayuda de cámara. Los biógrafos, son, muchas veces, los ayudas de cámara de los artistas. Su empeño es arrancarles de la ultrahistoria, en donde ellos quieren vivirse, y devolverlos a la historia. Confundir al hombre con el poeta. Para lo cual, al fin y al cabo, tienen sus razones, porque los dos andan juntos por este mundo, y hasta que la muerte los separa, enterrando al uno, ascendiendo al otro, es difícil distinguirlos.

Todo esto son precauciones, pies de plomo, que nos calzamos, antes de atrevernos a hablar de la vida de Rubén Darío.

LA POESÍA DE RUBÉN DARÍO

LAS CONSTANTES DE LA VIDA DE RUBÉN DARÍO

Cuando se hace el inventario de las idas y venidas de Rubén por la tierra, es decir, cuando se leen atentamente su autobiografía, las biografías de Vargas Vila, de Francisco Contreras, de Torres Rioseco, de Cabezas, y alguno de los muchos artículos monográficos escritos sobre el poeta, cuando se repasan sus cartas, emergen de ese triste conjunto de flaquezas, de candideces, de azares, unas cuantas líneas, presencias constantes en la existencia de Rubén; ellas, como las de la mano del hombre leídas por el quiromántico, explican el sino de la persona. Dos de ellas pertenecen a su natural constitución humana. Con ellas nace, y de ellas muere. Son dos formas de embriaguez, la sensual y la alcohólica.

«CUERPOS BELLOS, BEBEDIZOS DIABÓLICOS»

Así dio él nombre genérico, en «Oro de Mallorca», a esas dos constantes. En su biografía se jacta de que ya en la escuela de primeras letras buscaba en una muchachita compañera iniciaciones en la ciencia del cuerpo bello. Lo otro, el bebedizo, se le viene encima también jovencísimo, a los catorce años, en El Salvador, cuando se gasta el dinero que su protector, el presidente Zaldívar, le pagaba, en francachelas potatorias. En 1890 publica en *Correo de la Tarde*, de Guatemala, un elogio lírico del vino y de sus variedades. Muy curioso, por lo que tiene de ejemplo de imbricación de temas rubenianos. El vino de Champagne es proclamado monarca sin disputa de los brebajes: «Damas, cuando bebéis champagne el fauno caprípedo os está haciendo señas bajo el cítiso». Y luego: «La espuma del champagne es hermana de la espuma del mar, ambas han tocado las cándidas piernas de la diosa». ¡Con qué naturalidad se convierte aquí el vino en núcleo de reunión de esas constantes de la vida y la poesía rubenianas: Francia, lo francés, Venus y la mitología, lo femenino y su goce sensual! Jamás soñó el champagne en ser arca de tantas riquezas. De todas las constantes adversas de Rubén, ésa es la más tristemente constante. Es uno de los muchos «poseídos». El «mal de alcoholes», parejo de ese «mal de amores» que descubrió en la Edad Media la lengua castellana, es su mal crónico. Pocos pasajes más patéticos que el que nos comunica Sureda sobre su estancia en Mallorca, la última. Un hombre como Sureda, sencilla y buena alma, quiere luchar con el demonio del poeta. Rodean, él y su esposa, a Rubén de cuidados y atenciones familiares. Va serenándose el enfermo. Pero un día salen de excursión, y en el camino se encuentra al enemigo. Vuelve a caer Darío en su poder, y Sureda se rinde. Por alcohol se compraba siempre a Darío mucho más que por dinero. Por alcohol se le engañaba, como a un niño.

Y su secretario y explotador Bermúdez, para sacarle de Barcelona, rumbo a una disparatada aventura en América, se vale del vino, lo emborracha, y así lo embarca, llorando. Cuando se refugia en Guatemala, fracasado y enfermo, le cercan, según cuenta Alemán Bolaños, una banda de parásitos que apresuran más y más su muerte, dándole a beber sin tasa.

En aquel artículo a que aludimos hablaba Darío de «la aristocracia báquica». Aristocracia fácil y costosa a la vez, que no exige expedientes de nobleza de sangre para pertenecer a ella. Rubén Darío, al inventarla, al bautizarla, literatizaba su vicio, prestigiado por tristes hermanos augustos, como Poe, que acaba en un hospital de Baltimore, y Verlaine, el que fina en un hospital de París. Nueva imbricación, en la que se aúnan dos constantes: la muy impura del alcoholismo, y la muy pura del amor a la poesía. El diablo, experto en disfraces, se revestía las sombras del espiritual autor de *Eureka*, y del místico autor de los sonetos de *Sagesse*, para que ellos le tendieran, desde sus tumbas y desde su inmortalidad, el fatal bebedizo. El hombre y su debilidad, al llenar el vaso, se sentían como amparados, excusados, por los poetas y sus grandezas. Y Rubén Darío bebía, como lo hizo casi todo, mitad en este mundo, mitad en el otro.

LOS AMORES

También surte de la época romántica, del tipo romántico, esa aproximación de la fatalidad del poeta a la del amor. Pero en la vida de Rubén falta el gran amor, la novela amorosa, la tan frecuente hija mestiza de falsía y sinceridad, de los románticos. Es la sensualidad lo que le empuja a matrimonios desdichados. Ella, en combinación con el alcohol, le hace casarse con la que fue su segunda esposa, Rosario Murillo, en un episodio, penoso entre todos, que es, si acaso, todo lo contrario de la gran aventura erótica romántica. Porque los hermanos de su novia lo emborrachan, y entre el desconcierto de la borrachera y las amenazas intimidan al poeta y le obligan a la boda contra su voluntad, sin que sepa casi lo que hace. Esta segunda esposa, con la que apenas si vive, se le convertirá en un torcedor constante, ocasión de innúmeros contratiempos, e inspiró, ya que no poemas a Darío, una ley de divorcio al Congreso de Nicaragua, forjada expresamente para liberar al poeta de su yugo.

Su primer matrimonio había sido un milagro, por obra de la muerte prematura de su esposa; ciertos pasajes literarios de Rubén permiten mirar a aquellas relaciones entre el poeta y Stella circundadas de un aura de romanticismo adolescente. Pero lo que no posee Darío es el don fatal de los grandes románticos, aquel hechizo misterioso, paseado por los palacios venecianos y los *salons* de París, por un Byron, un Châteaubriand, los dos fulgurantes cometas literarios que cruzaban el cielo de Europa, dejándose atrás una cauda de virtudes rendidas y corazones maltrechos. Porque lo característico del romántico adonjuanado es, todavía más que su afición a enamorarse, su complacencia en inspirar pasiones, en dejarse querer, adorar, de suerte que cada amante le ofrezca en su amor, como en un espejo, un nuevo viso de su genial figura. No hay dato alguno en la vida de Rubén indicador de que él hubiese sido agraciado con ese don. Blanco Fombona asegura que no tenía prestigio con las mujeres. Muchos hablan de su terca timidez. A Soto Hall le dijo un día que él había amado mucho. Y su confidente no se lo cree; por el contrario, afirma rotundamente que Rubén no amó nunca. ¡Nada menos! El aserto es uno de esos engreimientos de biógrafo que no repara en saltarse la más obligatoria delicadeza, con tal de mostrarse enterado, de estar en el secreto.

Anécdotas y episodios amorosos de Rubén se corresponden más que con la *grande passion* romántica, con los capítulos picantes de la novela erótica del xviii, o los cuadros de vida bohemia, con la *grisette* por protagonista. Encuentros amorosos, enlazados hoy, desenlazados mañana, sin mucha pena y con menos gloria. En la Domitila chilena, en la uruguaya innominada de Buenos Aires (la que él nombró Margarita), en la titulada Marion Delorme de París, nada se ve que sobrepase la aventura que tiene siempre a la mano el artista mozo, o el extranjero en cualquier capital de Europa, con tal que vaya bien provisto de fondos. No parece muy temerario pensar que durante gran parte de su vida el amor se le pintaba a la imaginación de Rubén en forma de «cita galante», la expresión tan rodada por la literatura de la época de Arsène Houssaye para abajo. Había leído *La Femme au XVIIIE siècle*, de los Goncourt, y aquel angostamiento del amor a su pura superficie sensual, asistido por otros excitantes de los sentidos, el lujo, el vino, la «fiesta galante», lo traducía a las cenas en los reservados de un café de París con alguna figurante asalariada que hacía de marquesa de la Regencia, mientras el poeta, siempre crédulo e ilusionado, se imaginaba que no se perdía nada en la traducción.

Y sin embargo, un modo de amor, humilde y desdorado, el que le tuvo Francisca Sánchez, la simple e ignorante muchacha de un pueblo de Castilla, en todo lo más opuesto a la versión libertina del amor, es el que llena más años de la vida del poeta. Y acaso lo que se le entró más a lo adentro del corazón. La carta patética que escribe a su amigo Julio Piquet desde Valldemossa—fecha 29 de noviembre de 1915—es la más desgarradoramente iluminadora sobre su vida íntima. Intenta separarse de Francisca pero siente «lo triste de mi soledad, después de catorce años de vivir acompañado». En verso le dirá su famosa súplica: «Francisca Sánchez, acompáñame». Esta relación no se expresó en escena galante, en exaltación sensual con fondo decorativo; fue marcándose poco a poco, día casero a día casero, hasta alzarse con la imponente fuerza de la costumbre indestructible, la costumbre, con la hermosura y plenitud de sentido que daba a la palabra Unamuno.

Amasada de sordas alegrías—nunca cantadas—y ácidos disgustos, desarrollada con tremendas discontinuidades afectivas de Darío, que un día miraba a Francisca como a una pobre bestia («Hasta con los animales se habitúa uno»), y al siguiente como enviada del Señor («Lazarillo de Dios en mi sendero»), fue sin embargo lo más continuo y duradero en su vida. Darío, tras de tanto buscar dechados de amor en ninfas de Grecia, en florentinas renacentistas o en Mimís Pinsones disfrazadas, se rindió a uno de esos amores a lo Galdós, versión hispánica cuya protagonista, incomprensiva y sufridora, llena los días con inseparables dosis de torpeza y fidelidad, de pobres hechos vulgares y destellos de alma sin par. De esta paleta de Ávila, plebeya, de sus amores, por muy moteados que estén de miserias, recibió probablemente Rubén lo más noble y lo más desinteresado del amor.

Y hasta lo último parece Rubén Darío en esto de sus amores juguete y víctima de triste azar y extraviada ventura. En unas líneas del *Viaje a Nicaragua* dice: «... y si el capricho y el triste error ajenos no me hubiesen impedido, después de una crueldad de la muerte, la formación de un hogar». No es difícil atinar con las alusiones. La muerte le lleva a Rafaela, su primera esperanza de casa, familia y reposo. Y Rosario es el capricho y el error (con su negativa al divorcio le mantiene siempre esclavo, y no le permite casarse con Francisca, la hogareña probada con tantas pruebas). Y precisamente esta mujer, origen de todo el descarrío de su vida afectiva, fue la que le acompañó en Nicaragua, en sus últimos días, hasta su última hora. La Francisca quedó en España; Rosario, al saber al poeta tan mal enfermo, lo buscó, lo llevó a su lado. Y murió Rubén junto a aquella esposa a quien tanto terror tenía, de la que había huido con susto de niño, años y años, y que sin embargo fue la designada por la suerte para ser la última figuración encarnada del amor, ante los ojos agónicos del poeta.

LOS «CUIDADOS PEQUEÑOS»

Fueron el gran cuidado de la existencia material de Rubén Darío, la constante de mayor entidad, no de aquellas que se le imponen al individuo desde dentro, desde su naturaleza, sino la que el mundo exterior le puso siempre por delante, interminable fila de obstáculos, surgido uno apenas penosamente franqueado el anterior. El poeta no pudo descuidarse, despreocuparse, casi nunca de esa preocupación que los idiomas designan tan equivocadamente con el modismo convencional: «ganarse la vida». «¿He nacido yo acaso hijo de millonario?», escribe a Madame Lugones.

Brevísimos y escasos fueron los respiros. En ellos, cuando Rubén se veía dueño de algunos dineros los dispensaba en torno suyo, con prodigalidad. Vividores y parásitos, que le conocían esta flaqueza, se le allegaban entonces. Era él de naturaleza dadivoso, y en viéndose con moneda fresca caía en manirroto. «Tener deudas es cosa de gente grande», escribía ya en 1886. «Yo no ahorro ni en seda ni en champaña ni en flores». «No conozco el valor del oro». Un día un amigo le lleva a un restaurante de excelente cocina y precios moderados. Al salir, Rubén le encuentra su defecto. «Es admirable. ¡Lástima que sea tan barato!».

Alude en *Historia de mis libros* a «la lucha por la existencia, desde el comienzo, sin apoyo familiar, ni ayuda de mano amiga». A este su inseparable espectro de la escasez dineraria o la penuria le carga hasta sus quebrantos físicos, sus dolencias: «Si yo asegurara mi independencia modesta y mis días no fueran de inseguridad, no me enfermaría probablemente nunca», escribe a Julio Piquet. Toda su biografía está puntuada por episodios de apuro y angustia económicos. En el momento de hallarse en su más encumbrada posición social, ministro de Nicaragua en Madrid, sus cartas nos dicen lo que iba pasando por detrás de aquella fachada oficial: «... hace cuatro meses que no recibo un céntimo». Se le vuelve unipersonal la misma tragicómica posición del Lazarillo de Tormes con el hidalgo, su amo, que no sólo le da de comer, sino viene a ser mantenido por su criado. «Mis escasos recursos, que apenas me bastaban como Rubén Darío, han tenido que emplearse en todo este tiempo en sostener el decoro del ministro de Nicaragua ante S. M. Católica. Si te dijera que he tenido que malvender una edición de páginas escogidas y mi piano, para poder hacer frente a la situación». Y añade, como el ya estoicamente avezado y designado a tales penalidades: «Yo, ya, ni pido ni me quejo».

Cuando no le faltaban más que dos meses cortos para morir, en su Nicaragua natal, aún hace un viaje a la capital para solicitar el abono de nueve mil dólares que se le adeudan por concepto de atrasos de sus sueldos. El modo que tuvo el Gobierno de atender su demanda fue la entrega de doscientos dólares, lo que ocasionó una de las últimas crisis de indignación del poeta.

Por la correspondencia de varios editores que publica Ghiraldo en *El archivo de Rubén Darío* sabemos que un editor le ofrece en 1906, cuando ya considera a Darío gran poeta de ambos mundos, quinientas pesetas por la edición de tres obras: *Rimas, Azul* y *Cantos de vida y esperanza*. La edición de *Todo al vuelo* se la paga otra casa editorial en 400 pesetas. El caso de Rubén no es sino otro más que podría alegarse entre muchos de autores, de pintores modernos, en prueba de la absoluta incapacidad que padece la organización social de nuestros días para justipreciar en términos económicos, siquiera sea con las más módicas normas de equivalencia, los productos más valiosos del espíritu. En esa revesada situación de cosas del mundo en que el mediano, o el necio, que se aplican a las letras suelen encontrarse la más amplia recompensa económica de su mediocridad, Darío vio lo mejor suyo, sus poesías, mal pagadas, mientras que lo menos bueno que salía de su pluma, su prosa periodística, lograba alcanzar cotización económica relativamente digna. Y así, Rubén Darío, poeta por los cuatro costados, nefelibata de nacimiento, se tuvo que entrar, desde niño casi, por la vía del periodismo. «Y si la carencia de una fortuna básica me obligaba a trabajar periodísticamente, podía dedicar mis vagares al ejercicio del puro arte y de la creación mental». Estas palabras explican muchas cosas: la primera el porqué Darío fue periodista. Obligación, no vocación. Consecuencia de la torpeza de un público que estimula al que podría hacer lo más, para que lo deje a un lado y se ponga a hacer lo menos. Es, pues, la estrechez económica la que produce otra constante, importantísima, en la vida de Darío, su dedicación al periodismo, única vía de acceso al famoso «ganarse la vida».

EL PERIODISMO

A los catorce años ya está Rubén escribiendo en un periódico de León, *La Verdad*. De seguro que a esta edad, años para el juego, no es todavía la necesidad económica lo que atrae a Darío al periodismo. Son las ganas de escribir, vagas y generales, el fogoso entusiasmo político, y la vanagloria de ver su nombre impreso. Es más tarde, en Chile, donde el poeta se alista ya como servidor vitalicio en lo periodístico. Vive allí de su colaboración en *La Época*, vive malamente, apenas si gana para su sustento. Sin embargo, el diario le sirve para dar salida a sus primeros escritos de valía, para presentarse al público por vez primera con sus verdaderos acentos de poeta. Y, estando en Chile, unos amigos generosos le proporcionan el ingreso entre los colaboradores de *La Nación*, de Buenos Aires, lo que vale tanto como entrar en el periodismo por la puerta más grande. El periódico de Buenos Aires fue, de allí en adelante, la base de la vida económica de Rubén. Y en cierto modo el rector de sus destinos, porque él le envió a España primero, a París después como corresponsal, él le sujetó para siempre—con la coyunda de un sueldo decente y seguro—a la labor periodística. Ser corresponsal de *La Nación* significaba gran público, buena paga y alto prestigio. ¿Quién resistiría, a la edad de Rubén, en su estado, tentación tan cargada de seducciones? Y ya, una vez empezada, ¿cómo zafarse luego de una tarea que le traía, con el dinero, satisfacciones fáciles de amor propio y le permitía vivir en su adorada Europa, en su más que adorado París? Honradamente, de buena fe, cumplió su papel periodístico Rubén Darío. Tenía en su personalidad una veta de periodista. Pero ese *algo*, el algo de sus crónicas, ¿qué era comparado con el soberbio *mucho* de su condición de gran poeta? Con sólo ojear sus llamadas *Obras completas* (las únicas colecciones de sus escritos con que tenemos que resignarnos, hoy por hoy) se advierte a primera vista cuánto desmerece—con tener en *Azul*, en *Los raros*, y dispersas en varios libros, páginas excelentes—su prosa, al lado de su espléndida poesía. Defendió él, en varias ocasiones, el mérito del periodista. «Hoy y siempre un periodista y un escritor se han de confundir». ¡Cara le costó, y nos costó, la tal confusión! Porque el periodismo estimuló en Rubén la atención a lo más superficial, el cultivo de sus capacidades literarias más comunes. Esta necesidad de escribir a las órdenes de la actualidad, de estar al acecho de lo que pasa, imprimió su carácter en la misma vida de Rubén. «... no era un escritor que se complace en rodearse de los elementos de su labor, era un periodista que se documenta al pasar y sigue su camino, libre de bagaje literario. Las veces que abandonó su departamento, con sus muebles en cambio de arriendo que debía, ni pensó siquiera en sacar sus libros», escribe Contreras. Y no está inmune de ese mal su poesía. Abunda en ella lo hecho así, al pasar, lo traído casualmente por una circunstancia externa, el poema comentando a un suceso, a un estreno teatral, a una conferencia diplomática, a la visita de un monarca. No quiero decir que los poemas así suscitados sean mejores o peores que otros suyos; me refiero sólo a su modo de realizar su poesía. Y no tengo duda de que esa heterogeneidad de procedencia de sus poemas, con la secuela de que sus libros sean todos —acaso con la sola excepción de *Prosas profanas*—poemas coleccionados, sumas de poesías sueltas, que se juntan y publican cuando se cree que ya hay número suficiente para el volumen, ha contribuido muy gravemente a esa confusión que este libro desearía deshacer: a borrar, entre esos poemas casuales, distracciones, graciosas y atinadas muchas veces, la visión de los verdaderos rasgos, los profundos, los disparados a la eternidad, entre crónica y crónica, por el auténtico ser de poeta de Rubén. Esa dispersión de temas, ciega, ha cegado a muchos hasta hoy, para no dejarles ver la unidad incesante del gran tema lírico, eje diamantino de la poesía rubeniana, distante por entrañable, por lo fatal y de nacimiento que era, de todo capricho de la actualidad fugitiva.

Rubén Darío vivía como en una pseudopersona, dentro de su profesión periodística. Era él y no él. El equívoco llega a su trágica culminación en la lamentable aventura de *Mundial*. Unos negociantes argentinos, unos medio artistas residentes en París, enredan al tan inocente Rubén en esa empresa de publicar un *magazine* (así lo llamaban) de lujo; el propósito es comercial puro. Se usa a Darío como espejuelo para caza de colaboradores ilustres y de cándido público. Todo por doscientos francos al mes. Y cuando se advierte que el negocio no medra como se pensaba, los empresarios de la revista organizan una excursión de propaganda, con séquito de cronista y fotógrafo adjunto; y Rubén Darío cubre con su estrellado pabellón de gran poeta la mercancía dañada de los capitalistas Guido. Su persona honda siente esta farsa, que van representando por el mundo, con su persona superficial como protagonista, sus explotadores. Se duele, se queja, confidencialmente en una carta a Ghiraldo: «Voy explotado. Explotado con mucho dinero, pero explotado...». Y se refiere a la revista que dirige y a otra fraterna, como a «... esta cosa de *Mundial* y *Elegancias*, en donde, no hay duda, ganaré algo para la vida, pero en la cual mi buen gusto y mi dignidad corcovean». La excursión acaba en desastre, en Sudamérica. Se la ve hoy, entre calvario y trapisonda, como el pasaje que mejor ilustra la penosa y forzada convivencia, en Rubén Darío, de sus dos personas. Sobre cuál era la más suya, ¿quién va a dudar? Después de describir una tarde pasada en el Pincio y en la Villa Borghese, dice en un artículo de *Peregrinaciones*: «Y me da verdaderamente pesadumbre y fastidio, tener que ir luego a saludar a personas, a comunicar con tantas gentes que me son extrañas, a entrar de nuevo en la abominación de mis contemporáneos». Es la queja del romántico, del gran solitario, que tiene que atender a sus obligaciones de corresponsal, a la caza de material para sus crónicas de viaje, en lugar de seguir vagando por sus galerías interiores.

La conciencia que tuvo de su dualidad desgarradora—mansamente, diariamente desgarradora, para mayor disimulo de la tragedia—la formuló en las palabras que ya transcribimos. Bien claro califica allí al trabajo periodístico de obligación, bien claro lo acusa de quitarle el tiempo, de no dejarle más que vagar para el otro ejercicio, el suyo, el puro arte y la creación mental, que él mismo coloca así frente a frente, contrapuestos, a lo otro, a la prosa del salario. Le dio con qué vivir y le quitó con qué sobrevivir. Azuzó contra el poeta un segundo ser menor, con el que, por ser parte suya también, le hizo convivir engañado. Una especie de *comedy of errors*, en que los ojos poco agudos no saben quién es quién, y se confunde al uno con el otro, al que es, con el extraño. Porque el periodista que llevaba Rubén a su lado suena a extraño. Era su extraño. El que la sociedad le puso al lado para darle una cosa y quitarle otra. Lo que dio ya lo sabemos: una serie de cheques a lo largo de los años, que ni siquiera le bastaron para vivir tranquilo. Lo que le quitaron, de tiempo, de energías, de gusto para mayor haber y gloria de su poesía, sólo Dios lo sabe.

LA POESÍA

Si muy temprano fue el asomo de la sensualidad en la vida de Rubén Darío, si con igual precocidad se revela su vocación de periodista—ya publica artículos a los catorce años—hay una constante, en la existencia del poeta, que se adelanta a todas, como si quisiera de ese modo afirmar su primacía y su originalidad. Es el amor a la poesía, la resuelta voluntad de dedicar lo mejor de sí al arte.

Ha recordado Darío en su *Viaje a Nicaragua*, con conmovido acento nostálgico, las procesiones de la vieja ciudad de León, las calles exornadas con banderolas y cestillos de papel, con frutas de cartón de colores. Entre ellas había unas granadas hermosas, que en la procesión de Corpus, y del Domingo de Ramos al paso de las imágenes, se abrían y volcaban sobre los santos de palo «una lluvia de versos impresos en trozos de papel que parecían mariposas llevadas por el viento». No creo que haya poeta alguno con esa suerte de Rubén Darío, de que sus primeros versos circularan así volándose, como caídos de un milagro, en el aire callado de una tarde de procesión. El poeta llamado a tener los públicos más exquisitos, años después, tuvo por público primero al ingenuo, al inocente gentío espectador de las procesiones de un viejo pueblo a la española. Porque nos cuenta en su autobiografía Rubén que él era el autor de esos versos que se desgranaban de las frutas de cartón. «No he podido recordar ninguno», dice. ¿Para qué, si ya nos deja el recuerdo de esos poemas-mariposas, de seguro impresos en papel de color, regados por el aire de León, pueriles precursores de los que luego habría de sembrar por los aires de dos mundos el niño crecido, el poeta entero?

En el mismo pasaje de la autobiografía escribe: «Yo nunca aprendí a hacer versos. Ello fue en mí orgánico, natural, nacido». Antes de los trece años, había escrito ya muchos versos de amor. Y empieza a publicarlos en un periódico titulado *El Termómetro*.

Y así, poetizó, sin pausa, hasta su muerte. Rubén Darío jamás hizo traición a su don natural, a esa gracia de nacimiento, a que alude:

> *El cantor va por todo el mundo*
> *sonriente o meditabundo.*
>
> *El cantor va sobre la tierra*
> *en blanca paz o en roja guerra.*

Por sus repúblicas centroamericanas, por su primera tierra de salida al mundo mayor, Chile, por la Argentina luego, lleva el poeta como su credencial suprema sus versos, su único orgullo. Los trae a España, a Europa. En todos lados, bajo sus segundas personalidades, el periodista, el diplomático, se le mira y admira por lo poeta. Aquel hombre, flaco de querencias y llevado y sacudido por los tumbos del mundo, a la ventura, descarriado en su vida humana por tanta falsa voz, fue ejemplo de fidelidad inflexible, de rectitud sin extravío, en todo lo tocante a su ser de poeta. Él, nada ejemplar en sus hechos humanos, es ejemplar perfecto en sus actos de creador.

Rubén superpuso pronto a su cualidad natural, a su suerte de poeta nacido, la conciencia de serlo. Muy lector de Hugo, de los parnasianos, de los autores del *arte por el arte*, fue reforzando su instintiva seguridad, la que le venía del don de cuna, con ideas y doctrinas que se le prendían y le arraigaban en aquel solar de su fe natural. Él creyó en la dignidad del poeta, en la función altísima de la poesía, y él tuvo conciencia de su misión histórica en la lírica española, y sin desplante orgulloso ni jactancia inoportuna, supo siempre cuál era su lugar. «El movimiento de libertad que me tocó iniciar en América se propagó hasta España y tanto aquí como allí el triunfo está logrado», escribe en el prefacio de los *Cantos*. Y al hablar a sus paisanos, de retorno a Nicaragua: «... no puedo negar que me ha sido dado contribuir... a la elevación del culto del Arte en una generación dos veces continental». Así se explica que ya desde su primer viaje a España, cuando era un mozo sin otro pasado que su libro *Azul*, le acogieran con indudable consideración los entonces dioses mayores de las letras españolas, Núñez de Arce, Campoamor, la Pardo Bazán, Castelar, Menéndez Pelayo. Y cuando años después regresa en 1899, para encontrarse con una España que va a volver la espalda a aquellos ídolos y echar nuevos derroteros, los que le marcan los hombres del 98, también éstos, Benavente, los Machado, Juan Ramón Jiménez, le atienden y, más aún, reconocen en él al capitán de la nueva batalla. Idéntica cosa le sucede en la Argentina, cuando regresa a América. Debía de tener muy clara su marca y señal de poeta, una especie de autoridad, más que por él ejercida, por los demás sentida y acatada. Él, que desempeñó oficios secundarios—como el de secretario del director de Correos de la Argentina—en el mundo, apenas se presentaba en los círculos de letrados y aficionados a la poesía, ocupaba naturalmente su rango debido.

    Lo que para él significaba el Arte (escrito a su modo con mayúscula) lo ha dicho repetidamente. Quejándose de la falta de tiempo que consagrar a la mayor perfección de su obra, escribe en el prólogo a *Prosas profanas*: «Tiempo, y menos fatigas de alma y de corazón, me han hecho falta para, como un buen monje artífice, hacer mis mayúsculas dignas de cada página del breviario. (A través de los fuegos divinos de las vidrieras historiadas me río del viento que sopla fuera, del mal que pasa.)». Su obra, su figura de la vidriera, es lo que se interpone, con su labrada hermosura, entre él y las fatigas y miserias del mundo. «La gritería de trescientas ocas no te impedirá, Silvano, tocar tu encantadora flauta, con tal de que tu amigo el ruiseñor esté contento de tu melodía». Es el arte, donación providencial, lo que al hombre por ella agraciado le trae la conciencia personal de su ser. «... El don del arte es aquel que de modo superior hace que nos reconozcamos íntima y exteriormente ante la vida».

Siempre aceptó «la sagrada y terrible fiebre de la lira». Y la supremacía del Arte, entre todos los intereses humanos. Le guía sin desmayo una norma amorosa—no la de los «cuerpos bellos», tan dominadora en su vida del mundo—, sino la de «un intenso amor a lo absoluto de la Belleza». Cuando da consejos al hijo, el primero es «amar la lira sobre todas las cosas». Vienen otros acordes a su doctrina: «tener el arte en su valor supremo y no como asunto de pasatiempo o industria a lo Moussion». No hay que irse detrás de la moda, lo cual estará bueno para la sombrerería femenina, sino seguir «el resplandor del verdadero astro, la religión de la belleza inmortal, la palabra de los escogidos, la barca de oro de los predestinados argonautas». Parejo con ese amor, está el desamor; desprecio por lo gregario y vulgar: «Mi respeto por la aristocracia del pensamiento, por la nobleza del Arte, es siempre el mismo. Mi antiguo aborrecimiento a la mediocridad, a la mulatez intelectual, a la chatura estética, apenas si se aminora hoy con una razonada indiferencia». Él, periodista toda su vida, sabe que para la poesía no es ése el recto tribunal: «No creas en la gloria que dan los periódicos». Ese orgullo de ser lo que es, esa aceptación del destino de poeta, le hace dirigirse a los nuevos poetas de España, en el prefacio a *El canto errante*, con estas palabras: «Mas si alguien dijera: "Son cosas de ideólogos", o "son cosas de poetas", decid que no somos otra cosa».

En el cumplimiento de su naturaleza poética el creador debe poner lo mejor de sus potencias. «No dejes apagar el entusiasmo, virtud tan valiosa como necesaria, trabaja, aspira, tiende siempre hacia la altura». Con él hay que cultivar la constancia y «no será la menor virtud, que en ella va la invencible voluntad de crear». Todo ello alumbrado por otra cualidad que Darío afirmó siempre: «Y el mérito de mi obra, si alguno tiene, es el de una gran sinceridad», dice al final de la *Historia de mis libros*. Al adoctrinar a su hijo repite lo de «el culto al entusiasmo y la sinceridad». En otra ocasión añade al valor moral que en sí tienen, un papel protector y defensivo contra las adversidades de la existencia, porque ese entusiasmo servirá como parapeto «contra las añagazas y traiciones del mundo, del demonio y de la carne». Es aquí donde vemos todo lo hondo, lo esencial, que tuvo en su significación positiva, no ya para la poesía, para su producción lírica, sino para su vivir humano, para sus tribulaciones diarias, esa fuerza interior del entusiasmo por el Arte. Se aclara ahora la imagen de la vidriera, que con su hermosura, por muy frágil y delicada que sea, le vale contra la inclemencia del mundo exterior.

Rubén, mortal errabundo, andariego medio a tientas por el tiempo y los espacios, derrochador de su vida, trompicando cien veces, sangrando y herido en las aristas y los filos de la tierra, encuentra en el arte la contrayerba deseada. ¿Qué importan tiempo y espacio si «yo he dicho: es el Arte el que vence el tiempo y el espacio»? Mejor que nadie supo—él la sufrió, de ella murió—la convivencia en su ser terrenal de las dos vidas y las dos personas. Humildemente declara sus faltas en la una; con orgullo proclama su firmeza en la otra. «Como hombre he vivido en lo cotidiano; como poeta no he claudicado nunca, pues he tendido siempre a la eternidad». Así anduvo por la tierra, difícil equilibrio, llevando sus dos vidas, rindiéndose por lo peor, por su carne, a la peor, pero creyendo fervientemente, siempre, con lo mejor, su alma de poeta, en la mejor.

No se puede mirar a Rubén—aunque le anublen la figura los vapores alcohólicos, o las turbiedades de la «inquerida bohemia»—como a un desgraciado amoral, flotante perezoso, genial inconsciente y acertador por casualidad. Fue trabajador, aconseja siempre el trabajo serio. Si en «lo cotidiano»—como él dice—anduvo sin rumbo, chocando con todas las reglas morales, atropellando las normas que se le atravesaban ante sus infantiles apetitos sensuales, su conciencia de poeta no se apartó un punto de una meta definida y precisa, que le iluminó la vida entera. Tuvo una moral de artista, severa, con sus preceptos, sus obediencias, sus servicios. Y vivió conforme a ella, su salvadora. De ella le vino la energía para sobrellevar sus debilidades, su mal, para entenderse con el otro hombre, para empujarlo a vivir.

En dos líneas de su soberbia poesía introductoria a *Cantos de vida y esperanza*, lo dijo todo, en verso, como decía él las cosas supremas. Después de aludir a las amarguras de que le hincharon el corazón los daños del mundo, el demonio y la carne, señala a la fuente de su salvación:

*Y si hubo áspera hiel en mi existencia,
melificó toda acritud el Arte.*

Leído esto olvidándose de la vida de Darío, suena a pura invención metafórica, que se mueve en el alto plano de lo puramente poético. Pero esos dos versos bajan, de allí, como rayo iluminador, clave final de la vida terrena del poeta, de la que son el más certero resumen, el más hermoso y sobrio epitafio que poner sobre su inmortalidad.

2

RUBÉN DARÍO Y LA PATRIA

VARIAS PATRIAS

Hombre de varias patrias fue Rubén Darío, según su propia confesión. Al regresar a Nicaragua, su patria de nacimiento, dijo a sus paisanos: «Viví en Chile combatiente y práctico...; viví en la República Argentina... tierra que fue para mí maternal, y que renovaba por su bandera blanca y azul una nostálgica ilusión patriótica; viví en España, la Patria madre; viví en Francia, la Patria universal...».

¿Qué sentido puede darse a estas palabras? Muchos creerán, de seguro, que tener tantas patrias monta a tanto como a no tener ninguna, y que era Darío, por expatriado durante la mayor parte de su Nicaragua, un sin patria. Pero la cuestión es harto más compleja, y merecedora de plena atención.

NOMADISMO

Rubén fue dado al nomadismo. En parte porque las imposiciones de la vida circundante le empujaban de país a país, sin darle vagar más que por un tiempo. En parte, también, porque dentro le llamaba, revolvedor, el *Wanderlust*, que desasosiega al hombre, con su doble juego de desencantarle de lo que le rodea y encantarle con el remusgo de lo que nunca vio. Por presión del ambiente sale de Nicaragua y de Centroamérica. En un artículo citado por Soto Hall, de necrología de Jorge Castro, califica a los países centroamericanos de inadecuados, faltos de aire para volar sobre la política menuda y el mercantilismo estrecho.

«Asqueado y espantado de la vida social y política en que mantuviera a mi país original un lamentable estado de civilización embrionaria, no mejor en tierras vecinas...», escribe en *Historia de mis libros*.

Le empuja fuera de su patria un ansia de respirar más ancho, imposible de satisfacer allí, y por eso va a Chile. Se le amplía todo el mundo, el de las relaciones sociales, el de la fama literaria. Pero aun allí él mismo nos cuenta, en sus recuerdos sobre Pedro Balmaceda, el deleite con que los dos amigos se entregaban a imaginar mentales peregrinaciones por esos mundos. «Iríamos a París, seríamos amigos de Armand Silvestre, de Daudet, de Catulle Mendès... Oiríamos a Renan, en la Sorbona, y trataríamos de ser asiduos contertulios de Madame Adam; y escribiríamos libros, franceses, eso sí... Iríamos luego a Italia y a España. Y luego, ¿por qué no?, un viaje al bello Oriente, a la China, al Japón, a la India, a ver las raras pagodas, los templos llenos de dragones y las pintorescas casas de papel...». Ese programa de los dos ilusos lo cumplió Darío sólo en parte. El Oriente fabuloso no lo recorrió jamás sino en su imaginación, en los ámbitos de su poesía. Los otros países, soñados en la tertulia del Palacio de la Moneda, sí. Y es curioso que aun entonces, cuando el divagar imaginativo no pone límites a las andanzas, cuando se puede viajar por todo el mundo sólo con evocar a voluntad unos cuantos nombres más, redujesen primero los dos amigos su itinerario mental a tres países: Francia, Italia y España.

Lo que descuella en esas soñaciones es el famoso «complejo de París». Esa atracción, compuesta de múltiples y variados resplandores, que París ha estado ejerciendo más de un siglo sobre las mocedades de millares de artistas, desde Rusia a la Argentina. Complejo de ansia de vida suelta y fácil, de escolaridad en las mejores artes bellas, tanto la ganada en las aulas, como respirada en el aire, apenas, si pisan las márgenes del Sena. Libertad, la de la bohemia, sobreviviéndose a sí misma, en mil formas, en el Quartier, o en el Monte de Marte, o en el Monte del Parnaso; y disciplina, días duros y difíciles, aprendizaje lento, en busca de la gloria, que sólo las mismas manos augustas de Lutecia pueden poner algún día en la frente. Luz de París, que quema y acaba a los débiles, por millares, como mariposas; que ilumina y dirige a los fuertes, a su obra. Luz con haces de sensualidad desatada, con haces de severo rigor intelectual, que exige todas las dedicaciones. Se brindan las embriagueces someras en lugares de potación de todos precios, en la terraza del d'Harcourt, o en los salones reservados del Café de París. Y, recatadas, pero siempre ofrecidas, están las otras embriagueces profundas, las de la inteligencia; Pascal, en los pensamientos, por veinticinco céntimos, en el *bouquiniste*; Racine, en las representaciones baratas del Français; Bergson, profesando desde su cátedra de la Rue des Écoles; París, grande porque tiene para todos, porque nos contesta a los mejores y a los peores apetitos, París el humano. Esa misteriosa llamada que París hace al universo, a acudir a su seno, a buscarse allí su bien o su mal—clara imagen de la vida—, es la corona más ilustre de Lutecia; la que ve reflejada a veces, con unos misteriosos relumbres áureos en las aguas del Sena, el desvalido mancebo polaco o peruano, que se pone de codos en el parapeto de un puente y mira hacia abajo pensando en la gloria o en el suicidio. El complejo de París no se apagó para Rubén en ningún momento, aunque algunas palabras suyas apunten otra cosa. Y ya le nacía, allí, lejos, como suele nacer, en las frías noches de Santiago.

El nomadismo de Rubén fue, en cierto modo, sujeto a límites. Le paseó por todo el continente americano, de Estados Unidos a Argentina. Cruzó el mar muchas veces, idas, vueltas de continente a continente, pero en Europa no llegó a extenderse mucho. Su vida está separada en dos períodos, el americano y el europeo; la raya la marca el año 1898. Hasta entonces había vivido en las repúblicas centrales, en Chile, en Argentina, con una breve escapada a París. Luego se cambian las tornas, y salvo en un paréntesis argentino y varias excursiones breves, reparte su vida entre Francia y España, y sólo regresa, como llevado de piadosa mano secreta, a América para morir donde nació. Pero su residencia en América o en Europa no le apartaba sino en lo material del continente en que no vivía. Porque antes de salir de América ya hemos visto por sus divagaciones con Balmaceda—y hay otros muchos datos que lo corroboran—que vivía mentalmente en una España aún no pisada, por delegación en sus sueños. Y después, en París o en Madrid, vivió la mayor parte del tiempo vinculado por cargos diplomáticos o por labor de periódicos a su América, vuelto en parte hacia ella; cuando en París, sus amigos más cercanos fueron casi siempre naturales de alguna república americana, que así le rodeaban con una atmósfera de la otra banda. Su vida era, por decirlo así, transatlántica, y desde el continente donde residía seguía sintiéndose, en rara ubicuidad, en aquel otro que le faltaba.

LAS PATRIAS AMERICANAS

De las patrias americanas, ¿qué significaba para Rubén la de su nacimiento, Nicaragua? La denominó él «mi patria original». Todo lo dijo en eso. Era su tierra, tierra patria. Lugar de los orígenes: allí se le abrió la vida de los sentidos y de la razón a sus primeras, las más inolvidables, experiencias elementales. Patria sencilla, la que va descubriendo, tanto puro y sin estrenar, casa y familiares, paisajes y juegos de niño, flores primeras, rostros primeros que se le asoman a uno a la mirada, los sones primeros que enseñan a distinguir en el instinto el ruido de la melodía, el torrente del ruiseñor, y a desearlos o temerlos. Recatada, íntima, llevada en silencio, siempre viva. De ella dijo a sus paisanos, al regresar: «...no creáis que en mis agitaciones de París, que en mis noches de Madrid, o en mis tardes de Roma, no he tenido pensares como éstos: un sonar de viejas campanas de nuestra catedral». Acertó otra vez con la imagen exacta. Al igual que la *Cathédrale engloutie* debussyana, al igual del campaneo de la catedral de su León, Nicaragua, sumergida por capas y capas de años y lugares, seguía sonando misteriosamente en el fondo de su corazón, en las horas en que calla el tumbo del mar presente.

Sale al mundo de América por etapas, el radio cada vez mayor. Primero, muy pronto a las repúblicas vecinas. Luego a Chile. En sus impresiones de Chile—le llama «segunda patria mía», igual que después diría de la Argentina—se ve que Santiago le fue como una anticipación de toda la fila de grandes ciudades que le estaban esperando con sus placeres y hechizos, su febrilidad de vida, sus gracias y sus vicios. También le sirvió como patria de iniciación literaria, en grande. Allí conoce a más compañeros en preocupaciones y esperanzas literarias que antes, allí se familiariza a distancia con la literatura francesa. Quizás allí *Azul* es la posible prueba—se le alumbra su Belén, y ve su estrella, su misión de renovador de la lírica española—. En Santiago se le define también, lo vimos antes, su «complejo de París».

De toda América, la Argentina es lo más suyo. Un diario argentino le sirve como la ayuda más segura de su vida material. Buenos Aires le entusiasma. «Mi segunda patria de encanto», la denomina en una poesía (recogida por E. K. Mapes). Soto Hall cuenta cómo se ardía hablándole de la gran ciudad, de la calle Florida, que le hechizaba singularmente. Paseando con Lugones, nada menos que por París, la echaba de menos. (Otra seña de esa dualidad de vida, de esa existencia transatlántica a que me referí antes.) «Sí, es la verdad, y afirmo aquí, entre paisanos: mi segunda patria es la Argentina, es decir, mi patria espiritual». Por algo ninguna de sus poesías cívicas supera a sus dos grandes «Oda a Mitre» y «Canto a la Argentina». Aparte de sus mismas declaraciones, ya veremos más adelante por qué debía ser, naturalmente, así.

Otras significaciones puso en la Argentina al escribir su famoso canto a ese país. Si España es patria del pasado, la tierra argentina es la patria del futuro, la de la esperanza. Si, en Europa, la historia se ha dejado detrás huellas de lucha y sangre, en todo el camino de sus siglos, la Argentina se dispone a ser la patria de la paz. Será como un crisol, donde la humanidad nueva se depure y se libere de la fatalidad guerrera.

Rubén, el americano, es un continental completo. Conocedor de casi todos los países de habla española (había vivido largo tiempo en algunos de ellos), del Brasil, a todos los representaba. Por eso tomó la voz, dirigiéndose a todos, como ningún otro americano podía hacerlo con mejor título, en la «Salutación del optimista», soberbia declaración de derechos espirituales del continente.

En cuanto al Norte sajón, Darío, si lo admira a ratos, como en la «Salutación al águila», desde lejos, cuando lo pisa y lo habita de paso, se siente en él medroso y ajeno. En una célebre poesía sobre New York, en algún pasaje autobiográfico, en que llama a New York «la capital del cheque», denota esa extrañeza que le dominaba en el ambiente norteño. No hay duda de que lo político, el temor de las naciones del Centro y del Sur al poderío norteamericano, le mermaba su capacidad de goce para toda la magnificencia, la espléndida novedad, de los paisajes urbanos de Manhattan, para todo lo que de original y enorme anda sembrado por las tierras de Estados Unidos.

LA PATRIA DE EUROPA

¿Y Europa? ¿Fue Rubén Darío un europeo completo, como lo era americano? Indudablemente, parece que no. Francia y España son sus largos amores de Europa. Hay otra que nunca le llamó, es la nórdica, la germana, la sajona. Viajó por Centroeuropa, pero sin avecindarse espiritualmente en ella como en Francia o España. Esto dice de Alemania: «No puede ser simpático para nuestro espíritu abierto y generoso, para nuestro sentir cosmopolita, ese país pesado, duro, ingenuamente opresor, patria de césares de hierro y de enemigos natos de la gloria y la tradición latina». Por ignorancia del alemán, por prejuicio político, no se le revelaron todas las grandezas del espíritu creador germano, ni siquiera la del gran enamorado de lo latino, del autor de las *Elegías romanas*. Es de notar que, muy de acuerdo con su supernacionalismo natural, acusa a Alemania, como de su máximo defecto, de ese nacionalismo estrecho que ha venido a causar su tremenda ruina.

Sus andanzas y estancias europeas coincidieron, en su realidad, con las fantasías viajeras aquellas de Santiago, concentrándose precisamente en los países latinos, y más, mucho más, en dos de ellos.

Viajó por Italia, pero sin pasar allí tiempo. No obstante, son profundas las impresiones que sacó. El Papa, al que dedica un largo párrafo, le recuerda iglesias, procesiones de su niñez, simboliza la magnitud secular de la Roma católica. Y a otros ratos, reconoce en el suelo de Italia «la antigua huella apolónica. Bien vinieron siempre aquí los peregrinos de la belleza». Satisface así Italia su ingénito catolicismo, adormecido, tenido en olvido, casi siempre, por Rubén, pero siempre en rescoldo en su alma; y su adquirido entusiasmo estético por las bellezas creadas por el arte, y que andan sembradas, quizá con más liberalidad que en tierra alguna, por las de Italia. Su entusiasmo se condensa en dos frases: «Estoy en Italia y mis labios murmuran una oración... si la lira no se llamase lira, podría llamarse Italia».

De Francia, ¿qué se va a decir? En hechos y palabras, en prosa y en verso, Rubén rebosa galicismo. De la poesía francesa toma las pautas para su gran reforma lírica. Prefiere las ninfas de Clodion a las de Fidias, indicio grave de favoritismo, pero no tanto como el preferir Arsène Houssaye a Anacreonte. Venus, vestida por Worth, va por la Rue de la Paix seguida de un millonario viejo verde. Es «la ciudad santa» apelación sacrílega, en que Rubén alza altar contra altar, santidad de la paganía, sede máxima del placer, frente a la auténtica santa Roma. Se oye a Pan entre los carrizos, y resulta que es Verlaine. Estalla exclamatoriamente su entusiasmo:

> *¡Viva Gallia Regina!*
> *Aquí nos ilumina*
> *un sol que no declina:*
> *Eros brinda su flor.*

París, la capital erótica y, a la vez, la capital intelectual. No hay que repetir—sólo recordar—lo que se dijo de «el complejo de París». Desde Buenos Aires, con motivo de la fiesta nacional francesa, prorrumpe Darío en ditirambos: «Francia es hermosa por dentro, Francia es generosa... Una gran Patria de opulentos senos, como la Libertad de Barbier, se yergue enorme en su bronce, en el imperio de los vientos, y a su alrededor la alegría, como la Primavera de Botticelli, ceñida de guirnaldas, seguida de cantos y de risas».

Francia es la meta de la procesión que no termina: «Allí vamos los peregrinos del amor y del arte, allí van todos los adoradores de la vida». Otra vez implícita, la irreverente comparación con Roma. «El idioma de Francia es el nuevo latín de los sacerdocios ideales y selectos». En la metáfora transparece un concepto de Francia como una nueva universalidad para los intelectuales y artistas, semejante a la de la Edad Media. Su señorío está fundado en «su pensamiento, que levanta sobre la humanidad gemado como un cetro». Y añádase otra virtud, de orden político. Es la tierra que difundió la libertad por todo el orbe: «Parece que algo del alma de todas las naciones hubiese salido libre de la Bastilla en el día siguiente de su asalto. Francia es una necesidad del mundo entero». «En ella están la sal y la miel», por más que clamen las naciones hipócritas. Y la mujer de París compendia todas las mujeres; él la bautiza: Poliginia.

Nunca es más feliz que cuando acerca sus dos amores de preferencia, Francia y España, en su poesía a Cyrano:

> *Cyrano va marchando, poeta y caballero,*
> *al redoblar sonoro del grave romancero.*

Y cada vez que, en este siglo nuestro, las nubes más oscuras se han amontonado sobre los cielos finos de París, henchidas de presagio de destrucción, ningún aviso más estremecedor nos ha retornado a la memoria que aquel, profético, que escribió Rubén mucho antes del 1914, del 1940:

¡Los bárbaros, Francia, los bárbaros, cara Lutecia!

El amor es tanto más admirable, por no correspondido. Rubén mismo percibe que París no hace caso a los escritores extranjeros: «...vivimos en París, pero París no nos conoce en absoluto, como ya he dicho otras veces».

Francia le fue a Rubén patria de muchas densidades. Patria del refinamiento sensual, patria de la inteligencia en colmo de cultivo, patria de los sumos primores estéticos; patria de todos los que eran sus artículos de primera necesidad.

ESPAÑA

A España la denominó Rubén la patria madre. Y a lo largo de su obra, junto al amor, a la admiración por las cosas españolas, se siente, invariable, un tono como de filial respeto. Se lo tuvo a las personas que representaban su literatura cuando hace el primer viaje a la península en 1892: Núñez de Arce, Campoamor, Valera, la Pardo Bazán, etc. Cuando vuelve por segunda vez, en 1899, y es ya el corifeo de la revolución poética, dirigida en gran parte contra lo que significaban aquellos grandes escritores de la Regencia, sigue tratando a los que quedaban con igual consideración y su posición de poeta alzado contra aquel sistema en nada merma su cortesía respetuosa. Y ahora amista, más estrechamente, con los escritores del movimiento renovador, Benavente, los Machado, Valle-Inclán, Juan Ramón Jiménez, etc. En varios pasajes autobiográficos trae al recuerdo horas de compañerismo vividas con ellos.

La derrota española del 98 le conmovió muy dentro. De ese año son dos artículos, «El triunfo de Calibán» y «El crepúsculo de España», en que ardientemente toma partido por la nación desastrada, exhortando a su reconstrucción, y arroja denuestos y anatemas contra los vencedores. La ingénita nobleza de Darío se siente tocada por el contraste entre la grandeza pasada de España, que él continúa viviendo en las obras literarias españolas, y la desdicha y miseria del presente. Un soneto de escaso valor poético recoge su fe en los vencidos:

> *que la raza está en pie y el brazo listo,*
> *que va en el barco el capitán Cervantes*
> *y arriba flota el pabellón de Cristo.*

Debió de arraigarle mucho en su hispanismo el ver cómo los poetas nuevos de España hacían causa común con su reforma y le aclamaban, con entusiasmo, por su jefe. En su autobiografía escribe: «...la juventud vibrante me siguió y hoy muchos de aquellos jóvenes llevan los primeros nombres de la España literaria». El que esto escribe puede dar testimonio de que para los lectores de poesía que nos andábamos por los quince años, o sus cercanías, cuando se publicaron los *Cantos*, Rubén era más que un poeta admirado, que un guión arrebatador: tocaba en ídolo.

En estos años el hispanismo de Darío arrecia, precisa sus líneas y, sobre todo, entra en su obra lírica como tema, en una serie de soberbias poesías. Hablando de *Cantos de vida y esperanza*, dice: «Hay mucho hispanismo en este libro mío... ¡Hispania por siempre!». Al definirse como «español de América y americano de España», la frase, con su trueque y encadenamiento de los dos aspectos de lo hispano-europeo y lo hispano del nuevo continente, afirma de nuevo el anhelo de Rubén de alzarse sobre las patrias con lindes geográficos e históricos, en busca de otra especie de anterior patria común; ni lo americano quita de sentirse español en España, ni lo español obsta a la conciencia de ser americano.

Muy comprensible es esto, porque si algún poeta no nacido en la península podía vivir en ella con la más alta dignidad era Rubén. Venía de América a dar, no a pedir, a traer a un país, cuyo pasado se derrumbaba, un futuro espiritual, y precisamente en el justo momento en que más se anhelaba esperanzas, rumbos distintos. Era el hijo del otro lado del mar que devuelve con creces lo que tomó del pasado de España en sus lecturas de la biblioteca de Managua, en su frecuencia de los clásicos españoles, y lo devuelve transmutado en fulgurante presente. En sus poesías de los *Cantos* se realiza líricamente la frase comentada en el párrafo anterior. Su poesía al rey Óscar, en que él asume voz española, para agradecer al rey escandinavo su «¡Viva España!», la escribe el «español de América». Y la «Salutación del optimista», programa y cántico, que vuela desde Madrid a las naciones del otro continente, obra es del «americano de España».

Signo de su compenetración progresiva con lo español es su creciente quijotismo. La sombra de Don Quijote va y viene, como por su casa, entre las páginas de los *Cantos*, y asciende a la divinidad cuando —en retórico equívoco— le bautiza de «nuestro señor» Don Quijote. En la figura del manchego halló también refuerzo a una propensión de su naturaleza; refiriéndose a las «Letanías», dice «que afirman otra vez mi arraigado idealismo, mi pasión por lo elevado y heroico».

España fue para Rubén patria de raza y lengua. Dos patrias de esta clase tuvo. Una, la patria racial e idiomática inmediata, los países americanos donde nació y vivió; raza y lengua del presente. La otra fue España: valía por los mismos dos valores, pero sentidos más en lo remoto y mediato; raza y lengua del pasado. España se entró en Rubén —aparte de lo que le llegase por las misteriosas vías de la sangre— por su pasado espiritual, por su literatura y su arte. El lector, a los catorce años, de casi toda la Biblioteca de Rivadeneyra comprendió que en su sentido los clásicos españoles son indefectiblemente clásicos de los pueblos de América, en lo que tienen de escuela de la expresión en el mismo idioma común. El caudillo del modernismo, el innovador de las mayores audacias, se sentía siempre obligado con los clásicos, desde Berceo en adelante, demostrando así su certera intuición de la unidad última y profunda de todas las épocas literarias. Así, podría decirse que fue España para Darío patria de la tradición en su sentido total y, además, patria de la expresión literaria tradicional en su propia lengua madre. Francia cumplió el papel de patria de la innovación; pero si sus innovaciones, aprendidas en aulas poéticas francesas, encarnaron tan bien en lengua española, incorporándose de inmediato a la gran lírica castellana, fue porque prendían en suelo seguro; en el conocimiento maestro que tenía el poeta de los recursos de expresión de su idioma.

Sí, España fue patria suya, con las otras. En parte heredada, en mucha parte ganada. Se la ganó Rubén con su lírica, poema a poema, más suya, conforme iba medrando su obra. No hay patria más merecida que la que así se conquista. Y todo poeta español debe sentirse honrado de tenerle, por compatriota inmortal.

LA PATRIA «SUMMA»

Hombre de muchas patrias se aparece Rubén, según esta revista que acabamos. ¿Quiere decirse con ello que eran las suyas patrias de ocasión y de momento, dispersas por dos continentes? ¿Que el poeta fue frívolo viajero, vagabundo de país en país, sin asiento firme en ninguno? Nada de eso; en éste, como en tantos otros visos de su obra y persona, Darío es mucho menos ligero de lo que se cree. Tuvo una gran patria, en la que estuvo afincado desde joven su espíritu; le guardó lealtad sin falla, la proclamó abiertamente, siempre que vino al caso.

En su forma más clara, así nos la reveló: «Yo soy de la raza en que se usa el yelmo del Manchego y el penacho del Gascón. Yo soy del país en que, un grupo de ancianos se sientan, cerca de las puertas Sceas, a celebrar la hermosura de Helena con una voz "lilial", como dice Homero; yo soy de los países pindáricos en donde hay vino viejo y cantos nuevos. Yo soy de Grecia, de Italia, de Francia, de España». Palabras que se habrán leído por muchos como pura efusión verbal, lírico arrebato, pero que son la gran verdad de Rubén Darío.

Para él patria no es nación. No hay país, por grande que sea, que se ajuste a la talla de su patria. No le llamaría yo *citizen of the world,* ni *Weltburger*; no era un internacionalista, que acepta con el mismo grado de querer a todos los países del mundo. La patria de Rubén, aunque supernacional, es una patria selectiva, y, como en toda selección, excluye. (Por ejemplo, su actitud respecto a Alemania y los Estados Unidos.) No patria simple; patria compuesta curiosamente de la aceptación profunda de fatalidades naturales, Nicaragua, América, lo español, y de libres preferencias, escogidas en el resto del mundo que se le ofrecía: Grecia, lo latino, Francia. La patria se impone con el nacer, y luego casi todos la aceptamos, con el vivir. Rubén no desertó de la suya; ni negó ni renegó lo *natural* de la patria. Reconoció a su tierra madre, con el modo de reconocimiento más definitivo que cabe: dándole su muerte. Pero él *se hizo* su patria—«con savias diversas creada», como dice de la mujer argentina. Superpuso a los elementos dados otros adquiridos en sus experiencias intelectuales y humanas. La patria, hecho natural, la convierte Darío en una decisión de orden cultural. Suma a las realidades materiales—paisajes de Chinandega, bulevares de París—realidades espirituales, interpretadas por su imaginación, Grecia entresoñada, Francia estilizada, España a lo Quijote. Y así accede a su patria, producto muy semejante a sus poesías, substancia, resumen de variadas patrias nacionales.

Si se quiere definir el contenido de esa patria sintética, nos acercamos mucho a la *latinidad*, y casi tenemos a Rubén por el ciudadano más cabal e ilustre de la América Latina.

Acaso se entienda mejor el singular cariño que tenía a Buenos Aires y la Argentina, teniendo presente que ese país es, con su fondo español, su elemento inmigrado italiano y su preferencia por la cultura literaria francesa, dechado de unidad latina, de una especie de Neo-romania, al otro lado del mar. Policolonia, como él la denominó, para hacer sentir su variada riqueza humana.

Esta denominación de América Latina es semilla de escaramuzas y discordias frecuentes, hace muchos años. No es un nombre justo para el pasado de América, sin duda. Históricamente hablando, mayor razón tienen los iberoamericanistas, o los indioiberoamericanistas. Pero, ¿por qué será que el nombre, erróneo si se mira desde lo histórico, ha ganado tantas voluntades de ilustrísimos hijos de América, y está ya al borde del triunfo total? Para mí es un nombre que recoge, más bien que una realidad pasada, una querencia, una orientación de estos pueblos, tendida hacia lo por venir. Es un nombre de futuro. Designa la voluntad—y nada es más noble—de revivir, recogiéndole la gran tradición espiritual del mundo antiguo, a este lado del Atlántico.

Sólo así, si se ensancha el concepto de latinidad al de antigüedad clásica, al de cultura mediterránea—en el que España no falta, por cierto, sino que está inserta con todo honor—, se podría llamar patria de Rubén a la latinidad. Porque hay algo más que lo latino: lo griego tuvo alzado culto permanente en el ánimo de Rubén. Por eso yo propondría llamar a la de Rubén la patria humanística. Un humanista del Renacimiento, fuese nacido en Holanda, en Inglaterra, en España, tenía por su más entrañable patria el mundo greco-romano, ayer, el mundo que ellos estaban forjando a su modelo, entonces. Esa Patria con su idioma nacional, el latín. Esa patria de acrecimientos, patria *summa*, donde cada uno de los sumandos se fundía con el otro en hermosura una y final. Patria de ayer y de hoy, ubicada en un alma, y en muchos lugares, patria en progreso, acrecida, como la vida misma, con los años de experiencia humana. Así, Rubén vivió bien en todas partes, como Erasmo o

Vives. Él llegó por vía de lo poético, intuitivamente, a ese mismo concepto de patria de los grandes humanistas. En ella caben la tierra del nacer, las tierras del crecer, los dones de la carne, los logros del espíritu. No *pluripatria*, vocablo aún tocado con una sombra de idea de cantidad y simple número, no; *magnipatria* llamaría yo a la de Rubén, la patria creada, conforme a la sed espiritual del hombre, y sin otros límites que los mismos de la visión y del sueño del ser humano, los límites que se alcanzan, casi invisibles, al fondo de los horizontes.

3

EL TEMA DEL POETA

«Cada loco con su tema», dice el refrán. Así, igualmente, cada gran poeta con el suyo, el tema vital que desde los adentros preside misteriosamente sobre los otros temas, los literarios. Se presenta en la vida espiritual del autor con más persistencia que los demás. Y con mayor frecuencia que los demás se representa en su obra, a la que sirve de recóndito centro de irradiación, de principio constantemente activo, para sus varias creaciones. Tema humano, genérico, preocupación del alma, nacido con ella, es anterior y cualquier intento de su expresión particular en un arte determinado. El tema de un artista escogerá para exteriorizarse uno u otro arte; se hará poesía, escultura, lienzo pintado. Lo que le señala distintamente y le aparta del tema vital de los otros seres humanos es que irá a objetivarse precisamente en formas simbólicas, por la vía del lenguaje artístico, y no por otras, como las fórmulas químicas, o la fundación de reinos, propias del sabio o del estadista. En Miguel Ángel, genialidad sin par, su tema se estremece detrás de las formas pictóricas aborrascadas de la Sixtina, en los bultos de la capilla de los Médicis, entre los versos de sus sonetos; a todos los conmueve, y en todos se serena su presencia, rompiéndose paso a través de materiales tan disímiles como la palabra, el espacio pintado o la roca tallada.

Se sobreentiende que ese tema vital es algo muy distinto y mucho más general que los temas peculiares que en cada arte se han venido formando a compás de los siglos. Así, por ejemplo, los temas literarios discernibles y capaces de aislamiento, en el drama, la novela, la lírica, desde las letras de la India a las del mundo moderno, son un repertorio, empíricamente constituido, de medios y facilidades simbólicas, de concreciones imaginativas, que la tradición de un arte determinado brinda al autor, como siempre dispuestas a ayudarle en la objetivación de su tema vital.

Éste se manifiesta dentro de la obra de un poeta con entera libertad de realizaciones y de tonos. Tan es así que menudean las ocasiones en que no se le reconoce como el mismo tema, porque su expresión, por ejemplo, en una tonalidad festival ahora y doliente después, inclina al lector o al crítico a ver en esas dos formas obras dispares o antagónicas en su esencia, nublándole la percepción de la unidad que les confiere el ser radios nacidos en el mismo punto central, el tema de vida, al cual hay que referirlos siempre.

VIDA DEL TEMA

Sumido en la conciencia del artista es obsesión apoderada de su ánimo; vive en él, y vive de él. El poeta ha de vivirlo creadoramente, procurándole encarnaciones sucesivas, volviéndole obras. A lo obsesivo de su presencia en la obra creada. Precisamente porque el tema no cesa de hacerse presente acuciando al creador, moviéndole, constante, a su exteriorización en diversas variantes, aparece en los escritos del poeta dicho, redicho, hasta contradicho, a veces, según los tiempos y ocasiones del alma.

El tema del poeta para proyectarse en poesía se va buscando en los asuntos que, en cada caso, le parecen más afines a su querencia. Por lo general no se acaba ni agota en una obra, en un asunto. Como se halla en estado de continua fluencia interior, apenas objetivado en una nueva forma—apenas terminados la novela o el poema—, descansadero y calma temporales del impulso creador del tema, se desvela de nuevo y se pone en marcha, en demanda de la futura realización. Una obra se da por hecha, se acaba; pero el tema, no. Cuando a un escritor se le mira agotado, no es por falta de asuntos o de destreza ejecutiva; es que su tema vital perdió su actividad impulsora. Y un escritor vacuo, trivial o anodino se delata, siempre, o por la ausencia de un tema vital, eje de cristalización de su obra, o porque su tema es tan vulgar e insignificante que, no obstante su habilidad técnica o sus artes de agradar al público, traiciona su radical medianía. Porque el tema significa lo más profundamente humano de las fuerzas que concurren a la creación, su origen, ya que existe antes de cualquier forma de arte, de cualquier estilo, y es la naciente agua manantial que todavía no se ha abierto su cauce, ni se ha dibujado su carrera.

Discernible con facilidad en ocasiones, en otras—cuando el temperamento del poeta es literalmente complicado, titubeante o voluble—las variantes y modalidades a que le somete lo hacen más duro a la captación inmediata. Entonces el lector no ve al poeta—al no ver de plano su tema—sino a pedazos, deshechamente, y no le entiende más que por partes; llega a tomarlo tan sólo por algo de lo que es, y hasta, a veces, por lo que no es. Abundan en la historia de la crítica estas *parcialidades*, calificaciones erróneas que proceden casi siempre de no apreciar distintamente el tema del poeta, lente única a través de la cual le veremos en su verdad.

TEMA DE VIDA EXTERNA

No ha de confundirse el tema vital del artista con su vida humana, con los pormenores y peripecias de su existir material, aunque se halle sostenida en él, como lo están los movimientos corporales en el esqueleto, siempre invisible. Sería error grave querer deducir el tema del poeta de los hechos de su biografía y no de los actos de su creación. Tampoco se le debe tomar por las ideas o las creencias del escritor; se hallan, sin duda, condicionadas temporalmente por él, pero sin ser él. Al contrario, el artista suele mudar opiniones, pasarse de creencia en creencia —y entonces se le tacha injustamente de inconsecuente—impelido por los mandatos misteriosos de su tema vital, que necesita esas mudanzas.

Vive su tema entrañadamente, tan uno con su persona que con estar siempre viviendo en función suya—aun cuando se le figure que atiende otros estímulos o motivaciones—no tiene una conciencia acabada, total, de él. Al mismo poeta se le puede representar con distintos visos, y sólo lo irá reconociendo según se lo revelen, rasgo a rasgo, las sucesivas realizaciones de su obra, que son *versiones*—totales o parciales—de su tema.

El tema no es aquello que el artista quiere reflexivamente, lo que se propone hacer en su obra; es lo que hace, es lo que se suma al propósito, en el proceso de su ejecución. Es lo puesto—por inexplicable agencia—sobre lo propuesto. El tema determina misteriosamente el ser final de las intenciones, como el sol por su altura gobierna las dimensiones de las sombras. Esas modificaciones decisivas que sufre el proyecto o plan de la obra, son, sí, imprevistas, pero se hallaban preexistentes, sin empleo aún, en las honduras del tema vital, y se movilizan, y operan a estímulos de la obra cuando se pone en marcha.

SUBTEMAS

Hay casi siempre en un artista otros temas, que podrían llamarse temas secundarios, o subtemas. Suelen distinguirse porque en vez de ser como el tema mayor, de nacimiento, impuesto al autor desde lo más específico de su original personalidad humana, como sello o marca con que le distingue desde el primer día, y para siempre, la vida, se adquieren en el curso de la existencia, traídos en parte por el azar de sus circunstancias. El poeta suele volverse a ellos en busca de distracciones o descansos de su preocupación permanente y señora, a la que acaba por regresar fatalmente. Son como apartes del gran monólogo. La mayoría de las veces, y por muy alejados que de él parezcan, suelen estar en alguna forma de relación con el tema mayor: relación no objetiva, sino determinada por la fuerza creadora del poeta, que al hacer convivir varios temas en su poesía alumbra entre ellos contactos y lazos que sólo allí, en su obra, se combinan ocasionalmente.

Se me figura la función más deseable del estudio de un poeta la delicada discriminación de su tema, su cuidadosa separación de los temas segundos, o subtemas; el precisar el curso que sigue, a través de la obra, resolver las contradicciones aparentes que velan su presencia, llegando por fin a la visión del creador entero y verdadero, salvada de mutilaciones y limpia de desenfoques.

Porque entiendo que Rubén Darío ha sido sufrida víctima de críticas impresionistas y juicios inconexos, en dispersión, que se ha mariposeado demasiadamente sobre su lírica, teniéndola por manojo de flores cortadas, y graciosamente juntas por el florista, que empezaron cada cual en lo poco de tallo que les queda, y no en una honda tierra común, por creer que hay que estudiarla *de raíz*, es por lo que me he atrevido a escribir este ensayo.

4
LA PALOMA DE VENUS

En uno de sus juguetes poéticos, «Eco y yo», Rubén deja caer al pasar, como una travesura más de ese retozo rítmico a que se entrega, dos versos de insuperable significación:

> *Guióme por varios senderos*
> *Eros.*

Así fue. Eros, su guía constante, más que por varios, por casi todos los rumbos que probó su poesía.

En los dos primeros libros de su historia de poeta—los anteriores son pura prehistoria—*Azul* y *Prosas profanas,* lo amoroso predomina sin disputa. De las treinta y seis poesías que contiene el índice de *Prosas profanas,* no hay más de cuatro o cinco que se aparten de ese obsesivo asunto. El dato, de simple aritmética—y como tal recusable en buena crítica literaria siempre que se alegara por sí solo—, va hallando comprobaciones decisivas en cuanto nos acerquemos a analizar los poemas. En *Azul* Rubén quiere dar cuatro visiones líricas que correspondan a las cuatro estaciones, y las titula «El año lírico». Dos de ellas, «Primaveral» y «Estival», se sitúan en la selva. «Autumnal» se desarrolla en una localidad más indecisa y vaga: «las pálidas tardes». E «Invernal» está puesta en la ciudad inverniza, en un cuarto con encendida chimenea. ¿Cómo están definidos los cuatro tiempos del año, en esos escenarios? Por situaciones de estado amoroso, las cuatro. Por el amor animal, el del selvático idilio de tigre y tigresa; por la sensualidad de la floresta en una presente primavera, y las sombras de ninfas, diosas y demás personajes tradicionales del amor, evocados en lo pasado; por la nostalgia que, en la cámara invernal, siente el poeta solitario de la mujer que no está allí, de la que podría estar a su lado, tal y como se la describe la imaginación:

> *nerviosa, sensitiva,*
> *muestra el cuello gentil y delicado*
> *de las Hebes antiguas:*
> *bellos gestos de diosa,*
> *tersos brazos de ninfa.*

Y en la desvaída tarde otoñal, poseído de la muy romántica «ansia / de una sed infinita», un hada misteriosa le conduce, al término de varias visiones, a la contemplación final: «un bello rostro de mujer». Cuatro estaciones que son cuatro grados de amor; se empieza por la más simple expresión biológica, la pareja de hermosas bestias feroces, se pasa, por refinadas reminiscencias helénicas, y se acaba por una cierta idealización, la del otoño, más descargada de sensualismo que ninguna, paréntesis vagamente idealizante.

Poema verdaderamente profético es el soneto «Venus». El nombre de la estrella es la base de todo el equívoco. Venus, diosa patrona del amor, emblema del placer carnal, purifica su ser cuando se la mira en lo alto del cielo, vuelta estrella. Pero a su vez la estrella, con lo que tiene de celeste e ideal, se carga, por su solo nombre venusino, de la posible y deseable accesibilidad que tiene todo lo que puede ser alcanzado por los sentidos. La ambigüedad logra ese intercambio buscado de lo ideal y lo sensual. El poeta se promete a ella:

> *O reina rubia, díjele, mi alma quiere dejar su crisálida*
> *y volar hacia ti y tus labios de fuego besar;*
> . . . .
> *y en siderales éxtasis no dejarte un momento de amar.*

Las mismas palabras con que se declara conjugan los dos elementos, «labios de fuego» y «siderales éxtasis». Verdadera oferta de consagración. Colócase la vida bajo el patrocinio de la diosa, so especie de amor a la estrella. No se reserva ni un solo momento de esa dedicación al servicio de amor. Se concibe el vivir como actividad amorosa total. ¡Y con qué extrañas palabras formula Rubén la muda respuesta de la estrella!

> *Venus, desde el abismo, me miraba con triste mirar.*

Nada dice la dual amada, Venus-estrella, pero mucho expresa, no con palabras, sí con su triste mirar. Es presagio de imposibilidad, augurio de que jamás podrá ser poseída. Si se la prende por lo que tiene de Venus, se huirá, al cabo, por lo que tiene de estrella. Se presiente, con tierna melancolía, el final de la tragedia. Y acentúa el presentimiento el nombre que pone el poeta al lugar desde donde la estrella le ojea apenadamente: su abismo. El *suyo*, precisamente. ¿Entonces, Venus no era cielo? ¿No era atracción singular de lo más alto? ¿Vendrá a ser ahora centro de un vórtice, reina de un abismo? La situación que plantea el soneto queda flotando, en el aire, sin desenlace; las preguntas sin responder. Es que toda la lírica de Rubén Darío será una lenta respuesta a esa dilemática interrogación, que en vano quiso resolver el poeta con su equívoco de Venus-estrella: ¿es el amor gracia celestial o pérfido obsequio de los abismos y su dueño?

¿POETA AMOROSO, POETA ERÓTICO?

Ya está el poeta subyugado por su voluntad a ese carro de Venus, el que sirvió de ambulante trono a Afrodita en tantos *Trionfi* de la pintura italiana. ¿Podremos, entonces, colocar a Rubén en el linaje ilustre de los llamados poetas del amor? Si se trae a la memoria un rosario de nombres, Dante, Petrarca, el Shakespeare de los sonetos, Garcilaso, Bécquer, Elisabeth Barret Browning, y si se les adiciona el nombre de Rubén Darío como su parigual, ¿se le verá allí en su lugar justo, donde debe estar? (Y claro es que no se trata de diferencia en valor poético, ya que la lista lleva nombres tan desiguales en eso como Dante y Mrs. Browning.) No sería un intruso en la nómina, pero tampoco un hermano cabal en la hermandad de esos nombres.

El amor cantado por todos esos patricios de la lírica amorosa es amor total, inclusivo de cualquier modo del sentimiento amante, acaudalada corriente que lleva dentro de todo género de afluencias, lo más carnal y lo más espiritual, sensualidad e idealización; amor humano divinizado, síntesis del hombre en función de enamorado. Ante ese conjunto, ese agregado de sentimientos juntos unos a otros, Rubén Darío siente una parcialidad manifiesta, un irresistible favoritismo, por uno de los componentes. Es todo lo que al amor le llega por camino de los sentidos, y busca su satisfacción por la misma vía sensual. Los sentidos son los señores absolutos de la lírica de amor de Rubén, durante su primera época. En lo principal y en lo accesorio, en la tonalidad de cada poema y en el detalle de cada verso. Así, por ejemplo, en el soneto «De invierno», la última poesía de *Azul*, el atractivo sensual que emana sutilmente de la protagonista se halla copiosamente asistido por numerosos pormenores, el abrigo de marta cibelina, el fuego, el gato de Angora, la falda de Alençon, las jarras de porcelana china y el biombo japonés, que coadyuvan a la evocación de una atmósfera de lujoso sensualismo, donde las varias formas de la materia ofrecen cada cual su caricia. De *Azul* en adelante se repiten copiosamente poesías o versos donde Rubén insiste exaltadamente en glorificar ese modo amoroso que no necesita más instrumentos de plenitud que los sentidos. Y hasta el final de su poesía, sigue llamando a los hombres en tono de pagana letanía, al goce del placer:

> *Abrasaos en esa llama*
> *y respirad*
> *ese perfume que embalsama*
> *la Humanidad.*
>
> *Gozad de la carne, ese bien*
> *que hoy nos hechiza...*
>
> [«Poema del otoño»]

Para alentar al temeroso o al preocupado—a los dos los llevaba ya él mismo dentro, por entonces—les asegura que el ave venusina se cierne siempre por encima de problemas, de enigmas, de misterios:

> *la paloma de Venus vuela*
> *sobre la Esfinge.*
>
> [«Poema del otoño»]

Conviene a poesías de esta clase, más que el nombre de amorosas, rico en demasía, otro que fue por mucho tiempo, y aún sigue usándose así, sinónimo suyo: erótico. Sin perder su capacidad de sinonimia con amor, en algunos casos intensifica el significado de deseo físico y su cumplimiento en el amor carnal. Se forma en la literatura, dentro del vasto *orbis amoris*, otro pequeño mundo propio voluntariamente confinado en las fronteras del placer sensual, cuyo cultivo y ditirambo vienen a ser términos de la poesía: el anacreontismo que hizo risa por toda Europa en el siglo XVIII confirió casi carácter de escuela a esa tendencia deliciosamente restrictiva del amor. No es que quiera yo rebajar a Darío a ese nivel, para mí secundario, de poeta erótico. Lo que quiero decir es que su poesía se presenta a la primera visión como una poesía de lo erótico. Llamar erótico a un poeta con designio clasificatorio y valoratorio es colocarle encima una conceptuación diminutiva, privarlo de gran parte de su humanidad; «poetas eróticos» ya suenan a grupo semisecreto de aficionados a un cierto tipo de arte, a una escuela de poesía menor que renuncia a afrontar los mayores significados de lo humano. Poetas, cuando más, si así se lo ganan su encanto, su gracia, de media estatura, no es posible colocar a Darío, que fue poeta en grande, entre ellos. Precisamente el valor de Rubén es alzarse del erotismo natural a una especie de conciencia de lo erótico, que cada vez se complica con adherencias extrañas y superiores al erotismo elemental, y le guía por ese camino al descubrimiento de su tema y a sus más hermosas expresiones líricas. Su poetización de lo erótico es de tamaña profundidad que, sacándolo del tono lúdico superficial, discreto de corte, o de grupo, lo convierte en palestra del juego más trágico, del gran problema del hombre. Su afán de gozar tiene, por algún tiempo, un solo lema: *Plus ultra*. Ir más y más allá, por los senderos del Dios. Pero tan lejos avanza que un día se encuentra, pasmado, con que tras ese más allá del erotismo había otro, verdaderamente sin fondo.

EL EROTISMO SIN AMADA

Rubén es poeta amoroso constante. Y, sin embargo, de su poesía no emerge ninguna criatura del amor, de esas imágenes femeninas en cuya naturaleza colaboran realidad e imaginación en variables proporciones, y que suelen ser las patronas de la lírica de un poeta y objetos exclusivos o preferentes de su culto. Su nombre puede ser, dicho a la manera más terrena, la amada; dicho a lo ideal, la musa y, entremedias, la inspiradora. En los más augustos casos, son únicas en cada poeta. En otros, sobre todo en los románticos, hay dos o tres nombres femeninos, a los que se suele adscribir tal o cual parte de su producción. El modelo perfecto nos lo lega la Edad Media en Laura, centro del sistema poético petrarquesco, que ella gobierna en vida y trasvida. ¿Seres reales, figuras, figuraciones? Los biografistas quieren descubrirlas, a lo policía, con todas sus señas y se recrean y envanecen al imaginarse que han dado con una, del mismo modo que el detective que encontró al verdadero culpable, fuera de toda duda. Cuando lo cierto es que lo más definitivo y característico de esas criaturas—al igual que en los humanos—proviene de su creador; de la imaginación inventora del poeta, que trabaja como el pintor, trasladando una persona humana del mundo a un lienzo y dándole lo mejor que él tiene para el viaje.

En Rubén Darío no se encuentra ni un nombre centro de reunión de sus dedicaciones poéticas, ni siquiera una imagen femenina definida, discernible y apersonada. Amor sin amada, por ser lo más parecido que cabe a eso: amor con muchas pasajeras amadas:

> *Plural ha sido la celeste*
> *historia de mi corazón...*

Cuando repasa, en la «Canción de otoño en primavera», por su memoria, las mujeres motivadoras de su amor, se presenta primera «una dulce niña», y luego «otra», y «otra», así anónimas designadas, hasta que por fin termina mentando a «las demás»:

> *¡Y las demás!, en tantos climas,*
> *en tantas tierras...*

Desfilan de estrofa a estrofa como un tropel innominado, del que se separa, fugazmente, una para recibir su breve porción de recuerdo y continuar en seguida su marcha, con «las demás». Rubén poco más abajo las bautiza: «fantasmas de mi corazón». Harto numerosas para acompañarle entre todas, se le ve solo, tristemente solo—acaso de ahí provenga la veta específica de melancolía de este hermoso poema—, mucho más que a esos grandes poetas escoltados sin pausa por la amada única.

Esto confirma que Rubén Darío vivió en una gran parte de su poesía amorosa, y más intensamente dentro de su etapa *Azul*, *Prosas profanas*, en pleno concepto clásico de lo erótico, obstinadamente confinado en la consideración del amor como una fuerza, admirable en sí, un impulso vital, de belleza propia e intransferible, que arroja al que lo posee de mujer en mujer, conserva su independencia final de todas ellas y sigue solo gozándose en su mismo goce. Freud encuentra la diferencia fundamental entre el amor de los antiguos y el nuestro en que las gentes del pasado acentuaban en el amor el elemento de deseo, de urgencia sensual, pero no el objeto mismo del deseo. Los griegos honraban el sentimiento así concebido, y con él conferían gloria amorosa hasta a un objeto de segunda clase. Así se explicaría su naturalidad en amar y cantar a las cortesanas, tomándolas por adecuado y digno personaje de amor. En cambio, nosotros menospreciamos la actividad impulsiva, y queremos excusarla por las virtudes del objeto que persigue.

En la poesía trovadoresca provenzal se siembra esa dignificación del ser amado, que Dante y Petrarca cultivan hasta las alturas de lo angélico o lo divino. El amor ya no vale sino por lo que recibe de lo amado, y su centro de gravedad se traslada a la mujer a quien se ama; ella da tono al sentimiento. Por eso, al revestirla, como hacen estos poetas, en todo el Renacimiento, de excelencias y hermosuras impares, el amor pierde, por reflejo de esa imparidad excelsa, aquel carácter de impulso común, de instinto gregario que es capaz de sentir cualquiera, y se transforma en una potencia rara y especial del ser humano, sólo participable para unos pocos, los mejores. Así como la monogamia supone superioridad por la diferenciación de una mujer sobre un género o tipo, así el amor medieval y renacentista lleva en sí un diferenciar perfectivo del sentimiento amoroso, logrado por un trabajo espiritual y un fervor poético que hacen de él una obra de arte, incomparablemente más valiosa que el elemental impulso erótico común.

En éste, en el deseo erótico elemental, en el circunscrito placer amoroso, sin más horizontes, vive deleitosamente Rubén en tantas de sus poesías, henchidas de limpia luz *de alegrías*

> *El beso de esa muchacha*
> *rubia, y el de esa morena,*
> *y el de esa negra, ¡Alegría!*

*Y el vientre de esa pequeña
de quince años, y sus brazos
armoniosos, ¡Alegría!*

*Y el aliento de la selva virgen
y el de las vírgenes hembras...*

[«¡Aleluya!»]

¿Qué son todas esas variantes de mocedad femenina, apuntadas sólo con alusiones al cabello, a la piel, la rubia, la morena, la negra, sino variantes del ardor erótico? Teclas de un teclado por las que va posándose la sensualidad del poeta, para sacar de todas ellas—cada cual una nota—esa melodía del goce, en cuyo final, total, encanto quedan sacrificadas y en olvido sus individualidades.

Escenario conforme a esas figurantas es la selva virgen. Ese su aliento es el ardor sensual mismo, respirado en lo de fuera, que viene al encuentro del que exhala el poeta. La selva es la sede de la lumbre erótica: así aparece en Darío en varias ocasiones. En «Estival» se siente cómo la calidez de la atmósfera, el vaho fogoso del suelo, hallan en el amor de los tigres su consumación máxima; paisajes y habitantes, todo se mueve en la más alta tensión de lo erótico.

Este erotismo puro y sin mezcla, despojado de toda alianza espiritual, no puede dispararse hacia una amada única, ejemplar, en la cual se satisfaga por completo. Pone su mira en el género, en la mujer genérica, en lo femenino elemental, fémina o hembra. En la mujer, mejor aún en *lo* mujer, que está repartido en todas ellas y entero en ninguna. De ahí el amor plural, que Rubén confiesa. Sin embargo, el poeta no puede por menos de intentar, alguna vez, la hechura de un símbolo, de una abstracción de lo mujeril o femenino. Ni siquiera el poeta erótico puro puede escapar a la necesidad de idealizar, de labrarse una forma ideal de su deseo.

TENTATIVA DE MUSA

Ya en el período final de su obra lírica formula Darío su símbolo, su ideal, en pocas y célebres palabras:

LA PALOMA DE VENUS

¡La mejor musa es la de carne y hueso!

[«Balada en honor de las musas de carne y hueso»]

Se nos viene al recuerdo aquel primer intento de aproximación de los contrarios, la Venus-estrella, equivalente a esta Musa-carne y hueso. ¿Cómo se ven en sus inicios la idea y representación de la musa, que tanto ha variado a lo largo de los siglos? En su libro *Myth and allegory*, Robert Hinks reproduce un relieve helenístico del poeta trágico y su musa, y estudia un pasaje de los sofistas donde el extranjero de Eleas pregunta a Teeteto si el pensar no es una silenciosa conversación del alma consigo misma. Esta concepción de la vida mental sirvió, según Hinks, al arte para representarla bajo el aspecto del poeta y la Musa. El poeta es el símbolo del cuerpo mortal e histórico; la musa del alma inmortal, del *nous* socrático. Bien se aprecia todo lo que tiene de subversivo el concepto de Darío; consiste en deshacer la obra aquella de la visión griega que desencarnó la musa, sacándola del dominio de lo corporal, y verla sólo como cuerpo, encarnarla, reducir de nuevo a esa aspirante a la inmortalidad al recinto de la carne mortal.

En la estrofa cuarta Darío pasa lista a las Musas clásicas, y allí comparecen Clío, Euterpe, Polymnia y hermanas. Pero su comparecencia tiene por objeto presentar a cada una de ellas como una gracia o virtud parcial de la musa nueva proclamada por el poeta:

> *Clío está en esa frente hecha de aurora,*
> *Euterpe canta en esa lengua fina,*
> *Talía ríe en la boca divina...*

Incompletas todas, sólo se reúnen en perfección, sin que ninguna falte, en esta «décima musa» rubeniana. Quedan derrotadas las prestigiosas hermanas alegóricas, abrumadas con glorias de tantos siglos, por esta nada alegórica, carne y hueso toda, *parvenue* entronizada por el erotismo directo de Darío. La «Balada» se sale luego de los límites poéticos puros y se aventura hacia una especie de interpretación erótica de la historia, casi tan cerrada como la marxista, en su género. Los sabios meditan por el premio que les espera en los besos. Y

*por eso el iris tiéndese y por eso
humano genio es celeste progreso.*

Al final de la «Balada» se entrevé como posible una milagrosa unidad entre unas y otras musas, las clásicas y las de hoy, las hijas de la mente y las de la carne. Unidad en el más remoto pasado, en lo original. Acaso esta musa de Darío tenga nombre. Y acaso sea aún más antigua que las helénicas, y las contenga. Esta musa de carne y hueso, ¿no responderá quizás al nombre femenino que fue primero de todos, al de aquella mujer de la que salió toda suerte de femineidades, a Eva? La Causa, según parece, de la perdición del hombre, y de los hombres.

Todavía cabe un paso más allá en esa frenética exaltación de la mujer de carne y hueso. Rubén lo da en el poema XVII de *Cantos de vida y esperanza*, el que empieza «Carne, celeste carne de la mujer...». Si en la «Balada» el objeto de la adoración era la mujer carnal, aquí se abstrae la cualidad misma de lo adorable—la carne—y, aislada de toda personificación, desindividualizada, se la ofrece ante nuestros ojos como un bien precioso, entre todos los del mundo, última etapa de la indiferenciación que venimos observando en Rubén Darío. Primero las muchachitas, la rubia, la morena, la negra, iguales todas en su virtud de excitar el afán erótico, pero aún humanizadas y distinguibles. Luego «la musa de carne y hueso», el símbolo de las mujeres todas, como urnas en que se guarda el tesoro del placer sensual. Y, ahora, ya sale de escena toda figura, mujer o musa, y se yergue, deshumanizada, la carne misma, sola, imperial, rectora de los cursos de toda cosa del mundo. Es curioso cómo, en los dos primeros versos, Rubén galopa, de símil en símil, buscando furiosamente un calificativo más alto de la carne. ¿Arcilla, el propuesto por Hugo? No, ambrosía. ¿Pero será bastante el aparejarla al alimento de los dioses? Por si no lo es, Rubén asciende otro escalón y la llama «maravilla», concepto más dilatado, sugeridor de toda clase de prodigiosas hermosuras. Todavía no acaba, porque a los cuatro versos, sin reparar en sacrilegio más o menos—como hizo con frecuencia Darío—, eleva la carne, la mortal carne humana, a la más insensata comparación con el pan de la Eucaristía, con el símbolo de la carne del Inmortal, la carne de Cristo. En esa rauda sucesión de términos comparativos ascensionales, diríase que se ve a la comparada, la carne, desrealizarse, y, a través de esas transmutaciones, casi perderse de vista, dejar de ser ella.

¿Había un numen burlón que se mofaba de esa idolatría de lo carnal y jugando con el poeta le conducía por un camino de imágenes por el cual la carne se iba espiritualizando más y más, como renegando precisamente de su ser carnal?

Tras el lírico enardecimiento—temperatura general de la poesía toda, que no desciende casi un momento del tono exclamativo—se delinea esa doctrina de la vida entera, producto de la carne. En una soberbia metáfora sostenida, digna de Góngora, explica el arrancar del sol por los espacios, llenándolos de oro, como deseo de Apolo de alcanzar a Anadiomena, entrevista allá abajo. La tierra no obedece menos que el cielo las órdenes de lo carnal:

> *Toda lucha del hombre va a tu beso,*
> *por ti se combate o se sueña.*

Y en el verso anterior se resume esa «doctrina erótica de la historia humana» a que aludimos, que contrapone al *homo economicus*, héroe marxista, el *homo carnalis*, ejemplo rubeniano:

> *Si el progreso es de fuego, por ti arde.*

Nada queda fuera del imperio de la carne; la rosa y el trabajo, la lucha y el sueño, la primavera y el sol. Pocas veces se ha expresado con tal encendimiento lírico esa visión *panerótica* del mundo. Porque eso es lo que Darío proclama. Si el panteísmo identifica a Dios y al mundo, Rubén formula una teoría donde quedan identificados mundo y afán erótico, sed de lo carnal: panerotismo. Darío va tocando ya aquí en las fronteras de su último reino: alianza extraña de lo carnal y de lo místico, misticismo erótico. Porque en su sacrílega metáfora de la comunión, se percibe que el poeta siente en el placer carnal como un medio de llegar a la unión con el principio mismo del mundo, la carne todopoderosa. El amor físico sería, según eso, un «camino de perfección» en que el paradójico místico va ejercitándose para alcanzar la visión suprema de la carne pura. Muchos siglos antes se había escrito un verso inmortal:

> *Amor che muove il sole e le altre stelle.*

Pervive, vigente en esta poesía rubeniana, pero teniendo en cuenta que Rubén Darío es el revolucionario máximo del concepto de lo amoroso, creado por la poesía italiana medieval. Rubén recoge la sentencia del italiano; la recoge y la encoge, reduciéndola a lo que en el amor hay de sensual, a la carnalidad. El verso está allí, aunque significa cosa muy otra.

EL DELIRIO DE LA POSESIÓN

Se ilumina el porqué analizando un soneto de arte menor, «Mía», contenido en *Prosas profanas*. Es la sublimación de la posesión erótica. Está expresada a través de un puro elemento gramatical, usado y archiusado entre todos, y al que Rubén Darío hace relucir de nuevo en toda su potencia original, como si lo inventara. Descansa la construcción del soneto sobre el pronombre posesivo de primera persona, en su forma femenina: *mía*, utilizado en su máxima energía por el poeta. Escoge esta palabra porque en este instante se le aparece como la más rica, la más plenamente significante de la lengua:

> *Mía: así te llamas.*
> *¿Qué más armonía?*

El mágico vocablo todo lo encierra en sí, luz, aroma. ¿Qué es lo que hace Rubén con la mera gramática? Veámoslo. El propósito de la palabra es designar, afirmar la posesión de algo. Pero el poeta siente con tanta vehemencia el anhelo de posesión, y sobre todo la gloria de la posesión, que convierte la palabra en un nombre substantivo, en un nombre propio. En una substantividad absoluta. Pasa a ser un nombre de mujer: «Mía, así te llamas». ¡Qué frenesí, qué encendimiento pasional trasluce ese olvido o desdén por los nombres de mujer, por el que llevara ésta, la cantada en el poema, reemplazados por *mía*! Lo que distingue a esta hembra, y la coloca por encima de todo, no son personales, individuales cualidades *suyas*, no: es tan sólo la circunstancia de haber sido esa *mía*, de haber sido poseída, esto es, de no ser suya, de ella. El arrebato posesivo del poeta la sorbe y absorbe, la aniquila, y ella, que es todo, para serlo tiene antes que reducirse a no ser nada. Es *la gran cualquiera*, la musa anónima—con el solo nombre de poseída—de lo erótico. Musa que satisface todos los anhelos—porque el poeta la hace dispensadora de armonía, luz, rosas, aroma—con un solo requisito, con un tremendo *si* condicional:

> *si sé que me amas.*

La existencia de esa mujer queda condicionada a que ame o no al poeta. Ser o no ser, según. Y en el octavo verso grita Darío, en la cumbre de la visión erótica, esa palabra, colocándola a ella sola precedida de la interjección de asombro, el Oh, repetida—por si acaso—y escrita con mayúscula, es decir, separada de todo, diosa completa. Éste es el verso, uno de los más breves y cantantes de nuestra lengua, de los más simples y profundos:

> ¡oh *Mía*, oh *Mía*!

Al analizar la palabra amor (*love*) encuentra I. A. Richards cómo en ella coinciden los dos conceptos de lograr, poseer (*to get*) y de dar (*to give*). Ese segundo es el *ágape*, amor en el sentido cristiano; el otro es el *eros*, amor a lo pagano. Eros, según explica Platón en el *Symposium*, procede de necesidad, de falta de algo. Queremos lo que nos falta, y en ese concepto entran todas las necesidades. Hasta el amor a Dios cabe en esta tendencia, si es amor adquisitivo, deseo de tener a Dios para nosotros. Es Eros deseo de ganar algo, ya sea placer, conocimiento y sabiduría o perfección. Ágape, en cambio, sólo aspira a darse, es todo donación de sí. Metafóricamente lo aclara Richards diciendo que Eros es una corriente de adquisiciones, o posesiones (*a stream of gettings*), y Ágape una corriente de dones (*a stream of givings*).

En ese sentido, iluminado, como por ninguna otra, por esa poesía que canta el delirio de la posesión, Rubén se revela en toda su plenitud de poeta de lo erótico. Estamos al final, allí donde todo se aclara, de su escala. El objeto de su ansia no era la musa, ni a lo clásico ni a lo romántico; era la mujer de carne y hueso. ¿Mujer, ésta, entera, en alma y cuerpo? No. Sólo en realidad carnal, admirable por su deseabilidad para los sentidos; es la carne. Y, apurando, concentrando más y más ese foco final de su deseo, ni siquiera es la carne, sino en cuanto poseída; la cima de esa progresión llameante de su erotismo es la posesión. No era Eva. Es *Mía*. Ahí llega Rubén impelido por lo inexorable, lo cruel del destino de lo erótico, por lo que llamaríamos la fatalidad erótica. Porque ésa es la forma en que la fatalidad se le presentó a Rubén. Eso fue para él, lo fatal.

Así linda, ya en este extremo, con la locura:

> *Señora, Amor es violento;*
> *y cuando nos transfigura,*
> *nos enciende el pensamiento*
> *la locura.*

[«Que el amor no admite cuerdas reflexiones»]

El estribillo de este poemita se repite tres veces:

> *Y me enciende el pensamiento*
> *la locura.*

Todo se va borrando, nombres de mujer, la mujer misma, su humana persona, el cuerpo carnal, que se termina en ser poseído, en un acto de posesión. El afán de poseer, golfo tenebroso, se lo traga todo. El exacerbamiento sensual se arroja en su propio torbellino. De tan profundo, el ardor posesivo se ha vuelto abismático. Y retornan a su lugar, en la memoria, aquellas extrañas palabras de Darío:

> *Venus, desde el abismo, me miraba con triste mirar.*

¿Quién le saldrá al paso al poeta, por esa vía exaltada que no se sabe a qué futuro le lleva? Alguien habrá que lo haga. Se le ve avanzar como un personaje trágico, insuflado en su marcha, por su fatalidad. Y se piensa, como Dante:

> *Non impedir lo suo fatale andare:*
> *vuolsi così colà dove si puote*
> *ciò che si vuole, e piú non dimandare.*

[*Inferno*, v]

LA INCONSCIENCIA, CLIMA ERÓTICO

Pero todo eso, que percibimos nosotros desde la distancia que crea la actitud histórica y el enfoque crítico de la obra, el poeta no lo ve, por el momento; y aunque presiente alguna vez lo que detrás le espera, desdeña la vaga amenaza y se envuelve en ese clima luminoso, poblado de alegrías, surcado de caricias naturales, que viene a ser como la aprobación que la naturaleza terrenal presta, con sus sensualidades, a las de la naturaleza humana:

> *Apartad el temor que os hiela*
> *y que os restringe.*

> [«Poema del otoño»]

Son los dos versos que preceden a la aseveración de que la paloma de Venus domina con su vuelo el misterio de la Esfinge. Ese clima se concreta en horas y en tiempos favoritos. Es la mañana:

> *¡Claras horas de la mañana*
> *en que mil clarines de oro*
> *dicen la divina diana!*
> *¡Salve al celeste Sol sonoro!*

> [«Programa matinal»]

Entonces se le dicta al poeta el programa de la existencia que él nos dicta a nosotros:

> *amemos la gloriosa Vida,*
> *siempre coronados de flores*
> *¡y siempre la antorcha encendida!*

> [«Programa matinal»]

El programa matinal formulado en la poesía de ese título, vuelve a proponerlo el poeta una y otra vez. El pabellón de la primavera es el que mejor ampara sus ejercicios:

> *Y sentimos la vida pura,*
> *clara, real,*
> *cuando la envuelve la dulzura*
> *primaveral.*
>
> [«Poema del otoño»]

O, como en otra poesía:

> *¡Amar, reír! La vida es corta.*
> *Gozar de abril es lo que importa*
> *en el primer loco delirio.*
>
> [«El clavicordio de la abuela»]

Concuerdan los ardores levantados por la primavera en el mundo, con los que inflaman al hombre, el cual se declara soldado de esa milicia del goce:

> *Sepa la Primavera*
> *que mi alma es compañera*
> *del sol que ella venera*
> *y del supremo Pan.*
> *Y que si Apolo ardiente*
> *la llama, de repente*
> *contestará: ¡Presente,*
>   *mi capitán!*

En estos términos invita a seguir su programa a un pintor, propenso a los temas sombríos:

> *Vamos a cazar colores,*
> *vamos a cazar,*
> *entre troncos y entre flores,*
> . . . .
> *Vamos a cazar colores,*
> *ilusión los bosques dan,*
> *las dríadas brindan flores*
> *y alegría el egipán.*

Caza de las superficies más alegremente sensuales de las cosas, ejercicio aguzado de los sentidos por el mundo de las gozosas apariencias.

EROS, SIN TIEMPO

Este clima necesitado por lo erótico para afirmarse conviviendo con el resto del Universo, lo erótico que proyecta el ardor de los sentidos hacia fuera, en busca de colaboraciones e intercambios con las cosas, para convertirse en panerotismo, posee un atributo muy significativo:

> *En el reino de mi aurora*
> *no hay ayer, hoy ni mañana;*
> *danzo las danzas de ahora*
> *con la música pagana.*

El intento es ambicioso: se trata nada menos que de la eliminación de lo temporal. ¿Por qué esa insistencia, ese deseo del poeta de vivir su programa de los sentidos ucrónicamente? Todas las utopías, es decir, los proyectos de vida mejor que el hombre se inventa, huyen de situarse en lugar alguno, y de esa imposibilidad de radicación, o del temor a localizarse, les viene el nombre. El programa sensual de Darío es una ucronia: ni siquiera el hoy, el punto mismo en que se realiza la presa de los sentidos sobre la realidad, querría admitirlo. La música pagana que rige los movimientos de su danza, al suprimir el tiempo, suprime sus dos filos cortantes, el dolor de recordar, la angustia del esperar. Aunque Rubén no quiera, su tiempo es el presente; y el presente es la porción del tiempo donde se vive lo más sensual del ser humano. Negarse al pasado o al futuro es insistir en ser sensualmente, en afincar la existencia en su punto actual. Indiferencia por el llegar a ser, por el devenir. Ese tiempo sin ayer ni mañana está hecho a la medida de lo erótico, es el tiempo de los sentidos. Tiempo-presencia, contra el tiempo-conciencia, tiempo que es, frente a tiempo que se marchó o que vendrá. La furia erótica de ser sensualmente, aparta, arroja de sí, los tiempos que *se sienten*, y se ahínca, como en su lugar natural, en ese otro tiempo que *no se siente*, transido como está por el goce, vuelto placer puro.

¡Música pagana! ¿De qué cuadrante de la paganía procede esa música del no tiempo? En varios pasajes, prosa y verso, menciona Rubén a Epicuro. Y al referirse a su poesía «Programa matinal», en *Historia de mis libros*, habla de su epicureísmo. No creo que sea ésta exactamente la filosofía de la antigüedad, «la música pagana» latente en la poesía de lo erótico rubeniana. Hay otra con la que se ajusta más estrechamente, el hedonismo. El hedonismo de la escuela cirenaica, cuyo jefe Aristipo fue llamado por Platón «el refinado». El placer es el bien, y constituye el fin de la vida. Pero ese placer es actual y particular, en lo cual se diferencia de la felicidad, que es un sistema de placeres particulares y por ende pasados o futuros. Aristipo no valora ni el recuerdo del placer pretérito ni la esperanza del futuro, aquél porque ya no existe y éste porque todavía no es. Epicuro y los suyos introducen el factor tiempo, y frente a los goces, a los instantes sueltos de placer, proponen un conjunto, un todo, una ordenación de los placeres.

No hay duda. Rubén Darío, tal como se nos presenta hasta ahora, como poeta de lo erótico, cantando la prioridad del placer sobre las demás cosas del mundo, gozador del presente, negándose a las otras haces de lo temporal, es un hedonista. Pero el erotismo, ¿se quedará así reducido y así confinado, en su lírica? No; es un poder tan activo que rebasa sus límites propios, lo sensual puro, y, en busca de su intensificación y acrecimiento, se entra por los campos de la imaginación. Los sentidos no se bastan; los sentidos, aunque la tengan, no quieren tener historia. Y llega un punto en que el erotismo rubeniano quiere historia. ¡Qué tentación para ese afán expansivo, la de reforzar el poder elemental de los sentidos con la imaginación voladora, trasladar el puro sensualismo a regiones lo más alejadas en tiempo y espacio! Lo erótico seguirá en su lugar primado, pero fantaseándose. Entraremos en una zona nueva del afán sensual: lo erótico como fantaseo. Derivación natural de aquella forma simple, complicación primera que se busca, en su ardor inextinguible de vivir y más vivir. Empieza lo erótico—el monstruo—a entrarse por el laberinto que su misma ansia le construye. Drama del laberinto, con desenlace venturoso o catastrófico, según se encuentre o no una Ariadna—muy poco de carne y hueso—que saque el aventurado del magno enredo de lo erótico. De otro modo, no hay quien lo salve.

5
EL OLÍMPICO CISNE

Ese mundo de los sentidos, tan suficiente para Rubén en muchos de sus poemas, es el que está más al alcance de la mano; es el tangible, el presente; mundo de lo inmediato. Pero cuando el afán erótico quiera traspasarlo, en demanda de mayores espacios, se entrará forzosamente en otros mundos mediatos, a los que se llega por diferente ruta. *Mundus sensibilis*, al que sentimos, percibimos, mediante el operar sensorial. *Mundus intelligibilis*, el que recibe y comprende la inteligencia. ¿Quién hay que viva exclusivamente en su mundo inmediato? Cada quien prepara, proyecta o sueña su otro mundo, donde las cosas no son como las que le circundan ahora, sino como las forja, sobre la dócil materia de lo que no es, el deseo fantaseador. *Mundus imaginabilis*. De la capacidad imaginativa que la persona disponga, de la cantidad de materiales que posea para labrarse con ellos sus fabulosas edificaciones, dependerá la extensión y la calidad de su mundo mediato.

Se sirve el imaginar, para componer sus filtros, de muchos ingredientes; no sólo de los nacidos del puro capricho mental, sin referencia a cosa real alguna, no sólo los de la realidad común, que ella eleva a descomunales, sino de datos de cultura, por decirlo así, de elementos adquiridos intelectualmente. Entre otros, de lo histórico. Vive lo histórico, además de en sus casilleros rigurosos, preparados por el historiador, donde se lo encuentra en su estado puro y su significación propia, pasando y repasando ante la fantasía, ofreciéndose a ella, como solar apto para sus soñaciones. Y así se alzan esos mundos histórico-imaginarios de la literatura, combinación de unos cuantos elementos reales—hechos de cultura—con la querencia de una imaginación que opera con ellos como el alfarero con la arcilla.

No son decoraciones sin más, escenografías. Más bien se presentan como un conjunto de modos de vida, de pensar, de sentir, que nos atrae fascinadoramente. Satisfacen a algo más que al devaneo absoluto del espíritu, a una tendencia más profunda y duradera. Si unos buscan en ellos cobijo para una nostalgia, presa para un capricho sentimental, otros se vuelven a ese mundo como a un modelo o escuela de vivir. Al dirigirnos a ellos nos dirigimos a unos valores, no estimados intelectualmente, pero sentidos como deseables, y que se revisten de concreciones históricas y locales. Esa vestidura de apariencias es su lado pintoresco, que encubre con formas y colores característicos su auténtica significación. El que se imagina a lo trovador, laúd en mano, dama en la ojiva y luna en el cielo, no es que quisiera vestirse de máscara, sino que sueña en vivir inmerso en un concepto de la vida sentimental distinto del de 1830. Son términos de un deseo que complica su aspiración a ser—es decir, su condición de cumplirse en la vida—con la ilusión de que eso mismo fue ya antes, y por lo tanto le confirma en su posibilidad de realización.

HELENISMO

Éste, el mundo helénico, es el más permanente de todos, en el ánimo del hombre. Muere la Grecia histórica y real, y nace la crisálida de *lo griego*, siempre presente en la historia, hasta en los siglos en que se le tenía por más soterrado, y nos salta a la vista, en una cierta gracia sensual con que un ángel gótico se envuelve en sus leves pañerías con los mismos pliegues húmedos con que se ceñía en ellas una diosa pagana. Lo que ha sido el helenismo, en su estricta acepción, desde la Alejandría de los últimos Ptolomeos a la polaridad Apolo-Dionisos nietzscheana, se ha historiado suficientemente. Yo me refiero ahora a aspectos no científicos, en que no entra la filología ni la reconstrucción intelectual de sus formas de vida. A una especie de paraíso que se sitúa en una Grecia liberalmente entrevista por la imaginación. Al no atenerse a precisiones históricas rigurosas, al ser más vagos y flexibles para el deseo, se asemejan más que a otra cosa a visiones. El sabio las tendrá por subproductos espúreos de la cultura, y el helenista filólogo los mirará con ironía, sin darse cuenta, en su razón literal, de que esa Grecia no es un objeto de conocimiento, sino un norte para deseos sueltos en busca de rumbo.

Eso fue lo griego para Rubén. Un área de fijación para la inquietud acuciadora de sus deseos, en la cual se posaban porque allí podían vivir y medrar al aire favorabilísimo de las afinidades. Mundo histórico que dejaba de ser histórico, porque las experiencias de sus sentidos se creían que lo actualizaban. Curioso juego que busca lo histórico para revivirlo como no histórico. Acaso el análisis de algunas poesías rubenianas nos explique su profunda razón de ser.

El poeta canta en «Mediodía» la plenitud azul y solar de su tierra:

> *Es la isla del Cardón, en Nicaragua.*

Y entonces, una Grecia en la que él no ha estado, un sol y un cielo que nunca ha visto, se le suben a la imaginación:

> *Pienso en Grecia, en Morea o en Zacinto.*
> *Pues al brillo del cielo y al cariño del agua*
> *se alza enfrente una tropical Corinto.*

Es el espejismo helénico que se apoya en un nombre, Corinto, y en una similitud, sentida, querida, de la luz y el ardor del aire.

¿Estudiar los orígenes literarios y librescos de esa tendencia de Darío? Ya que él no pisó suelo griego, ni sabía la lengua, ¿de qué obras y autores sacó ese helenismo extemporáneo? Así podía preguntarse justificadamente, desde su punto de vista, el erudito. Y en parte lo ha contestado, en su libro de singular mérito, quien es más que simple erudito, el distinguido crítico argentino Marasso Roca. Pero poco valen esos orígenes foráneos, junto al otro, de donde le venía a Rubén su complejo griego, y que no requiere investigación, porque nos lo tiene declarado límpidamente él mismo. Hallándose en Mallorca se pregunta por qué la conoció tan tarde:

> *¿Por qué mi vida errante no me trajo a estas sanas*
> *costas antes de que las prematuras canas*
> *de alma y cabeza hicieran de mí la mezcolanza*
> *formada de tristeza, de vida y de esperanza?*

Se sentiría un mallorquín perfecto, gustador de

el divino y eterno rumor mediterráneo.

*Hay en mí un griego antiguo que aquí descansó un día
después que le dejaron loco de melodía
las sirenas rosadas que atrajeron su barca.
Cuanto mi ser respira, cuanto mi vista abarca,
es recordado por mis íntimos sentidos:
los aromas, las luces, los ecos, los ruidos,
como en ondas atávicas me traen añoranzas
que forman mis ensueños, mis vidas y esperanzas.
Mas ¿dónde está aquel templo de mármol y la gruta
donde mordí aquel seno, dulce como una fruta?*

[«Epístola a la Sra. de Lugones»]

¿Ilusiones que se forja el poeta? Quizá, pero expresadas con tal plenitud que las convierten en una vívida realidad espiritual. Su helenismo es un mandato secular, que le corre por las venas, y no un influjo literario. Esa pertenencia de su ser a lo griego poco tiene de reflejo libresco y mucho de fe humana. Ni las sirenas, ni la gruta, ni las luces verdaderas de Grecia, fueron nunca pasto de sus sentidos. De los externos. Pero, ¿y los «íntimos sentidos»? Sentidos no externos, no corporales, alusión del poeta a un ver, a un oír, que tiene adentrados en su alma, y con los que alcanza las realidades íntimas, esas del alma. Sentidos espirituales, más antiguos y expertos, ellos le recuerdan lo que los otros sentidos, los de fuera, se empeñan en que no han visto nunca. Y unas «ondas atávicas»—atinada precisión expresiva que tiene siempre la buena poesía—le acarrean añoranzas, sentimientos de ausencia de lo que jamás estuvo presente a unos sentidos y jamás dejó de estar presente a los otros. ¿Cabe decir más explícitamente que lo griego—fuesen cuales fuesen los estímulos literarios que hallara Rubén en sus lecturas—lo llevaba dentro el poeta? ¿Sería delicado, después de estos versos, buscar en libro alguno el origen de su helenismo?

Esencia universal, lo griego flota en infinitas sensibilidades, en cada una a su modo, y se reconoce en millares de conciencias. Fogaril misterioso, arde en su antiguo hogar y de cuando en cuando aflora una de sus llamas, en lugares inesperados. Cuando Rubén escribe esos versos le posee un algo de esa lumbre que no distingue de razas, tiempos ni latitudes, y que se enciende lo mismo—en sus diversas maneras—en un teutón como Goethe que en este hijo de la tropical Nicaragua diminuta. Conocido intelectualmente—claro es—por obra de la cultura literaria y artística, se torna materia de vida, se reconoce como vida en una naturaleza humana, afín al modo griego de sentir al hombre y dotada de capacidad imaginativa revivificante.

LO GRIEGO Y LO ERÓTICO

¿Cuál, de entre las muchas hechiceras voces que componen el coro de la perfección griega, fue más perceptible para Darío, y acertó a encantarle toda su vida? ¿Por qué se siente «griego antiguo», «loco de melodía» helénica que nunca dejará de oír? ¿Será acaso por «las sirenas rosadas que atrajeron su barca»?

> *Amor, tu hoz de oro ha segado mi trigo;*
> *por ti me halaga el suave son de la flauta griega,*
> . . . .
> *junto a la adolescente que en el misterio inicio*
> *apuraré, alternando con tu dulce ejercicio,*
> *las ánforas de oro del divino Epicuro.*
>
> [«Propósito primaveral»]

Es el erotismo, aquel que unas veces se obstina en vivir fuera de todo tiempo, en el país que no tiene más nombre que placer, el que ahora le impele a trasladarse a la Grecia que se imagina. Por el amor le agrada el son de la flauta griega.

A una de sus poesías, y no de las mejores, titula Rubén «Eros» precisamente. Rememora su juventud en Nicaragua cuando

> *hay en mi mente un sueño siempre vario y distinto.*

Es en Corinto, o en Chinandega, en su patria. Y dice:

En cada mujer miro como una ninfa griega;
en poemas sonoros sus frescas gracias pinto.

Se le figura cada moza que pasa, por detrás de sus naturales y visibles gracias, otra cosa: ninfa y griega. De lo visto, que tantas veces le fue suficiente, porque los sentidos no le pedían más, se pasa a lo representado por la imaginación. Por lo amoroso le gusta lo griego, dijo en «Propósito primaveral»; y, más adelante por el mismo camino, cada mujer transeúnte es una ninfa. Rubén se vuelve hacia lo helénico porque allí descubre un clima erótico—y por eso erotógeno—donde los deseos de sus sentidos se verán rodeados de estímulos y ejemplos bellísimos y podrán medrar mejor que abandonados a sí mismos.

LA VERSIÓN HELÉNICA DE RUBÉN DARÍO

La prueba de que es el erotismo lo que mueve a Darío con más imperio que cualquier otro motivo estético o literario hacia el sueño griego, se halla en la versión que él escoge de todas aquellas que el helenismo brinda con su enorme generosidad. Grecia, su significación, está como preciosísimo diamante tallado que por cada faceta lanza un destello diverso, y con todos nos ilumina. De un modo aclara a los filósofos, y a cada filósofo, de otro a los pintores, a los escultores. Unos la venerarán como fuente del pensamiento del hombre, otros como inventora de formas, aquéllos como iniciadora de la revelación científica. Nada humano le fue ajeno. Hay versiones amplias, extensísimas, de lo griego que recogen la mayoría de sus facetas; las hay que aspiran a entrar en sus honduras, en su verdad más original; algunas son parciales, y se quedan en un punto, y en la superficie. Todas son válidas, en cuanto generadoras de vida espiritual, en cuanto guías activas de los esfuerzos mejores del hombre.

La forma más seria del helenismo de Darío se da en el «Coloquio de los centauros». La más leve es la galicista, derivada de esa idea tan corriente, que puede tener su parte de lugar común y su parte de verdad, según la cual Francia es de todas las naciones modernas la más fiel heredera del genio griego. Francia y Grecia aparecen juntas y parangonadas en la «Divagación»:

> *Amo más que la Grecia de los griegos*
> *la Grecia de la Francia, porque en Francia,*
> *al eco de las risas y los juegos,*
> *su más dulce licor Venus escancia.*

Este juicio, aunque literalmente tomado parezca hacerlo, no afirma la superioridad de Francia sobre Grecia, sino la ventaja que lleva una forma de lo griego, la afrancesada, a la forma clásica. En realidad es una Grecia frente a otra. Y la razón de la supremacía de lo greco-galo, aunque un poco vagamente diluida en la metáfora, es que en Francia Venus refina sus productos:

> *Demuestran más encantos y perfidias,*
> *coronadas de flores y desnudas,*
> *las diosas de Clodión que las de Fidias.*

Ese preferir un escultor de tercera, artista de exquisitas menudencias, a la figura imponente de Fidias, que semeja puro exceso verbal, arrebato de un encendimiento momentáneo, se justifica por una razón un tanto inesperada:

> *unas cantan francés, otras son mudas.*

Quiere decirse que las uñas están a la mano, las otras inaccesibles, en su mármol. Recordando la «Balada», ¿por qué no decir que para Darío no sólo la mejor musa, sino la mejor ninfa, es la de carne y hueso? Grecia, en Francia, vive. Sus ninfas, por boca de las francesas, cantan. Es lo griego, vivo, que se escapa del museo y de la estatua y toma cuerpo gentilísimo de transeúnte de los Grands Boulevards, de las calles de París. He aquí un episodio grecoparisiense y mítico-galante:

> *Yo he visto a Venus bella,*
> *en el pecho una estrella,*
> *y a Mammón ir tras ella,*
> *que con ligero pie*

*proseguía adelante,
parándose delante
del fuego del diamante
de la rue de la Paix.*

[«Pequeño poema de Carnaval»]

La beldad de Lutecia, la metamorfosea la imaginación erótica de Rubén en la Diosa, tanto más apetecible cuanto que se puede ir detrás de su rítmico taconeo por la acera del bulevar, aunque no se pertenezca a categoría olímpica.

INGRESO EN LA MITOLOGÍA

Si seguimos rastreando por las alusiones griegas rubenianas en busca de la forma favorita de su helenismo, pronto encontraremos—ya está visible en los versos recién citados—una pista que nos lleve a la calidad específica de esa tendencia. Al invitar al culto amoroso en el «Poema del otoño», dice:

*Aun Anadiómena en sus lidias
nos da su ayuda;
aun resurge en la obra de Fidias
Friné desnuda.*

. . . .

*La sal del mar en nuestras venas
va a borbotones;
tenemos sangre de sirenas
y de tritones.*

*A nosotros encinas, lauros,
frondas espesas;
tenemos carne de centauros
y satiresas.*

Bajo el palio de Venus, Darío tiene nada menos que la pretensión de introducirnos, o —si se toma el plural en su sentido individual y no colectivo— de introducirse él, en una especie ilustre de seres, centauros, sirenas, satiresas, tritones, que no son de este nuestro mundo mortal, pobladores de un reino prodigioso. Rubén quiere codearse, simplemente, con las criaturas míticas. Su sueño es penetrar en ese delicioso coto sobrehumano que ha encandilado siglos y siglos a los habitantes más cultos de esta tierra.

Porque desde el siglo xv hasta el siglo xix los humanos se encontraban a cada esquina de sus lecturas, de sus pensamientos, con otros personajes, cada uno de los cuales significaba mucho más que una simple individualidad, y que apelando potentemente a lo humano se disimulaban en deshumanizaciones alegóricas o simbólicas: Apolo, Eros, Endimión, tantos nombres con sus respectivas leyendas, que venían a ser todo un sistema imaginario, tan permanente y brillante como el celestial. De familiarizados que estaban con ellos todos los letrados se sabían más de sus andanzas, venturas y desventuras que de las de sus prójimos y vecinos. Culto y familiaridad que no faltan en casi ninguno de los grandes poetas de tres siglos, y en cuyos temas augustos, siempre repetidos, siempre renovados, se prendían las ideas poéticas, como la yedra por el tronco guiador. Es muy difícil entender buena parte, y de la mejor, de la lírica clásica, sin dominio de ese mundo mitológico. El siglo xix, con los románticos, empieza a derrocar esa mítica, y el nuestro la ha relegado ya a la guardarropía, considerando que esas clásicas fabulaciones son mentiras tediosas, inadmisibles para el sentido crítico moderno. Pero el mito se venga, burlonamente, y los hijos y nietos de esos hombres que rechazan a Hércules, a Venus, con su soberbia nobleza de representaciones en el pasado y los tienen por reliquias de una época crédula, sin rigor lógico, se sumen diariamente en las columnas de muñequitos o *comics*, de los diarios donde Popeye, el Superhombre o Blondie usurpan bochornosamente el oficio augusto del mito, ofreciendo a la necesidad de imaginar del hombre la papilla más baja, la bazofia de más vergonzosa calidad, que jamás se le ha tendido. Es honor de Rubén Darío el haber buscado el trato íntimo con los personajes de ese augusto reino, con los dioses de siempre. En un soneto de *Prosas profanas*, «Dafne», revela su razón de volverse a lo mítico y comulgar con ello.

Quiere buscar la caña que más se ajuste a los labios de aquella doncella Dafne, transformada en esa planta, y cuando la encuentre entonará en ella danzas pánicas que encantarán a los leones y a los chivos. ¿De dónde recibirá su melodía ese don?

> *Y todo será, Dafne, por la virtud secreta*
> *que en la fibra sutil de la caña coloca*
> *con la pasión del dios el sueño del poeta;*
>
> *porque si de la flauta la boca mía toca*
> *el sonoro carrizo, su misterio interpreta,*
> *y la armonía nace del beso de tu boca.*

Nupcias de «la pasión del dios», dormida emblemáticamente en la caña del cañaveral, y «el sueño del poeta» que busca lo que le falta. La armonía nace del alegórico beso de la diosa y el mortal, cuando el poeta acerca a sus labios el carrizo. La posesión de Dafne, lo que con ella y mucho más que ella comparten otros seres míticos, es una «virtud secreta». Rubén, a quien ya no le basta para vivir su erotismo con la simple fuerza de sus sentidos, busca la potenciación, el refuerzo de su sensualidad elemental, en esas fuerzas que se ocultan tras las figuras míticas.

MUNDO DE TRASLACIÓN

La mitología le será un mundo de traslación; su pasión humana se transporta imaginativamente de la actualidad del individuo que la siente con la fatal limitación de hombre, a la eternidad del dios que la representa sin límites. Lo erótico estaba ya cansado de su forma única, material, actual. Pero lo que no se cansa es su ardor; necesita seguir viviendo, no dejar de ser, satisfacer su deseo sin pausa, y para eso, sin mudar su íntima naturaleza, sale de su horizonte de antes y halla otro mucho más dilatado en el mundo mitológico. Los dioses, los seres míticos, no son otra cosa que la nueva encarnadura que va a tomar el anhelo erótico de Rubén.

La dirección de este proceso se explica con suma claridad. Los dioses, los seres míticos, son, entre otras cosas, símbolos corporeizados de las cualidades humanas alzadas a su mayor potencia. Un dios es una cualidad, en sí misma humana, de la que participamos los terrenales pero que se escapa de su relatividad y refulge en la persona del dios, como un absoluto, superterreno. Por consecuencia, los dioses serán los blancos de los deseos y afanes de los hombres, puesto que no consisten en otra cosa sino en esos mismos deseos humanos proyectados en supremas y seguras existencias olímpicas.

Nuestra naturaleza inventa al dios a su hechura y semejanza. Suspira el ser humano por ser fuente y lograr, con su fortaleza, poder, señorío, dominio de los hombres y las cosas; rara vez lo logra, y cuando es así, su imperio está sujeto a desvanecimiento y fin, en cada instante. La rueda de la Fortuna no se toma descansos. Pero entonces se delinea a Júpiter, amo y señor de dioses, emblema, en apariencia humana, de un poder total, que se salta los obstáculos por la violencia o la astucia, aunque sea descendiendo momentáneamente a la categoría de un bovino. El hombre se recrea en ese dios, que él mismo ha puesto en su alto trono y en cuya imagen de ilimitado poderío se vive, el infeliz, por traslación.

La hermosura femenina, según dolido testimonio de todos los ojos y plañideras confirmaciones de muchos poetas, es tan efímera o escurridiza que ha levantado tropeles de metáforas de lo fugitivo. El color se empalidece, se bosqueja la arruga y las líneas se derrumban, no obstante los heroicos esfuerzos de los establecimientos donde se administran gracias añadidas y los sabios encubrimientos de los salones a media luz. Pero no importa, porque muy por encima de esos decaimientos está inmarcesible, firme en su altura, adonde no trepan las mudanzas terrenas, Venus, asegurando a todas las mujeres que, si su personal belleza se agota, la belleza femenina, como mito, de que ella es representante titular, no pasa jamás. Venus es la figuración olímpica de ese deseo de belleza eterna que suele acompañar a la condición femenina.

Otro atractivo más lucen los dioses paganos. Con ser dioses, condescienden de cuando en cuando a ser débiles, a compartir sus flaquezas con nosotros, es decir, a parecerse a nosotros, que quisiéramos parecernos a ellos. Seducen más porque su perfección olímpica se permite algún desliz, alguna imperfección, por la cual nos aproximamos. El terreno de esos deslices es la pasión humana, especialmente el amor. Son dioses, *ma non troppo*. Hasta en eso de ser divo cabe una elegante moderación, una pasajera infidelidad a lo inflexible divino.

A este mundo mitológico transfiere Rubén, como a un nuevo plano de vida, el tropel de sus impulsos eróticos elementales. Las criaturas míticas gozan y sufren de amor, también ellas. El amor de los sentidos les empuja a asumir papeles de tragedia, o a veces de comedia. De modo que se les puede mirar como a moldes, ennoblecidos por todo el prestigio de lo religioso y lo estético que los siglos les han conferido, en los cuales el cálido e informe torbellino del apetito humano puede verterse para asumir formas bellas y ejemplares.

Lo erótico, al revestirse de mitología, da en seguida con varias ganancias. Una es el quitarse de encima esa tacha de bajeza, de vulgaridad, que suele ponerse al mero apetito físico de los sentidos. También los dioses se dejan mover y agitar por él, y por eso resulta ennoblecido, más aún, deificado. Una urgencia, mirada por muchos como animal y grosera, se sitúa en el linaje ilustre de las necesidades de los dioses, cobra relumbre aristocrática; el gesto animal se depura al dibujarse con trozos y esguinces celestes. Otra notoria ventaja es hacer ingresar al amor este, actual, presente, de un individuo en una augusta tradición eterna. El deseo amoroso no es debilidad de uno, capricho aislado de este hombre: herencia insigne, es una obediencia más a esa orden que baja desde el Olimpo rodando de siglo en siglo. Rubén siente a Anadiomena protegiéndole en sus lidias de amor:

> *tenemos sangre de sirenas*
> *y de tritones.*
> . . . .
> *tenemos carne de centauros*
> *y satiresas.*

Así expresa esa relación del ser mitológico antiguo con el hombre de hoy, fatal dependencia que se nos impone por la sangre. Y, si se tercia, excelente recurso evasivo, podemos echar la culpa o responsabilidad de nuestros actos al tritón o a la satiresa que nos los dictan sin escape, desde su mitología.

Aún accede otra ventaja a lo erótico cuando se inserta en lo mitológico: se complica. Y para muchos grandes espíritus toda complicación es un beneficio. Los sentidos, que eran los encargados antes de llevar ellos solos todo el peso del erotismo, se hacen con un aliado de fuerza: intelectualizan su empuje puramente físico y lo potencian con todas las adiciones que sacan de un modo imaginario tan rico en rasgos y aventuras amorosas como es el de los dioses. En ellos se encuentra un vasto repertorio de imágenes del apetito erótico, fragmentos de un fabuloso *ars amandi*. La mitología es la mejor simbólica posible del deseo.

LOS FAVORITOS DE RUBÉN. LA SOBERANA

Venus es la indiscutible deidad de las deidades, dueña de los señores. Atrás se vio en el soneto «Venus» cómo Rubén se humillaba ante ella con promesa de no dejar de amarla un momento. Por las calles de París las parisienses se le vuelven Venus. La razón del voluntario vasallaje está en el «Dezir a la manera de Johan de Duenyas»:

> *Reina Venus, soberana*
> *capitana*
> *de deseos y pasiones,*
> *en la tempestad humana*
> *por ti mana*
> *sangre de los corazones.*

Reina sobre el poeta por ser la natural señora de lo erótico. Los deseos y pasiones que agitan tempestuosamente al hombre se colocan bajo su patrocinio, como los nautas de las tormentas verdaderas bajo el de Nuestra Señora del Buen Aire.

Sin duda, la imagen en que con más seducción se le aparece la diosa es la de Afrodita emergiendo de las aguas. La visión de la diosa es origen de la carrera matinal del sol, fuente de la luz. Ya se vio cómo, si el Pegaso áureo inicia su curso por los cielos

> *y el espacio se llena*
> *de un gran temblor de oro,*
> *es que ha visto desnuda a Anadiomena.*

Pocos trozos habrá, si es que hay alguno, que superen en esplendor lírico, en fastuosidad decorativa, al himno a Venus, del «Coloquio de los centauros»:

Hecha de rosa y nieve nació la Anadiomena.

Nace para triunfar. Apenas alza los brazos, es conquistado el haz del mar, que se puebla de adorantes monstruos, ondulantes nereidas, curvos hipocampos,

y caderas redondas,
tritónicas melenas y dorsos de delfines.

Señora ya del mar, ese ardor divino se corre por todos lados, avanza en cualquier dirección, colmando todos los espacios. La magia del nombre, signo del poder de la diosa, es tanta que

el universo
sintió que un nombre harmónico, sonoro como un verso,
llenaba el hondo hueco de la altura: ese nombre
hizo gemir la tierra de amor.

Ya está domeñada la tierra, también, y entonces el hechizo de la recién nacida, y ya mayoral del mundo, pasa sobre las fronteras terrenales y asciende hasta sus dioses compañeros, que lo oyen asombrados; y baja hasta los profundos, prestándoles momentánea gracia de luz. Se diría que el universo había sido hasta entonces una expectativa, ofreciendo su vacío a algo que no llegaba y que ahora lo penetra hasta lo último. Venus se convierte en la plenitud del mundo. Grita el poeta: «¡Venus impera!» El panerotismo de Darío encuentra aquí un símbolo que le permite llegar a reinar en todas partes: Venus por doquier, el panafroditismo. Se enciende tanto el poeta en este himno por haber hallado un punto de conjunción de su afán individual erótico y esta especie de poesía cósmica, con clamor musical y rasgos de gran pintura, que va suscitando la diosa en todo lo que rodea al hombre. En esta apoteosis de su reina, en este ditirambo de su energía universal, se transparenta la satisfacción del súbdito que se gloria en pertenecer a tal señora.

Muy distinta, mucho, esta Venus, de la mujer de carne y hueso de la frase anterior. Era la indiferenciada. Ésta es la supremamente diferente, la única, la imposible de confundir, y la que se designa, no por «una» u «otra», sino por un nombre también incomparable. El erotismo de Rubén ha ganado sin cuento al ascender de aquella muchacha, y la otra y las demás, al depósito y origen de toda femineidad. Es el amor hecho idea, por ser mitología, y a la vez hecho cuerpo; y por ser representada a lo humano y en cuerpo modelo, a cuyas perfecciones aspirarían todos. Por eso distingue el himno una combinación de entusiasmo ardoroso y de gozo contemplativo, de pura adoración. Parece que el poeta, con su erotismo más exaltado que nunca, se contenta ya con lo que le proporciona esta contemplación férvida, con el gozo de adorar. Como si la constante vehemencia posesiva se transfiriese hacia arriba a una vehemencia de admiración. ¿No sería, en efecto, pretensión de enajenado, ocurrencia descomunal la de soñar en poseer a la mismísima diosa que inspira todos los afanes de la posesión? Algo como un sacrilegio en el orden de lo erótico.

EL CENTAURO

A otros seres míticos apela Rubén para vivir representadamente esa ansiedad de posesión, que nunca le deja. De entre las criaturas mitológicas menores, el centauro es una de las preferidas. Son los personajes de ese magnífico poema al que ya se aludió, el «Coloquio». Como prueba con oportuna y rica erudición Marasso Roca, la concepción del centauro en que se basa Darío para su obra es complicada y profunda. Filósofos como el gran Quirón, que sin embargo es aquel mismo en cuya boca pone Rubén el himno a Venus. Pero véanse estos versos, que lo ofrecen en su doble naturaleza:

> *El ixionida pasa veloz por la montaña,*
> . . . .
> *sus ojos atraviesan las intrincadas hojas;*
> . . . .
> *junto a la oculta fuente su mirada acaricia*
> *las curvas de las ninfas del séquito de Diana;*

> *pues en su cuerpo corre también la esencia humana,*
> *unida a la corriente de la savia divina*
> *y a la salvaje sangre que hay en la bestia equina.*

Tiene así el centauro una energía vital triplicada, y por lo animal y por lo humano siente, al entrever a las ninfas de Diana, su sangre de apresador, su ímpetu de apresar uno de aquellos cuerpos blancos. Lo mixto de su naturaleza, animal, humana y divina, es otro modo de potenciación. Este ser extraño acerca los opuestos, y vivirse en él es no renunciar a nada, ni a lo delicado ni a lo brutal. Sigue, más adelante, otro pasaje sumamente aclaratorio:

> *El monstruo expresa un ansia del corazón del Orbe;*
> *en el Centauro el bruto la vida humana absorbe;*
> . . . .
> *con la bicorne bestia Pasifae se ayunta,*
> *Naturaleza sabia formas diversas junta,*
> *y cuando tiende al hombre la gran Naturaleza,*
> *el monstruo, siendo el símbolo, se viste de belleza.*

Esa ansia del corazón cósmico es la del erotismo de Darío. La brutalidad del animal (recuérdese el enlace bárbaro de los tigres en «Estival», donde la bestia es bestia y nada más) se une indisolublemente al hombre, el instinto animal se humaniza, y aun una tercera savia, la divina, completa la alianza. No es monstruosa, porque el ser total es un símbolo y está vestido de belleza.

Nuevamente lo mitológico ha brindado a Rubén una maravillosa representación: lo erótico del animal—fuerza ciega del instinto, poder bruto—se combina con lo humano, significando la dualidad que yace en el amor, lo posesivo puro, animal, y algo que es superior, que está por encima, lo puesto por el hombre. Y luego esta naturaleza doble, hombre-bestia, por lo que tiene de simbólico, se reviste de hermosura. Ya no se podrá tildar a la vehemencia erótica de vulgar animalidad; porque su carga simbólica le otorga categoría de belleza. Es la salvación por lo bello. Rubén, temperamento estético siempre, necesitaba superponer al centauro, semibestia semihombre, una condición: la hermosura, otra de las grandes ansias del poeta, y que todo lo purifica al tocarlo. Monstruoso, quizá, ese frenético amor posesivo del centauro. Pero ¿qué importa si está salvado por la redentora belleza?

Este centauro representa un gran avance en la simbólica del deseo de Rubén. Otra poesía, «Palimpsesto», describía también un episodio centauresco. El tropel de centauros descubre entre las frondas la clásica escena del baño de Diana y sus damas, las ninfas. Se abren los ojos de la lujuria, en los escondidos contempladores, y de pronto uno—no se sabe quién, acaso Quirón el filósofo, quizá el robusto Folo—se lanza fuera de la enramada:

> *Es el más joven y es el más bello;*
> *su piel es blanca, crespo el cabello,*
> *los cascos finos, y en la mirada*
> *brilla del sátiro la llamarada.*
> *En un instante, veloz y listo,*
> *a una tan bella como Kalisto,*
> *ninfa que a la alta diosa acompaña,*
> *saca de la onda donde se baña:*
> *la grupa vuelve, raudo galopa...*

Correspondencia exacta entre el acto del centauro y el impulso erótico, precipitándose a la posesión. Arrebato, rapto. Este centauro es de los que llamaba Henri de Régnier «les monstres du désir, les monstres de la Chair». Pero así, en su simple condición de monstruo, encarnación del afán posesivo, cayendo sobre su objeto y arrebatándolo para su placer, era demasiado brutal, notoriamente materialista. Y entonces, Rubén Darío le añade en el «Coloquio» una función más alta, la de símbolo, que automáticamente le gana el codiciado nivel de la hermosura.

LOS DIVINOS PRÍNCIPES

Muy servicial fue el centauro como símbolo erótico para Rubén. Pero aún quedaba otra figuración que lo había de representar con mayor belleza y en toda plenitud: es el cisne. El divino príncipe, como le titula en una de sus letanías de elogios, está muy lejos de tener una significación fija en la lírica de Darío. Y atrajo al poeta justamente por esa ambivalencia, o plurivalencia significante, por su aptitud para expresar los contrarios, según intenté demostrar en otro escrito mío.

En una de sus varias poesías císnicas Rubén pasa revista a las gracias y virtudes de su palmípedo favorito:

> *El olímpico cisne de nieve*
>
> . . . .
>
> *En la forma de un brazo de lira*
> *y del asa de un ánfora griega*
> *es su cándido cuello, ...*
>
> . . . .
>
> *Es el cisne, de estirpe sagrada,*
>
> . . . .
>
> *Su blancura es hermana del lino,*
> *del botón de los blancos rosales*
> *y del albo toisón diamantino*
> *de los tiernos corderos pascuales.*

[«Blasón»]

Nada les falta: el cisne es una y verdadera alhaja. Desde la curva de su cuello, evocadora de liras y vasos, hasta su lírica muerte. Blancura, la suya, hermana de las más preciosas blancuras. (Hasta en lo blanco hay clases.) Su cuerpo de delicadas materias: perfume, armiño, seda, luz. Y por si fuera poco está hecho de otro material inmaterial, de sueño. Pero también los cisnes tienen su pero. Y quizá no convenga tomar al pie de la letra esa orgía laudatoria de Rubén, en la que llega hasta el calificativo de eucarístico. Porque en la estrofa tercera se le desliza al poeta, entre esa procesión de purezas, la alusión a una aventura erótica del ave. Precisamente la que le dio lugar más preclaro en la memoria, la que le saca de los lagos melancólicos y le ofrece un sitio entre los mitos, la aventura de Leda.

Si Júpiter no se hubiese encontrado a la esposa del rey de Esparta Tindareo, a las orillas del Eurotas, si Leda no hubiese tenido gracias bastantes para atraer a sí el divino deseo de Júpiter, el cisne nunca habría alcanzado tan altos destinos. Pero cuando el dios arguciso escoge al ave para, so pretexto de ir huyendo de Venus—mudada en águila por él mismo—, refugiarse en los brazos mórbidos de la princesa, a la que hace suya por esta nada olímpica triquiñuela—«fecit olorinis Ledam recubare sub alis», dice Ovidio—, al pájaro le ha llegado el día de su muerte.

El famoso episodio de la biografía jupiteriana ha originado gran número de poemas, cuadros, estatuas, seña de su particular atracción sobre espíritus artísticos de gran calidad. Y se comprende. Insólito, nunca visto, este descomunal enlace—tal como se ofrece en su apariencia—de una bellísima mujer y un pájaro. Fenómeno puro de bestialidad, si no se sabe el secreto: que entre las alas del cisne palpita nada menos que el deseo erótico del dios de los dioses. Entonces todo cambia.

La insistencia con que asoman en la lírica de Rubén el cisne y Leda, ya como asuntos de una poesía, ya alusivamente, no deja duda sobre lo obsesivo de esta imagen en el poeta; se la ve como eminente entre todas, dentro del repertorio de su simbolismo erótico.

En «Friso» el cisne se usa como marca de la altitud máxima que puede lograr la felicidad amorosa:

> *fui más feliz que el luminoso cisne*
> *que vio de Leda la inmortal blancura.*

El ave es cifra de la dicha por haber visto el blanco cuerpo de la princesa; eso le distinguirá entre todos.

«Los cisnes» es un subtítulo de su gran libro *Cantos de vida y esperanza*. Quiso Rubén realzar la significación que para él tenía el pájaro mitológico, llevándolo a la portada misma del volumen. Hay una breve parte de los *Cantos*, sólo cuatro poemas, agrupados bajo ese nombre. Pero además inserta en el libro otra poesía titulada «Leda», fuera de esa sección. Pinta al cisne con sus prendas usuales de belleza, pico de ámbar, alas cándidas, nieve en la sombra; cuando llega el día

> *el cisne es de plata, bañado de sol.*

Y luego, la escena misma del ayuntamiento monstruoso, con cierta complacencia voluptuosa en los detalles, de suerte que la vaga atmósfera irreal se adensa de sensualidades descriptivas:

> *buscando su pico los labios en flor.*
>
> *Suspira la bella desnuda y vencida*
> *y en tanto que al aire sus quejas se van...*

La imaginación erotizante del poeta quiere evocar el acto, reproducir la escena, ofreciéndose, y ofreciéndonos, toda clase de referencias concretas.

El poema IV de «Los cisnes» pasa del describir al exaltado cantar la unión de la mujer y la bestia:

> *¡Antes de todo, gloria a ti, Leda!*

El acto se califica de celeste y supremo, y él señala como una era nueva en la vida del mundo, porque al presenciarlo

> *dioses y bestias hicieron pacto.*

Parece como si quisiera insinuarse que, a ejemplo de Leda y el cisne, lo animal y lo divino se buscan, se compenetran, y los brutos quedan investidos cada uno con una virtud celestial, sabiduría los búhos, melodía el ruiseñor, amor las palomas. Pero (el pero es del poeta en un verso siguiente), de entre todos, los cisnes son los primeros—los príncipes—en divinidad. Empieza otra de esas secuencias panegíricas del cisne, hermana de la de «Blasón»:

> *Vagos como las naves,*
> *inmaculados como los linos,*
> *maravillosos como las aves.*

Proclama «las dignidades» de sus actos que se proyectan en lo infinito:

> *De orgullo olímpico sois el resumen,*
> *¡oh blancas urnas de la armonía!*
> *Ebúrneas joyas que anima un numen*
> *con su celeste melancolía.*

Se entiende muy bien lo de la dignidad y el orgullo del ave. Le quedan desde el momento que sirvió su cuerpo de habitáculo fugaz a un dios del Olimpo. Su paso, aunque fuese muy breve, le deja poseído de esa altiva majestad que le distingue cuando se desliza sobre el lago. Y no menos proceden de haberse emparejado con mujer de tan excepcional hermosura tentadora del más alto, de Júpiter. Pero ¿y la melancolía?

> ¡Melancolía de haber amado,
> junto a la fuente de la arboleda,
> el luminoso cuello estirado
> entre los blancos muslos de Leda!

Esa condición de melancólico que siempre le han descubierto los poetas se explica asimismo por idéntico origen. Es una soledad, un echar de menos, para siempre, aquel breve tiempo del abrazo, cuando le toca una dicha jamás soñada por animal, para perderla en seguida. El cisne es un romántico que pasea por los paisajes la nostalgia de un amor perdido, que todos conocen y que se lleva detrás las miradas admirativas. Su tristeza es la intrínseca de todo amor, según Espronceda, cuando en su «Canto a Teresa» califica al amor como algo así de «desterrado en la tierra»:

> *Es el amor que recordando llora*
> *las arboledas del Edén divinas;*
> *amor de allí arrancado, allí nacido,*
> *que busca en vano aquí su bien perdido.*

Un bien perdido que el cisne procura por todos los horizontes, alzando los ojos ansiosos sobre el alto cuello movedizo; es Leda. Por su fugaz contacto con la diosa se explican todas sus excelencias, desde el orgullo a la melancolía.

De toda la serie císnica, el soneto que lleva el número III, en el grupo de «Los cisnes», contiene la clave final, la interpretación decisiva del símbolo. Ya está completo en los dos primeros versos:

> *Por un momento, ¡oh Cisne!, juntaré mis anhelos*
> *a los de tus dos alas que abrazaron a Leda.*

Los anhelos, y ya se sabe cuáles son, los amorosos, del poeta buscan a los que agitan las alas del cisne. La identificación aún irá más allá:

Cisne, tendré tus alas blancas por un instante
y el corazón de rosa que hay en tu dulce pecho
palpitará en el mío con su sangre constante.

¿Por qué desea el poeta fundirse así en el cisne, adunarse con él? Lo dicen las primeras palabras del otro verso:

Amor será dichoso...

La beldad y la belleza, Leda y su hermosura, serán alcanzadas, poseídas, merced a esa incorporación del poeta en el cisne. Lo que el cisne significa es el símbolo hasta ahora más bello que encontró el poeta de la realización del anhelo erótico posesivo. El cisne, gracias a la mítica fábula, es la forma de la posesión. Y si al caer el «divino príncipe» sobre la «divina carne» pudo proferir algunas palabras exactamente concordes con la ocasión y ajustadas a su anhelo, ¿cuáles mejor que aquéllas?

Mía: luz del día;
Mía: rosas, llamas.

Aunque se vista de cisne y de sedas, reconocemos sin falla al eterno personaje del tema de Rubén Darío, a su protagonista profundo, siempre el mismo: la furia erótica. Tan viva continúa como cuando se vivía sin símbolos, derechamente, a cuerpo limpio. En su aspiración traslativa a un plano más alto, complicándose en símbolos, prueba primero el del centauro. Porque el centauro, en esta carrera de Rubén hacia su expresión, es un ensayo del cisne; el contenido de elementos de uno y otro es semejante. Y por fin da con su signo final, el verdadero acierto.

El afán erótico—llamas, incendio, locura, violencia—se trajea y se recarga de las purezas de que es titular el cisne: blancor, sedas, plumas, armiños. Lo que tiene el acto amoroso de común, de inevitablemente igualitario, aparece revestido de caracteres desusados, emparejamiento de mujer y bestia, estupenda excepcionalidad. Se vuelve, de necesidad física elemental, en asunto de mito. ¿Qué hace el poeta, al pedir al cisne sus alas en préstamo, sino lo mismo que Júpiter? Ejerce papel de dios. Y, en realidad, es que, por detrás de Júpiter y el poeta, un tercer personaje es el que solicita la eficaz mediación del cisne: el deseo posesivo. Precisamente al encontrarse coincidentes, en el cisne, la sed posesiva de un hombre y la de un dios, queda lo erótico humano supremamente dignificado, ascendido a olímpico. Gracias a la concurrencia del cisne, Rubén acierta con la hermosa forma de divinización de su apetito erótico.

La jugada simbólica le ha salido redonda. Porque el cisne en su aventura con Leda es la imagen de más amplio y diverso contenido que hasta ahora encontró. Allí, lo humano en su más intensa corporización de hermosura, significado por Leda; lo atractivo femenino, lo codiciable de la mujer, la «divina carne». ¡Y aristocratizado, por su condición principesca! Allí, lo animal, aportado por el cisne, denotando lo material, lo inmediatamente operante en el acto erótico y concretado en una realidad precisa y definida; el cisne es el actor del placer físico puro, es el modo de lograr materialmente la posesión de la hermosura. Y allí, lo divino, Júpiter el dios, representando el numen que anima al cisne y le empuja a su fantástica coyunda; esto es el afán erótico en su origen y en su generalidad, anterior y posterior al gran episodio este de Leda, el querer mismo eterno, en su raíz, en suma, el tema de Darío ansia de posesión. Tema—el cisne lo descubre—también de los dioses.

¿Acaso no es el que sale peor parado de esta fabulosa comedia del erotismo el cisne? ¡Pobre príncipe! Ya puede colmarlo el poeta de lisonjas en guirnaldas, ya le puede subir a las nubes por una escala de epítetos cándidos. En la aventura no es más que un medianero que cumple el oficio para que le ha escogido el dios, como es debido. O, dicho al modo de hoy, un técnico que facilita la consecución de un fin superior; y que luego, ensoberbecido, se va por esos lagos de Dios, dándose tono de fascinador irresistible.

Pero la verdad es que hay fines y fines. Quizá éste es otro caso en que el fin dignifica los medios. Rubén Darío emplea las artes císnicas para un fin tan excelso—en la psicología del poeta—como el logro por el hombre de la belleza inmortal, es decir, la realización de lo imposible. Y por eso el ave se merece esa fama que tan liberalmente le prodigan los poetas, y que llega hasta hoy, radiante como nunca, en la lírica del nicaragüense. Si yo no me equivoco, los versos de Rubén, en cuanto tocan al cisne o a lo císnico, ganan un temblor, un estremecimiento extraños, se animan de un alma particular, ya deriven hacia el ditirambo sensual o a la languidez melancólica. Diríase que este símbolo se le adentró más que ninguno en su sensibilidad, y que los versos que le dictaba provenían de la fuente más honda de su ser, le salían trémulos de milagro. Y así es: porque el cisne consumó—entre la fuente de la arboleda—el milagro más ansiado por Rubén, inmortalizar lo erótico humano y pasajero. Ésa es la grandeza del cisne, que bien compensa su técnica servidumbre.

6

EL JARDÍN DE LOS PAVOS REALES

Helenismo y mitología llevan a Rubén muy lejos en la historia de su afán erótico; en cuanto entre éste en esa Grecia mítica, se beneficia en más complicación, en delicadas imbricaciones psicológicas, en adherencias espirituales nuevas. Lo mitológico es un soberbio repertorio de potenciación de su tema, y le ofrece las mejores coyunturas para objetivarlo poéticamente. Se siente la complacencia, el entusiasmo con que Darío se mueve en este horizonte nuevo, la fe con que se afilia en cuerpo y alma a las hermandades de sátiros, de ninfas, de centauros, con todo el ardor del neófito. Y, sin embargo, no será éste el término final de su tema.

EL DESEO, GRAN PEREGRINO

Siglos antes, un gran poeta español, muy ducho en las malas artes de las tentaciones y apetitos humanos, como cumplían a su alto oficio de moralista, Quevedo, escribía así: «Es nuestro deseo siempre peregrino en las cosas de esta vida y, así, con vana solicitud anda de unas en otras, sin saber hallar patria ni descanso. Aliméntase de la variedad y diviértese con ella, tiene por ejercicio el apetito».

Así, por magnífico que sea el pasto que le ofrece lo mitológico, el deseo erótico no podrá afincarse en ello como en su elegida patria para siempre, ni en ello encontrarle descanso a su desatiento. Se nutre de variedad. Su razón de ser es precisamente el incesante apetecer. El ansia erótica se prende gustosamente en los lazos de una figuración sensual que se le antoja momentáneamente perfecta. Pero pronto escapará de ella, espoleado por su esencia, lo insaciable, que le dispara hacia una nueva entrevisión, al próximo más allá. Muy bien han hecho los modernos y más agudos comentaristas de *El burlador de Sevi-*

lla—Castro, Casalduero—en fijarse en esas dos yeguas que manda siempre Don Juan a su criado tener dispuestas para la fuga, en cuanto ha consumado la seducción de otra hembra. Don Juan, emperador de los eróticos, acepta su sino de hombre caminero, que no puede pararse en mujer alguna sino el tiempo suficiente para crear, con su conquista, el motivo de huir de ella. ¿Qué haría Don Juan, si se detiene? Cuando Zorrilla lo aquieta en un amor de verdad, tiene la sabia precaución de matarlo, por si acaso le quisiera jugar una mala pasada a su mismo autor. El amor completo y profundo busca honduras donde anclar, repetida costumbre, asiento en una serena eternidad; el de los sentidos, como sólo se ejercita en apetecer, es un virtuoso de la traslación, porque lo que quiere es querer más. ¿Cómo va a avecindarse el erotismo de Rubén ni siquiera en suelos arcádicos o en cielos olímpicos, ni siquiera cuando los convecinos son ninfas gallardas y centauros corredores? Necesita seguir mudando de simulacros, descubriéndose nuevas ficciones, donde se pose y se incorpore, si bien sea por sólo un trecho, el ansia que él recogió en verso:

> Amar, amar, amar, amar siempre, con todo
> el ser, y con la tierra y con el cielo,
> con lo claro del sol y lo oscuro del lodo:
> amar por toda ciencia y amar por todo anhelo.

¡Qué palpitante angustia revela esa insistencia en el verbo, seis veces repetido en los cuatro versos, en esa afirmación de los absolutos, «todo» y «siempre», en esa trágica reducción de todo el saber y el querer de que es capaz el hombre a lo erótico! Esa fuerza motriz es la que le impele a descubrirse nuevos mundos traslaticios, sucesivos horizontes, que le traigan la ilusión de que no tiene límites el ámbito de satisfacción de su deseo.

La facultad que le guíe al descubrimiento de nuevos mecanismos de traslación no puede ser otra que la señera en el hombre erótico, los sentidos. Ellos dirigirán su imaginación representativa por este o aquel rumbo, ellos le decidirán a elegir los dos objetos que le brinde su fantasía.

LOS MUNDOS DE LA SENSUALIDAD

Cuando memoria e imaginación se juntan para llevarle de bureo a divagar por tierras y tiempos diversos, ¿hacia cuál señalará la aguja de su erótico compás? No será a la Tebaida y a sus pobladores, los anacoretas; ni a las vidas enclaustradas del siglo XI, ni a las llanuras de la Mancha, soleadas para su caminante por la luz de Dulcinea, la imposible. ¿Para qué va a acampar allí una fantasía que aguija lo erótico? ¿Para sufrir en soledad, luchando con las tentaciones, para soñar en una invisible señora de los puros pensamientos? Si semejantes visiones le cruzan por la imaginación evocadora, las pasará a escape, y su memoria imaginante sólo hará pausa al llegar al norte que le apunta su brújula y que no es un norte, sino muchos: cualquier trozo de tiempo o de tierra donde se haya aceptado por los hombres, en concordancia con el ambiente, el señorío indiscutible de lo erótico. En cualquier sector de los siglos o la geografía en que la actividad vital se conciba como ejercicio constante y refinado de la sensualidad, y ésta como servidora, con todos sus placeres subalternos, del supremo fin amoroso. Es decir, contra la visión del desierto y el asceta, la del Oriente con su harén y sus huríes, o la del Renacimiento con sus sabias cortesanas. Así se motiva ese otro mundo traslaticio de Rubén, tan importante en su obra, el exotismo.

LO EXÓTICO

Al significado primario de lo exótico, lo que viene del extranjero, se le añade en seguida la nota de *muy* extranjero, esto es, de raro, poco usual, extraño. Es decir, que en el amor a lo exótico no funciona tan sólo la tendencia a una cosa por ser extranjera, sino porque su calidad de extranjería la reviste de un carácter de excepcional, de poco vista, de un nuevo valor: lo que no todos, sino muy pocos, tienen o conocen, lo exquisito, en suma. Es lo desacostumbrado en el modo de vivir. Se ha dicho muchas veces, antes y después de la manera magistral como lo dijo Fray Luis de Granada en español, que la costumbre quita admiración. Así, los japoneses no tienen los kimonos por prendas de particular precio o atracción. Y, sin embargo, en los años del *japonesismo* artístico, al final del siglo xix, la posesión de ese indumento calificaba al europeo feliz que la lograba como persona de gusto extremado y singular. Conocer ciudades remotas, arquitecturas extrañas, formas sociales de otros países, nos distingue de la gran mayoría que no las conoce. Nos mueve a figurarnos que somos o valemos más que otros. Yo aún recuerdo cuando la enfadosa costumbre—enfadosa para los españoles de entonces—de ingerir unas cuantas tazas de té a las cinco se impuso como la mismísima esencia de lo elegante, contra la natural repulsión de los hispanos por esa infusión y contra lo incómodo de la hora; simplemente porque se hacía en Londres, y la moda era vivir a la inglesa. Y es que en la raíz del exotismo coincide, con el deseo de la novedad, un pujo de distinción, de aristocracia.

Aunque el exotismo es cosa vieja en literatura y en arte, no triunfa como tendencia o voluntad colectiva, y como estilo, hasta la época romántica. Luego sigue, bien marcado, por todo el siglo y aun se aumenta en el nuestro. Los románticos eran grandes viajeros. Corrían mundo y al regreso se traían, como imponderable equipaje, una aureola de misterio, de luz remota, la gloria de haber estado allí. En cualquier allí. Porque quizá la pura esencia del exotismo se canta en los célebres versos de Baudelaire:

>   *Mon enfant, ma soeur,*
>   *Songe à la douceur*
>   *D'aller là-bas vivre ensemble.*
>   *Là tout n'est qu'ordre et beauté,*
>   *Luxe, calme et volupté.*

Ese allí, ese *allí* lejos, el *là-bas*, es el país total, el territorio sin confines de todo exotismo, el que nunca puede fallar; el que más promete y menos compromete. Pero la mayoría de los artistas precisan un poco más. Van a Oriente, a América o a los dos sitios, como Châteaubriand; se aventuran por España o Italia. Y vuelven cargados de visiones, que trasladan a su libro correspondiente. Libros de viaje, pero interesados, más que en la realidad completa de los países recorridos, en los blancos que las peculiaridades de paisaje o de humanidad, que *lo diferente*, hayan hecho en su impresionable imaginación.

Théophile Gautier es buen testigo de esa manía exótica que predominaba entre los románticos de *l'art pour l'art*. En su novela *Fortunio*, este personaje «très inventif», dice el autor, para suplir la falta de vistas de su casa, acudió a un divertido arbitrio: «Las ventanas de su sala daban a unos dioramas maravillosamente construidos y que proporcionaban la más completa de las ilusiones. Hoy era Nápoles, con su mar azul, su anfiteatro de blanco caserío, su volcán empenachado de flamas, sus doradas islas floridas; mañana Venecia, con las cúpulas marmóreas de San Giorgio, la Dogana o el Palacio Ducal; o, si el señor Fortunio se sentía ese día pastoril, una vista de Suiza. Por lo general eran perspectivas asiáticas, Benarés, Madrás...». (¡Quién iba a decir a los exquisitos Theo y Fortunio que esa inventiva había de ser explotada años más tarde por un *restaurateur* berlinés, el fundador del famoso centro de condumios internacionales Europa, donde las parejas de campesinos teutones recién casados podían comer en diversas salas, cada cual con un soberbio diorama—no podía faltar, claro, la bahía de Nápoles, como en *Fortunio*—al fondo, y sirvientes con trajes nacionales, los platos del respectivo país, satisfaciendo así vista y paladar con exóticos manjares! ¡A tales honduras se derrumban con el tiempo ciertas exquisiteces!) Gautier, muy entendido en exotismo, escribió este expresivo párrafo en su *Histoire de l'art dramatique*: «No siempre somos del país que nos vio nacer; entonces se busca la patria verdadera por toda la tierra. Las personas de esa condición se sienten desterrados en su ciudad natal, extranjeros en su casa y atormentados por nostalgias inversas». Aguda observación, esta última, porque el exotismo de un chino es precisamente contrario, en su objeto, al de un europeo—el cual sueña en ver la China—, y consiste en vivir en Europa. «Les nostalgies inverses» comprueban con igual fuerza de argumento que no hay ninguna tierra exótica por naturaleza, y que por otra parte todas las tierras son susceptibles de convertirse en exóticas.

El mismo Gautier distinguió dos clases de exotismo, según cuentan los Goncourt en su *Journal*: «Uno inspira el deseo de buscar lo exótico en el espacio, por ejemplo, América, mujeres verdes o amarillas, etc. Hay un gusto más refinado, una suprema corrupción, y es el gusto por lo exótico a través del tiempo». Y en otro pasaje, encomiando el exotismo, dice: «¡Ah, cuando se junta a la nostalgia de un país la nostalgia de una época! ¡Entonces, está completo!». El origen de este sentimiento hay que situarlo en uno de los caracteres más notorios de la actitud romántica, la insatisfacción con el mundo, gente y tiempo que nos rodea.

Todavía encuentro una tercera categoría de exotismo dando máxima flexibilidad al vocablo. Es el de clase, la operación imaginativa de soñarse viviendo en un grupo social selecto y de difícil acceso. El del amanuense de oficina que se contempla investido de un título de nobleza tratándose con sus iguales en linaje, en un salón ducal, y sin pisar, claro, en su vida una casa de comercio. O la damisela que al día siguiente de su primer baile en el Casino se ve valsando en una gran fiesta de gala de la Corte Imperial. Al fin y al cabo nuestra clase nos rodea, es como un mundo resumido, de atmósfera propia y fronteras sensibles. El hombre de acción, el ambicioso, luchará para salirse de él, por todos los medios, y entrar en los más altos: es el *social climber*. Pero el inocente no movilizará más esfuerzos que los de su imaginación para representarse, para introducirse, de cuando en cuando, en esas codiciables esferas. Como ellas albergan lo más elegante y refinado de los usos del mundo, participan de esa cualidad radical que vimos en lo exótico y suman a las dos otras formas de exotismo una concentrada dosis de exquisitez.

El exotismo de Rubén es integral. En sus poesías más típicas de este grupo, geografía, historia y sociedad lejanas concurren a la construcción del ambiente evocado. Se podría mirar lo que llamo en otro capítulo de esta obra «el complejo de París» como una cristalización constante de exotismo. París es un centro de ensoñaciones cuya seducción acaso aumente en proporción directa a las distancias. En el soneto «Invierno», pintura esmerada de lujo y refinamiento interior, de una mujer y un cuarto lleno de muebles finos y exóticos, que podría estar en cualquier parte, el verso final, último escalón para llegar a la deseada cima de la sensualidad elegante, dice:

y fuera cae la nieve del cielo de París.

Lo imaginado se corona con ese nombre mágico. Meca del exotismo social y literario de casi todos los adolescentes del orbe.

Quiero decir, antes de entrarnos en ese nuevo campo imaginario a que se traslada la poesía de Rubén, que no se le debe confundir con el mundo de lo griego y lo mitológico, porque éste se le aparecía a Rubén como un conjunto de perfecciones supremas, visión total de la vida humana que tenía respuestas para todos los anhelos del hombre. El «Coloquio de los centauros» indica esta amplitud de concepción de lo griego, su valor de ideal permanente. Y en otros pasajes ya citados, el poeta se siente la sangre del mito, la de las sirenas y los tritones correr en las venas. Lo griego se lleva dentro, con ello se piensa y se siente. En cambio, estos círculos traslaticios de lo exótico son más bien escenarios, decoraciones, encantadoras tramoyas que alza Rubén a su ardor erótico para que repita la eterna escena. Fragmentos de realidad acotados, como por una embocadura, en un espacio, y que una vez expirado el último beso del eterno actor, se desmontan aprisa, para que otros bastidores y otras bambalinas ofrezcan otro fondo al beso que viene. Por eso aquí se da rienda suelta a la potencia plástica de la lírica rubeniana, y en estas poesías están sus mejores trozos pintorescos o pictóricos.

LA POESÍA PICTÓRICA

De 1800 a 1850 desfilan por la poesía francesa teorías y prácticas de un tipo de poesía *fusionista*, integradora de todas las artes, titánica reacción contra las delimitaciones defendidas por el *Laokoon*. Los románticos—en su ambición de abarcarlo todo—, los escritores de «el arte por el arte», los parnasianos, y luego Verlaine, van adscribiendo a la lírica funciones absorbentes de todas las demás artes. Théodore de Banville, en su tratado de versificación francesa, dice que la poesía es a la vez música, escultura, pintura, elocuencia; debe encantar al oído, fascinar al espíritu, representar los sonidos, imitar los colores, hacer visibles los objetos. Termina atribuyendo a la poesía el título del único arte completo, necesario y que contiene en sí a todos los demás. Cada rama de la escuela post-romántica, sin embargo, acentúa la propensión a lograr los efectos de un determinado arte; los parnasianos tienden al relieve y a lo marmóreo; Verlaine proclama la musicalidad como excelencia suprema, aunque es igualmente maestro en lo pictórico, que es la tendencia dominante en los «arte por el arte», o estéticos puros, del grupo de Gautier.

Este caudillo de escuela afirma rotundamente: «Todos hemos dejado los libros por los cuadros, y las bibliotecas por los museos». Los pintores se consideran como tipos del gran artista, y Baudelaire los sigue en la historia, como a las máximas luces guiadoras, «Les phares», en el poema de ese nombre. Parece increíble que sean de un escritor de naturaleza tan robusta, de humanidad tan intensa como Flaubert, las palabras que siguen: «No soy hombre de naturaleza... no comprendo nada de los paisajes que no tienen historia. Daría todos los ventisqueros por el Museo del Vaticano. ¡Allí sí que se sueña!». Más propias parecen afirmaciones de ese jaez en los hermanos Goncourt: «Cosa característica de nuestro ser es esta de no ver en la Naturaleza nada que no sea un recuerdo o una memoria del arte». Empiezan entonces lo que fundándonos en las palabras citadas de Flaubert llamaremos «sueños de museo». ¡Y cuánta poesía de sueño de museo hay en Rubén Darío!

De todas las artes, la más penetradora en la poesía es la pintura. Por algo arranca de Horacio el «ut pictura poesis». Victor Hugo es un Carlomagno de lo pintoresco: crea un imperio poético que impone con el ejemplo de su autoridad genial las formas pintorescas de la poesía. A. Joussain, que ha estudiado este aspecto de la gran obra huguesca, entiende por pintoresco «la evocación de un aspecto determinado del mundo exterior presentado a nuestra imaginación por el escritor en forma de cuadro». No es la poesía descriptiva simple, no es la poesía del color o de las imágenes, en tanto no se proponen como su objeto «el cuadro». Esta poesía se puede llamar «equivalente de la pintura, a su modo, porque su término es la presentación de un cuadro completo capaz de ser abarcado en una visión instantánea». La concepción pintoresca de lo poético impone a la creación poética una especie de proceso plástico; porque al fin es el conjunto «pintado» con las palabras, y para alcanzarlo se hacen alusiones copiosas a la pintura o al arte, con propósito de lograr la consecución de los efectos poéticos, y se usan sin tasa descripciones artificiosas y léxico referente a formas, líneas y colores.

Se felicita de ello Gautier en su *Histoire du Romantisme*, al hablar de «la introducción del arte en la poesía como uno de los signos característicos de la nueva escuela». Y dice: «Un gran número de objetos, de imágenes, de comparaciones que parecían irreductibles al verbo han entrado en la lengua, y en ella permanecen. La esfera de la literatura se ha ampliado y ahora abarca la esfera del arte en su orbe inmenso». Hace Gautier algo aún mejor, se explica y nos explica la razón de esas fusiones: «Las artes [plásticas] nos solicitaban por las seductoras formas que nos ofrecían para realizar nuestro sueño de belleza». Por eso fue Darío uno de los soñadores de museo. Él, imaginativo perseguidor de ninfas, ¿dónde podía tenerlas ante los ojos—aunque, ¡ay!, sin vida en las venas—mejor que en una sala de escultura griega? Él, nostálgico de faunalias, ¿dónde las hallaría apresadas en líneas y formas, sino en los delicados dibujos de los vasos, o en los raptos y las rondas bárbaras de Rubens?

En nuestra vida psíquica va depositando la memoria, como los años en una capa geológica, materiales de toda suerte. El recuerdo de un son de arroyo que nos acompañó una tarde, con su delicada gracia, se ayunta con el de un tema musical. Beethoven, Debussy, ¡quién sabe! Y quedan hermanadas allí en nuestro ser más íntimo la experiencia directa y la indirecta. Se agrupan en una galería de sintética humanidad las fisonomías de personas vistas, tratadas, en este mundo, y los rasgos, quizá recordados con más misteriosa energía, de otras caras, una dama de Vermeer, un chiquillo de Renoir, un caballero de Holbein. ¡Qué difícil separar los unos de los otros, preferir éstos a aquéllos, en nombre de que son más de verdad! Vivimos con ideas de todos los siglos, con sentimientos de miles de años, con criaturas de toda la tierra, tan pronto como la cultura sea un valor vital, una realidad con que se nos ha ido haciendo la vida, paso a paso, y ahora ya está entretejida, asimilada, inseparable, con los demás hilos de la existencia. Ése es el sentido humano final de la cultura; no un saber, un acopiar conocimientos sobre conocimientos, sino una multiplicación de nuestras vidas, casi siempre modestas y de radio corto, por un fabuloso número de experiencias ajenas, fijadas en el cuadro, la música o el lenguaje. El hombre se aproxima más a su totalidad, porque sin dejar de vivir en su limitado ser individual, convive con generaciones y generaciones de humanos, y cada una le ofrece vidas en que trasvivirse. La cultura, así adentrada, es la más potente forma de la memoria espiritual del hombre; prenda irrefutable de su pertenencia—viva cuando quiera viva y donde quiera viva—a una humanidad que se afirma sobre tiempo y espacio.

LOS «PAISAJES DE CULTURA» DE RUBÉN DARÍO

La naturaleza instintiva de Darío va casi siempre estrechada con su naturaleza de artista. Sangre tropical y blanca forma de piedra griega:

> *En mi jardín se vio una estatua bella:*
> *se juzgó mármol y era carne viva.*

Por eso, sin dejar de ser en ninguno de sus grandes poemas poeta natural, es allí mismo poeta de cultura. Una de sus marcas distintivas es esa alianza de ardiente sinceridad erótica y hechizas figuraciones estéticas. Pero sería injusto acusar a Rubén de simple artificialidad. Lo que iba a buscar a un cuadro, a una escultura, era la forma bella de algo nada artificial, sino fatal en él, constantemente natural: el deseo erótico, infuso quizá hace muchos siglos por el autor en aquella obra de arte, y por ende originariamente natural, también, en aquel hombre que la creó. Así son inseparables en Darío la experiencia vital directa y ese otro tipo de experiencia que Gundolf llama *Bildungserlebnis*, esto es, experiencia de cultura. En esta parte de su poesía, lo exótico integral, es donde da más frutos ese enlace. Crea entonces Rubén unos ambientes concretados en unos paisajes que no son naturales, sino «culturales», porque hasta sus mismos componentes de Naturaleza están pasados, casi siempre, a través de una experiencia artística ajena. Para componerlos se aprovecha de materiales de varias épocas y lugares, pero hay unas ciertas áreas exóticas, unas cuantas zonas histórico-geográficas, una sobre todo, favoritas de la imaginación de Rubén. Si se piensa que lo que él desea encontrar en esos mundos traslaticios es otra forma de satisfacción para su tema, se comprenderá fácilmente que su imaginación, cuando se cierne sobre las muchas figuraciones que le brinda el exotismo, vaya a posarse sobre las más ricas en primores de la sensualidad, en inspiración erótica, y que se contemplen envueltas en el prestigio de la tradición más refinada del erotismo, ya sea literaria o artística. Han de concordar «el sueño de museo», la dignidad de antecedentes literarios y la alta temperatura erótica. En la poesía típica de esta clase, «Divagación», Rubén aprovecha lo que el *Decamerón* y el Renacimiento italiano tienen de magistral en la historia erótica; lo que el Oriente, Japón, India, enseñan de misteriosos y sutiles goces sensuales, las ardientes pasiones de España acreditadas en las letras por Gautier y Mérimée, entre otros. Pero hay un delicioso paisaje de la historia humana, que ha venido hasta nosotros pasado y repasado a través de experiencias culturales de alta calidad, y se nos entrega en estado de exquisita quintaesencia. Es el «paisaje cultural» del siglo XVIII francés.

EL TIEMPO DEL REY LUIS DE FRANCIA

Es Versalles, lo versallesco, depósito de las más sutiles venustidades, ese Versalles de hoy, que le duele a Darío en su actualidad de «vulgar gente», de «vulgo errante municipal y espeso», según le dice a otro versallesco ocasional de Iberia, en un soneto célebre. Le duele ese Versalles adomingado, porque choca, en el fondo de su sensibilidad, con el otro que él lleva dentro, el «Versalles de la cultura». Palacio y jardín: jardín que es arte, también, naturaleza domeñada por la gracia. Los palatinos, amándose entre los boscajes salpicados de bultos marmóreos, testigos, desde la mitología, de las escenas galantes. Eso es su Versalles. El siglo XVIII lo convierte en sede de la concepción más amable, cínica y voluptuosa de la existencia. Es una época de arte adelgazado, pastel en pintura, madrigales y cuentos picantes en poesía, figurillas de terracota. «Le siècle des petitesses», así le bautizó Voltaire, que también supo verlo por su otro destino, por el vendaval trágico que lo iba a acabar. Las marionetas casi son modelos de lo humano. Se pone de moda el columpio, el arte de mecerse en el espacio, sin ir a ningún lado, el vaivén que provoca las caricias rítmicas del aire, la epidérmica sensualidad. Triunfan los espejos en el arte mobiliario, porque el hombre se satisface en su imagen, se complace en verse como pura apariencia, sin pasar de ella. El amor apasionado se pinta como cosa ridícula. Goldoni dice: «La gelosía è passione ordinaria e troppo antica». También la moral es una antigualla y la sociedad impone un código, no escrito, sí formulado en frases ingeniosas, en aforismos escépticos, por todos los salones, el código de la inmoralidad. El amor no se atreve nunca más allá de las superficies y sus bienes se confinan a la voluptuosidad. «Voluptuosidad es la palabra del siglo—dicen los Goncourt—, es su secreto, su alma, su encanto. Está en el aire, se respira, se inhala. Ella es la que presta esplendor a sus costumbres y sus gustos... se cierne sobre ese mundo, le posee, es el estilo de todas sus artes. Nada queda de esa época que no haya sido concebido, criado, conservado por el placer, en el bálsamo de lo carnal». Este período de la Regencia, de Luis XV, rodea el amor de artificios y de excitantes sutilezas. No es el siglo de Don Juan, el original, el primitivo hispánico, bruto, cuando se tercia, mozo usado a la acción directa; más casanoviano, practica una cierta técnica de lo erótico que lo mecaniza, le infunde monotonía y hastío. A las grandes y aireadas peripecias donjuanescas, fugas, naufragios, galopadas, entre amenazas del cielo castigador, suceden episodios de *boudoir*, aventuras de alcoba, en recintos cerrados y perfumados o galanteos en un parque.

La Francia de esos pocos años, la Francia cortesana, enamoró a Rubén precisamente con esas mismas artes. De esa visión salió su lírica erótica más conocida, y a la que yo tengo, no obstante lo deliciosa que sea a ratos, por menos valiosa. Como Rubén captó en ella todo lo que tenía de país de abanico y de primor de miniatura, mucha gente calificó a Rubén, sin más ni más, de poeta de abanico, de ingenio decorativo, de *pintoresquista* sensual y gracioso. En esta fase de su poesía, tan accesible, tan fácil para cualquier gusto y de tan equívoca calidad, se han estancado muchas apreciaciones y juicios, quedándose aquí remansadas, sin darse cuenta de cómo la poesía rubeniana tomaba cursos de muy otra profundidad, por tierras sin idilio ni jardinería.

LA «FIESTA GALANTE»

Es poesía esencialmente «de cultura», en cuanto trabajada en gran parte a base de *Bildungserlebnis*, de experiencia cultural. Paisajes, ambientes, compuestos sabiamente, con elementos acarreados del mundo del arte, que vienen a organizarse en torno al núcleo erótico. Su origen espiritual se rastrea sin pena:

me encantó la marquesa verleniana,

confiesa en el prólogo a los *Cantos*. Y en «Marina», al entrar en su barca con rumbo a Citeres, reino venusino, la identifica así:

EL JARDÍN DE LOS PAVOS REALES

> *Mi barca era la misma que condujo a Gautier*
> *y que Verlaine un día para Chipre fletó,*
> *y provenía de*
> *el divino astillero del divino Watteau.*

Dos nombres clave resaltan en estos versos: Watteau y Verlaine. El uno, glosador pictórico de las exquisiteces de la Regencia, de las tertulias de amor en un parque. El otro, poeta divinizado por medio siglo XIX, gran maestro del erotismo, desde lo estilizado a lo obsceno. Son sendas versiones idealizadas, transcripciones estéticas, de la vida de voluptuosidad que vivió una parte del siglo XVIII.

Lo que aproxima a Verlaine y a Watteau, lo que los hermana en sensibilidad, sirve de título a un libro famoso verleniano: *Fêtes galantes*. Ese nombre se le dio a un grupo de cuadros de Watteau, y lo toma luego el poeta para su volumen. Las fiestas galantes, tema pictórico y de sensibilidad, en general no las inventa el pintor francés. Arrancan de más lejos, de Giorgione, de Rubens. Sirven a otros artistas franceses del siglo XVIII, a Lancret, a Boucher, a Fragonard. Todo sucede en un jardín. Sobre la grama, sombreados por arboledas tupidas, una tropa de mozos y mozas—sedas, casacas, altos peinados, chapines menudos—discretean, descansan, se preparan a la caricia. Un caballero se gana la atención, al oído, de una dama, para sus conceptos. Están ya en camino de ser esos otros dos, la pareja que, enlazada, se pierde, lánguidamente, de espaldas a nosotros, vueltos ya a ellos solos, entre el boscaje. Unas mandolinas deslíen en el aire melodías que se nos escapan, consejeras sutiles, y persuasivas, con sus armonías, de los vacilantes. Blancas formas de ninfas, de dioses, asoman entre mancha y mancha de verdura, ejemplos marmóreos para la carne de estas mocedades. Pero lo esencial de este cuadro no está en personajes, en detalles, en fondos. Es lo atmosférico, una esencia de erotismo que es como el aire, que llena el espacio y que en todos penetra, con cada aliento. Atmósfera no de amor, aún; de galanteos, de requiebro, juego de solicitudes que cercan a la persona, en busca de su final rendimiento. Más que el juego del amor, su preludio, la antesala de la seducción. Y todo ello concebido como fiesta, a modo de puro recreo y diversión, lejos de toda profunda gravedad. Así se titulaban los cuadros: *Los Campos Elíseos, Los placeres del* amor, *La lección de amor, El placer pastoral, Concierto campestre.* Porque se sigue usando el viejo artificio de pastorearse, de ponerse, damas y caballeros, disfraz de pastor, aunque, como sucede con todos los pastores de novela y égloga, desde el Renacimiento, lo cortesano anda por debajo de lo pastoril. Y estos personajes, cortesanos son, y de la Gran Corte, de las deslumbrantes cortes de Luis XIV, del Regente, de Luis XV, cuyos rayos alumbraban a toda Europa, presididas, más que por un monarca, por una Venus, la favorita de turno, Madame de Montespan o Madame de Pompadour, más agitadas que por el suceso político, por la última aventura de amor de palacio. Cortes de Venus, reinos eróticos, de las que—a otras horas—salían las órdenes que movían el mundo.

¡Qué lástima da que no hablen las figurillas, que no suenen lo que tocan las mandolinas, cuando se contempla un cuadro de Watteau! En su pictórica mudez se presienten dormidas delicias. Hasta que llega Verlaine y la despierta, poniendo en los labios pintados unas cuantas palabras, equívocas, vagas. Porque el poeta no revela todo el misterio de esos personajes pintados. Prolonga, en versos ambiguos, esas acciones semiesbozadas en las formas pictóricas, y sin rematarlas las deja temblando en el aire:

> *En la yerba*
> *divaga el abate: «Marqués,*
> *de través llevas la peluca».*
> *«Sí, delicioso el vino, ¡pero*
> *más delicia, Cloe, en tu nuca!»*
>
> *«Mi amor». Do, Mi, Sol, La, Si, Do...*
> *«Tu intención, abate, es siniestra...»*
> *«Señoras, que muera yo,*
> *si no os alcanzo una estrella...»*
>
> *«Quisiera ser perro faldero...»*
> *«A estas pastoras, una a una*
> *besemos. ¿Vamos, caballeros?»*
> *Do, Mi, Sol. Aquí está la luna.*

Una razón del éxito que tuvo entre los artistas el libro de Verlaine fue el reconocimiento de aquellas visiones plásticas en estos versos, que las continúan cambiando la materia con que se expresan pero sin perder los tonos, las veladuras espirituales de la pintura, conservadas fielmente en las palabras. Es un ejemplo de esa admirable tradición, no de las ideas, sino de la sensibilidad, que hacen tanto honor a lo francés. Porque aún queda otro paso por dar, el de Debussy, que en instrumentos y en canto pondrá en forma musical lo que antes fue color o lengua rimada.

Esa música que en Watteau no se oye, y se siente por el espacio del cuadro, circula asimismo entre los versos verlenianos. Y el poeta que afirmó lo de «De la musique avant toute chose», acierta en las estrofas de sus *Fêtes galantes* con exquisitas sonoridades verbales, ecos de sedas crujientes, de agua surtida, de hoja seca y murmullo amoroso. Ahora la fiesta galante está completa, y despliega todas sus seducciones para Darío. Se ha elevado a una suma de valores estético-históricos, a un conjunto, que resulta de la superposición de la realidad vivida, la pintada por Watteau, la poetizada por Verlaine; es todo un estilo vital. Las sensaciones de lo plástico, de lo lírico, de lo musical, se entretejen, nace una nueva realidad espiritual, la «fiesta galante» en abstracto; tan ahincada en el espíritu francés que hasta en ciertos lienzos de Manet, o de Renoir, al parecer instantáneas de meriendas dominicales en el campo, con protagonistas vestidos a la moderna, se siente disimulada tras lo aparentemente vulgar de la anécdota, la antigua vena de sensual elegancia, de refinada «douceur de vivre» de la fiesta famosa.

¡Qué espléndido lugar de parada, de recreación, para el erótico de Rubén! Porque en estas fiestas el festejado es Eros, el impulso amoroso; los festejantes, señorías de la corte, damas y galanes de ese siglo experto en las empresas de la voluptuosidad; y el escenario, los jardines de Francia, terrazas de Versalles, alamedas de Saint-Cloud o Chantilly, estimuladores, con sus artes de escultura o de labrados arbustos, del gran arte del amor. Los tres exotismos reunidos: Francia, el siglo XVIII y la Corte. Todos coadyuvando a la perfección de un clima erótico copiosamente adornado de representaciones de cultura.

¡Quién sabe si Rubén Darío se soñó en ese aire mucho antes de leer a Verlaine, ni de ver ningún cuadro auténtico de Watteau! Armando Donoso, en su estudio sobre Darío en Chile, dice que la redacción de *La*

Época, el gran diario chileno, estaba montada con extraordinario lujo: «Allí había un salón griego, adornado con regios mármoles; un salón de los tiempos galantes, con cuadros del gran Watteau y de Chardin». Extrañas son las vías del Señor, y nadie podrá nunca saber de cierto si no es en aquellos dos salones falsificados donde se le aparecieron al recién llegado poeta, deslumbrándole con su esplendor de imitación, las dos primeras visiones de lo mitológico y lo versallesco.

En este mundo de la fiesta galante y sus derivaciones, esto es, en ese concepto de lo erótico como situación escenificada en un cuadro compuesto según normas de estética plástica, halla Rubén nuevos símbolos para su deseo; quizá los que más llamaron la atención, al principio, por ser los más nuevos en la tradición lírica española, ajena hasta ahora a esas galanterías dieciochescas y a esas sutilezas de la sensualidad. La poesía que abre *Prosas profanas* hará época en la historia de la lírica española, precisamente por introducir en ella, y con todo esplendor, esa gran novedad, una atmósfera de sensibilidad nunca respirada por los campos de Castilla.

LA DIVINA EULALIA

Las dos estrofas iniciales tienen por imponderable personaje al aire, nada más:

Era un aire suave, de pausados giros.

Va y viene, y en sus vuelos sin prisa nos trae testimonios de lo que en él sucede: en ese aire ocurren frases vagas, suspiros tenues, sollozos de violoncelos. Algo hay que recuerda un trémolo de liras eolias, junto al susurro de sedas femeninas. Y todo en una terraza, cuyo blancor marmóreo presunto casa con la albura de las altas magnolias. Sin duda, algunas damas habrá que vistan las sedosas telas, algunas bocas que pronuncien las indecisas palabras, algunos labios de amante donde nazcan los suspiros; y músicos, también, que saquen su música de los violoncelos. Pero no se los ve. Todo está fundido en el aire, todo vive disuelto en el aire, que lo trae y lo lleva, como deleitándose en columpiarlo. La única realidad directa que alcanza a nuestros sentidos es la atmósfera; no lo humano, sino el aire donde se mueve lo humano. Estrofas perfectas, por lo que tienen de alusivo, de finísimo sugerir con los sones que pueblan el aire, los personajes y la escena que aún no vemos, que alguien ya no necesitaría ver. Es la fiesta galante, hecha música, a través de la musicalidad verbal, abolida casi toda plasticidad —salvo las imágenes altas de las magnolias—, y que nos llega por uno de los más delicados sentidos, el oír. En el orden de desarrollo de esta poesía lo primero es la música, como aconsejaba Verlaine—si es permitido tomar tan literalmente sus famosas palabras: «De la musique avant toute chose!».

Pero ya están aquí los personajes. Entran en escena por una sola estrofa, la tercera. Son los figurantes acostumbrados de la fiesta de galantería, la marquesa, el vizconde y el abate, cínico autor de madrigales. Apenas los adelanta al proscenio, el poeta se vuelve hacia el fondo, hacia el cuadro. Pero ahora ya no apela al delicado oír, como antes; se entra por el derrotero de los más materiales sentidos, lo visible y tangible:

> Cerca, coronado con hojas de viña,
> reía en su máscara Término barbudo,
> y, como un efebo que fuese una niña,
> mostraba una Diana su mármol desnudo.
>
> Y bajo un boscaje, del amor palestra,
> sobre rico zócalo al modo de Jonia,
> con un candelabro prendido en la diestra
> volaba el Mercurio de Juan de Bolonia.

Visible, porque entre la hojarasca se insinúan las formas blancas de las formas mitológicas, Diana, Término, dioses selváticos, y el esguince de bronce del Mercurio. Ésa es la ración de los ojos. Pero las estatuas, por ser bultos corpóreos, por su volumen, acuden en función cenestésica a llamar a otro sentido, el tacto. Para aumento del prestigio de la escultura se aporta el nombre de su autor, el boloñés, maestro en gracias. Es el «sueño de museo» puesto en palabras. La estrofa que sigue, como para cerrar el cuadro de las perfecciones sensoriales, nos devuelve a la emoción de lo auditivo:

La orquesta perlaba sus mágicas notas,
un coro de sones alados se oía,
galantes pavanas, fugaces gavotas
cantaban los dulces violines de Hungría.

Pero esta vez de la insinuación se pasa a la precisión: es de una orquesta de donde vienen los alados sones, y de una orquesta de violines de Hungría. Se diría que del ambiente van surgiendo, cobrando formas y valores definidos, las realidades, como salen de un vapor de neblina los volúmenes de las cosas, la exactitud de sus contornos. Toda esta parte es puro paisaje. Pero no el paisaje natural, o supuestamente natural, reproducido en nuestra lírica acostumbrada. Es el paisaje estético, el paisaje de cultura. En su composición, las experiencias culturales proporcionadas por las artes plásticas vienen a enriquecer la literatura. Es ejemplo de la gran tentativa del siglo XIX, el logro de una poesía que, según el deseo de Banville, comunique, envueltas en el lenguaje lírico, impresiones pictóricas, musicales, táctiles. Poesías de imperialismo sensual, que se anexiona todas las técnicas del goce y que, a más de conmover—como quiere la poesía—las potencias superiores del ánimo, halague los sentidos, cada cual con una caricia a él dirigida, y fundidas todas en el caudal opulento del poema.

Hay, sí, unos cuantos datos de naturaleza: ramajes, magnolias, hojas de viña, boscaje. Cuatro vocablos, para representar todo el mundo de lo natural. Se siente a esas cuatro palabras, que tienen a su cargo la representación de la Naturaleza, abrumadas por la superioridad numérica de vocablos tomados del reino del Arte o de la Mitología: violoncelo, liras eolias, Término, Diana, mármol, zócalo, estilo de Jonia, candelabro, Mercurio, Juan de Bolonia, pavanas, gavotas. Es que el hombre, cuando se inventa su paisaje, no se contenta ya más con rodearse de arroyos, aves, florecillas y arboledas; su felicidad sensual le pide que añada a esas bellezas naturales las otras bellezas creadas por el arte y que los humanos encuentran y atesoran en el mundo de la cultura. El paisaje-escenario pierde aquella homogeneidad virgiliana, o garcilasesca, y, junto a las obras eternas y perfectas de la mano de Dios, piden su puesto las manufacturadas por obra del hombre.

En las estrofas siguientes continúa definiéndose Eulalia, la protagonista, pero de tal suerte que nunca se le quita de encima el misterio; misterio vestido de ligera y frívola inocencia, pero siempre latente en la figura:

> *cuando mira, vierte viva luz extraña.*

Rubén Darío la distingue, ante todo, por su risa. Aunque nos ofrezca algún toque que otro para reconocerla, Eulalia va afirmándose en el escenario de la poesía como una risa que no cesa:

> *ríe, ríe, ríe la divina Eulalia,*
> . . . .
> *la divina Eulalia ríe, ríe, ríe.*

La risa es el leitmotiv de todo el pasaje, y llega a convertirse en asunto exclusivo de dos estrofas: la once y la doce; allí perdemos de vista a Eulalia en su corporeidad y sólo se alza en el aire el chorro surtidor de su risa fina, que el poeta va comparando sucesivamente a un teclado, a un canto de pájaro, a unos movimientos de danza, a los retozos de una colegiala, hasta llegar al arabesco rítmico de la estrofa doce, en la que se recrea funambulescamente con el símil risa-ave:

> *¡Amoroso pájaro que trinos exhala*
> *bajo el ala a veces ocultando el pico;*
> *que desdenes rudos lanza bajo el ala,*
> *bajo el ala aleve del leve abanico!*

El virtuosismo métrico de Darío se usa aquí de mano maestra para, por medio de repeticiones, rimas internas y aliteración, captar exactamente los movimientos de la sensualidad caprichosa y vagamente enigmática de Eulalia. Es un juego rítmico que sigue, trazo a trazo, el juego psicológico de la protagonista, entretejiendo los dos datos reales, la risa y el abanico, con el dato metafórico, el ave. Pero ya el poeta nos ha prevenido sobre lo arriesgado del retozo:

> *¡Ay de quien sus mieles y frases recoja!*
> *¡Ay de quien del canto de su amor se fíe!*

Y en la última parte la poesía toma un inesperado giro. Nos parecía que esta marquesa no podía ser más que una cortesana versallesca: y Rubén, de pronto, se pregunta si lo es, en tres estrofas interrogativas:

> *¿Fue acaso en el tiempo del rey Luis de Francia...?*
> . . . .
> *¿Fue en ese buen tiempo de duques pastores...?*

Ni él mismo lo sabe, conforme a su confesión final:

> *¿Fue acaso en el Norte o en el Mediodía?*
> *Yo el tiempo y el día y el país ignoro;*
> *pero sé que Eulalia ríe todavía,*
> *¡y es cruel y eterna su risa de oro!*

Después de haberla ataviado con todos los ornamentos que la situaban inequívocamente en un lugar y época determinados, el Versalles del XVIII, resulta que Eulalia no es lo que parece. Enjaulada por el poeta en un jardín de Francia, se escapa, y no es posible saber si vive en el Septentrión o el Sur, ni en qué tiempo, o día; lo cual quiere decir que puede ser de cualquier año y de todos los lugares.

La marquesa se vuelve más inquietante a cada paso. Si Eulalia no es tal Eulalia, ni semejante marquesa, ¿quién es, en verdad? En la estrofa siete se enumeran sus posesiones:

> *pues son su tesoro las flechas de Eros,*
> *el cinto de Cipria, la rueca de Onfalia.*

Eulalia atrae, seduce, triunfa, desdeña; tiene su pequeño desliz con un paje, Adonis retrasado. ¿No nos apuntan todos estos atributos a la gran imagen venusina? Si ella se ciñe el ceñidor de Venus, si manda en las saetas de Cupido, ¿no será la mismísima diosa, que esta noche, por ser fiesta de baile de trajes, se ha disfrazado de marquesa y se hace pasar modestamente por Eulalia?

> *¡y es cruel y eterna su risa de oro!*

Eterna, como ella, Venus, como su mito, del que no escapará jamás el poeta. Eulalia es la apariencia momentánea de una esencia que no varía. Corporeización encantadora, por un rato, de las fuerzas de lo femenino para el amor y el desamor, del imperio absoluto de lo erótico sobre el hombre. Este paisaje-escenario, tan primorosamente montado por Rubén, la fiesta galante, es asimismo símbolo de la incesante fiesta galante que, no en Versalles, sino en todos los climas y tiempos, tejen los deseos en torno de ella, en cualquier selva o jardín donde la encuentren. Lo exótico es nueva tierra de promisión para el erotismo. Pero en ese dominio nuevo, bajo su máscara, entre el vizconde y el abate, jugueteando con el abanico, la señora es la misma, siempre y dondequiera:

> *Reina Venus, soberana*
> *capitana...*

«ÚNICA, SOLA Y TODAS»

Viene en *Prosas profanas*, inmediatamente después, una poesía que es la más cabalmente representativa de la frase exótica de Rubén, «Divagación». Su título ya lleva esa idea de variar de sitio, de caminar sin rumbo, a merced de los caprichosos deseos, los «peregrinos», como los llamó Quevedo. La palabra inicial es muy simple: «¿Vienes?». Forma vocativa, que presupone un alguien, dirigida a una imprecisa criatura presente, a una incógnita sombra de mujer; y que le invita a irse con él. Es la fórmula más simple, más descarnada, de la *invitation au voyage*, el convite—como veremos muy pronto—, el gran festival de lo exótico. La invitada es simplemente la pareja, la figuranta que necesita para representar el dúo de amor itinerante que se inicia.

La parte más extensa del poema, lo que constituye propiamente el cuerpo de la composición, la llamó el propio Darío «un curso de geografía erótica». Pronto se descubre que aquella invitación al viaje era puro eufemismo; sólo encubre una incitación al amor errante. El funcionamiento del exotismo conjugado con lo erótico es aquí perfecto. Los dos amantes se trasladan de escenario a escenario, y viven sus transportes imaginariamente en una serie de paisajes de cultura, tan extendidos por el haz de la tierra que el suyo es un viaje de la pasión alrededor del mundo. Es el poeta el que propone a la compañera el nuevo rumbo que han de tomar para su próxima caminata amorosa:

¿Te gusta amar en griego?

. . . .

¿Amas los sones
del bandolín y un amor florentino?

. . . .

¿O un amor alemán...?

. . . .

¿O amor lleno de sol, amor de España?

Quiere decirse que él tiene la iniciativa de la imaginación, que él es el que erige, con toda clase de materiales pintorescos que se le pasan por la fantasía, estas escenografías del abrazo. Él es el impulsado a trasladarse, el inquieto, el que arrastra a su pareja, sin darle punto de reposo, al paisaje siguiente, urgido por la acucia erótica. Primero, es su amada Grecia, una ninfalia, cruzada por la forma de Venus. De allí, a la fiesta galante, con sus abates y marquesas de turno, en la que se continúa más refinadamente toda la sensualidad antigua. Se salta a una Italia florentina, a un concurso de poetas y damas que se solazan en contarse historias picantes. A modo de paréntesis donde se temple la fogosidad sensual se hace una parada a un amor romántico, con claro de luna, ruiseñor, Lohengrin, cisne. Prosigue la correría por una España cromolitográfica, y desde ella se mudan los amantes a otro continente, al orientalismo: el chino, el japonés a la antigua, antes de la modernización; el de la India de los ritos misteriosos. Y por fin rinden viaje en el Cantar de los Cantares, en la tierra del bíblico ditirambo amoroso de Salomón. Precipitada peregrinación del afán amoroso por toda clase de paisajes exóticos.

Tienen todos algo común. En primer término su virtud erotógena, el ser ambientes cargados de estímulo sensual. Invitaciones sucesivas al amor, contenidas en la general invitación al viaje. La sensualidad atmosférica de esos lugares imaginativos muy pocas veces se atenúa y mitiga, mejor dicho, se refina, como en el amor a la chinesca, o en el germano. Y se parecen también en su origen. Todos estos paisajes escénicos provienen de representaciones estéticas y literarias, nunca del recuerdo directo de una realidad: lo mismo el Japón tradicional que la Florencia picaresca salen de los libros, o de la historia del arte. En cada cuadro asoman nombres que delatan su origen. Verlaine, Clodion, Beaumarchais, Arsène Houssaye, para Francia. Boccaccio para Italia. Wagner y Heine para lo alemán. Gautier y Li-Tai-Pe en el escenario chino. Literatura y obras de arte son las proveedoras generosas de los bastidores, los telones, el mobiliario y la guardarropía del gran teatro erótico de los mundos.

Estas experiencias indirectas vivían en Rubén tan estrechamente inseparables de las experiencias inmediatas como lo demuestran algunos textos en prosa. Uno de ellos lo escribió en Chile. Se llama «Un retrato de Watteau», aunque describe a una dama contemporánea que en su tocador se acicala para ir a un baile. He aquí todas las alusiones que va prendiendo el poeta a esta breve escena con materiales del «sueño de museo» y sobre una figura presente y de carne y hueso: una alusión a Madame de Maintenon; «todo el Oriente»; madrigal recitado junto al tapiz de figuras pastoriles; beso robado tras la estatua de algún silvano; una Diana de mármol; un sátiro de bronce, que sirve de candelabro; el ansa de un jarrón de Rouen, en forma de sirena; amparándolo todo, en el techo, una suntuosa descripción pictórica del rapto de Europa, en que se oyen hasta los caracoles marinos. Y todo ello, recogido en el nombre de Watteau. Para darse una idea de la densidad de estos elementos, debe decirse que este bosquejo de Darío no llega a página y media. Igualmente iluminador es el pasaje del *Tigre Hotel. Introducción lírica*.

El poeta nos habla de la terraza del Tigre Hotel, de las personas que allí comen, las conversaciones, las risas. Él está solo, «sin nada más que mi Verlaine bajo la luz temblorosa de las lámparas». Por distraerse toma una barca y da un breve paseo por el río. Y tan obseso está por el recuerdo verleniano que confiesa no haber comprendido jamás mejor «la aventura encantadoramente fugitiva de las fiestas galantes». Sin duda por eso dice: «A tal punto que al pasar por la terraza, camino de mi habitación, cruza conmigo un espléndido cortejo imaginario». Es «la tropa encantadora de la farsa italiana, el abate que divaga, el marqués que dice a la Camargo un cumplimiento...». Se le ve andando por un mundo mixto de realidades próximas—un hotel bonaerense en noche de luna—y evocaciones de cultura, por él sentidas con tanto imperio y energía como aquéllas.

En un artículo sobre «Vida antigua pompeyana», insertado en el volumen *Páginas de arte*, se complace dilatadamente en algunos ejemplos de tentativas de evocar la vida antigua; en este caso, escenas de la vida de Pompeya recreadas delante del Papa León XIII. O las fiestas históricas dadas por Loti, o por Madame Madeleine Lemaire, que celebraban reuniones chinas o bailes de griegos y romanos; «evocaciones artísticas» las denomina Rubén. También cuando describe un ballet cuya protagonista era la famosa Cleo de Mérode, en el papel de Friné, se siente su admiración ante esta clase de mascaradas históricas, en donde cobra plasticidad el sueño exótico.

Por eso esta poesía de cultura de Rubén, aunque esté cargada de elementos literarios y estéticos que parecen postizos, puro artificio, responde sin duda a un estado frecuente de su ánimo—frecuente en muchos artistas—cuando se crean en un tercer mundo, producto de la fusión de impresiones directas del mundo real con esas otras famosas experiencias del mundo de la cultura, que tienen tanto imperio sobre el ánimo como aquéllas. Esos datos de cultura cumplen un papel ancilario, instrumental: permiten dar concreción a la vaguedad del sueño, convertir la vaporosidad imaginativa en una organización de formas visibles y tangibles, siempre necesitadas por un poeta de los sentidos como Rubén.

LA UNA Y LA MÚLTIPLE

El movimiento de lo erótico en «Divagación» se presta a algunas observaciones curiosas. Se trata de mantener el elemento constante, capital, la fuerza amatoria, lo uno, a través de una serie de visiones que varían a cada paso y que constituyen el elemento variable del poema. La poesía empieza por ese «¿vienes?», el llamamiento simple a la pareja. Pero para inducirla a la aceptación se le ofrece el primer escenario, y luego, por si acaso en él ya se fatiga, vienen las demás ofertas de paisajes donde se renueve, en contacto con la novedad del ambiente, el deseo amoroso. Hay que atraer a ese deseo a nuevas empresas, brindándole nuevos incentivos escenográficos, como si fueran de verdad.

EL JARDÍN DE LOS PAVOS REALES

Pero este mecanismo conlleva otra ventaja: y es que la mujer-pareja, según cambia de lugar de acción erótica, cambia de apariencia, y es, o parece ser, otra: marquesa en Versalles, ninfa en Grecia, princesa en China. Es una técnica dieciochesca, si nos acordamos de un rasgo de aquel siglo señalado por los Goncourt, la afición a los espejos. Los espejos nos duplican, nos triplican, nos convierten en tantas imágenes como cristales azogados nos pongamos alrededor; esas imágenes a su vez se reflejan unas en otras. Y se llega a la multiplicación indefinida de nuestra simple unidad. Es el espejo un maestro del engaño visual. En ellos podemos ser muchos, variarnos en múltiples apariencias.

Ésa es la nueva maña del deseo erótico de Rubén. Cada uno de esos paisajes-escenarios, cada uno de esos ambientes exóticos, operan a modo de espejos con que la pareja protagonista del afán amoroso se va rodeando, para aumentarse, para, siendo una, fingirse que son innumerables. Símbolo perfecto de ese frenesí de ser más, de multiplicarse, de no hallar límite; proyección extensiva del sueño de ubicuidad del erotismo, que quiere conquistar todos los espacios. El afán de posesión no se concentra, con pico y alas de cisne, sobre Leda. Se desparrama por todo el universo. Ahora necesita toda la geografía, toda la historia, para vivirse a gusto. Aquel hermoso mundo helénico, mitológico, recinto cerrado que bastaba para todo, es ya insatisfactorio. Hay que galopar, por campos dilatados, todos los del universo, haciendo sólo escalas pasajeras, para someterse de nuevo a la condena de la inquietud, del no parar, que pesa sobre el ansia erótica, y que halla su justísima expresión en este nomadismo incesante de la pareja. El erotismo llega aquí, literalmente, a su máxima extensión. Pero al ganar en extensión pierde mucho este nuevo arbitrio traslaticio del erotismo en intensidad. Estas etapas son decoraciones someras, albergues momentáneos, construidos a la ligera, para que en ellos intenten posar un momento los amantes. Lejos de ser una visión completa de lo humano, como lo helénico, se quedan en estampas. A lo que más recuerdan es a aquellos dioramas de Fortunio, inocentes artificios para crearse una ubicuidad ilusoria, materializando con unas cuantas piezas de papel pintado nada menos que el gran sueño de lo exótico. Así, el ansia amorosa rubeniana, pintándose a sí mismo esos dioramas para el idilio, se engaña pensando que ha amado en todas las épocas y sobre todas las tierras del mundo.

Pero ese método de la diversificación de la mujer por medio de la variación de los ambientes en que se la imagina, amenaza con un grave riesgo. A fuerza de ser tantas figuraciones, la francesa, la española, la india, etc., todas con sus atributos y trajes nacionales, como una hilera de muñecas, ¿no se perderá la realidad de la mujer verdadera? Con tantos espejos donde las imágenes se devuelven, se reflejan, ¿no huirá la forma humana cierta, imposible de discernir, de apresar entre tantas apariencias fugitivas? Y entonces el afán erótico, alarmado de la misma variedad desconcertante que él creó, lanza el grito angustiado de las estrofas finales:

> *Ámame así, fatal, cosmopolita,*
> *universal, inmensa, única, sola*
> *y todas; misteriosa y erudita:*
> *ámame mar y nube, espuma y ola.*

El poeta recoge velas; transformó a la mujer aquella del «¿vienes?» en muchas. Y ahora, como se le dispersa, clama su anhelo por la única, por la vuelta a la mujer una. Lo sensual llega a una de sus expresiones más tormentosas, arrebatadas y torbellinescas en esta estrofa. Adjetivación torrencial: el «fatal», el «cosmopolita», el «universal», el «inmensa», se suceden precipitándose furiosamente uno sobre otro, como se alcanzan las ondas en la torrentera. Y, sin embargo, este desbordamiento deja ver, entre tanto espumeante alboroto verbal, su claro sentido profundo.

La heterogeneidad y contradicción del caudal de adjetivos es explicable. El amante los lanza, alocadamente, como el cazador los lazos a la pieza fugitiva, para que no se le escape, para que si no la apresa con éste sea con aquél. El arrebato calificativo corresponde al arrebato pasional. Pero el secreto último reside en la antinomia de las dos series de adjetivos: a un lado, *sola y única*, y al otro lado, *universal e inmensa*. La mujer invocada en esa estrofa tiene que ser una, pues el afán erótico, por inmenso que se sueñe, ha de concretarse fatalmente para su cumplimiento en un ser humano, y en un abrazo no cabe más que una amada, una *Mía*. El módulo eterno del amor en acto es la pareja, uno y una. Pero el ansia erótica, el deseo de posesión, tampoco se satisfacen en una sola mujer, más allá del momento inevitable en que sobran todas las demás. Luego se proyecta en extensión y número, pide multiplicidad. De suerte que, al mismo tiempo que sola y única, ha de valer la escogida por todas, debe ser universal, y ha de encerrar en su ser singular a todas las hembras imaginables.

Por eso, bajo la aparente incoherencia de esta estrofa, se define a la perfección el tipo de amada ilusoria que desea el poeta. Es ésa la que desempeña, uno tras otro, los papeles de marquesa versallesca, de española ardiente, de china, refinada, ella en todas sus variantes, la cosmopolita, la universal; pero esta pluralidad de féminas ha de ser susceptible de reducirse a una, compendio de todas las otras—tanto más codiciable cuanto que dentro de su unidad palpita el eco de sus recientes variaciones—a la única y la sola. Es destino irrefutable del afán erótico, en su grado de máxima exaltación, querer todo, es decir, no estar dispuesto a renunciar a nada. Sed de unidad, porque la humana naturaleza impone al objetivo de todo ardor amoroso su consumación en un solo objeto. Y sed de multiplicidad, porque la fantasía erótica se busca por lo extenso, se desparrama por el número, se ambiciona poseyendo a todas las mujeres. Rubén usó la palabra Poliginia queriendo denotar la mujer universal pero con una forma singular. Esta Poliginia es la verdadera protagonista de la estrofa. El panerotismo a que nos referimos antes sólo puede satisfacer esa figura que se dibuja en estos versos desatados: la panmujer. Y ahora, en el verso final de la estrofa, sucede algo extraordinario. El impulso erótico entra en franco plano de delirio:

ámame mar y nube, espuma y ola.

No puede caber duda sobre el sentido. El amante no se dirige directamente a la nube o al mar en solicitud de correspondencia. Sigue suplicando a la misma mujer que le ame en el mar, en la nube, que le ame a través de la espuma y de la ola. Ni siquiera la mujer una y múltiple tiene en sí capacidad suficiente de respuesta para el titánico anhelo amoroso. Se quiebran sus contornos: lo femenino en función de amante rompe los moldes de la forma mujer que se infunde en los mares y los cielos, en las espumas y las nubes. Está en todo, el poeta lo necesita en todo, ansía caricias que le vengan no ya de lo humano, sino de lo extra-humano. La mujer se deshace, se disuelve en materias delicadísimas y sutiles, vapor aéreo, burbujas del agua, se difunde por doquiera. ¿Espiritualización final del erotismo, que termina por buscar su satisfacción en lo leve y lo inaccesible por modo casi becqueriano? ¿O bien, al revés, femineización, erotización de lo más inmenso, mar y cielo, de lo más delicado, ola y nube? Pero el frenesí se guarda su secreto y nunca tiene respuesta. Rubén pasea su amor por variados paisajes escénicos, invenciones de arte. Y al final, como todo cuadro es reducido, como en ninguno cabe la plenitud de lo erótico, lo lleva a los dos escenarios mayores del universo, a las máximas extensiones, la celeste y la marina. La Naturaleza toma su venganza sobre la cultura. Queda vibrando sobreentendida la consecuencia final: a la ilimitada ambición del impulso erótico, sólo puede corresponder la grandeza total del universo. Por esta estrofa de «Divagación» se sale de la fase de lo erótico que venimos estudiando y nos asoma a otro horizonte. En ella se podría colocar la frontera entre dos mundos del erotismo.

Estas tres fases, la de la paloma de Venus, la del cisne olímpico, la de los pavos reales de los jardines versallescos—el ave que abre su cola para halago de la vista, y es casi un *ave-paisaje*, con su espléndido despliegue cromático—, son un primer mundo de lo erótico. En ellas produjo Rubén poesías sin igual dentro del magnífico arte de las superficies. Brunet, al estudiar a Gautier como poeta, habla de «un arte de superficie, que deliberadamente se aparta de las zambullidas en la realidad profunda y se contenta con fijar las apariencias del mundo». La poesía de Gautier, la define como una poesía de olvido en el encanto de las apariencias. «Hay—dice—una disociación entre la realidad profunda y la apariencia, una voluntad de convertir la apariencia en algo absoluto», y por eso se pone tal empeño en las cualidades de ejecución, en los primores de la forma, ya que lo formal es el todo. ¡Con qué exaltado júbilo, con qué radiante alegría, ya vestida de sedas, ya desnuda entera, ha cantado Rubén lo erótico en sus apariencias! En este campo están sus mejores poesías de superficie. Pero lo erótico, ¿es sólo superficie? ¿No va más allá de lo aparente? De ser así, Rubén se quedaría en la estatura de un *poète érotique* de los de la escuela del XVIII, aunque excelente y primario en su género. Pero ya, al paso de estos encantadores poemas, nos han salido algunos ramalazos de dudas: ¿es posible que el afán erótico se remanse en el haz de lo humano y no traspase sus apariencias? La célebre estrofa de «Divagación» es la que mayor duda nos trae sobre esto que llamaríamos la superficialidad específica de lo erótico. Por esos versos, breve puente, se pasa al otro fundo del erotismo, el que Rubén Darío no podía evitar, porque le estaba esperando por fuerza de su sino de gran poeta.

7

PASÓ UN BÚHO SOBRE MI FRENTE

Hemos asistido a esa frenética y gozosa persecución a que se lanza el erotismo de su satisfacción plenaria y total. Ha hecho presa en algunas de las más hermosas representaciones de la sensualidad, la musa de carne y hueso, la mítica Leda, la marquesa de la fiesta galante. Ya ese nomadismo del deseo del poeta hace sospechar que en ninguna de sus estaciones, ni en las claras horas de la mañana, ni en las faunalias del mito, ni entre las fuentes de Versalles, encontró saciedad para sus ganas. Fabulosas posesiones, sí; cada una deja al gran buscador un goce encendido e intenso de sus sentidos, que queda registrado, huellas inmortales, en sus poemas. Pero, entre todas, ¿logran colmar su aspiración vital, alcanzar la paz consigo mismo y con el mundo, la plenitud de su ser, en alma y cuerpo? ¿Está al cabo de esa carrera de abrazos aquella suprema serenidad, el finibusterre más alto de toda poesía, que hallaron Garcilaso, Fray Luis de León, San Juan de la Cruz, después de tanto andar «entre espinas, crepúsculos pisando»? Este segundo mundo de la lírica rubeniana, en cuyos umbrales estamos ahora, prueba que le fue imposible vivirse hasta el fin de su ser en el constante juego de vaivenes eróticos, desear, poseer, volver a desear, alcanzar la nueva posesión. Hay en la naturaleza del poeta otra potencia que cuando el erotismo cumple su propósito sigue desvelada, tan anhelosa como antes por algo que no le dan:

Venus, desde el abismo, me miraba con triste mirar.

Lo que nos extraña en el adjetivo—la tristeza del mirar de la diosa—proviene de su saber que a ese amante que se le declara con toda su alma para servirla mientras viva hay algo que ella no le podrá traer jamás. Mejor dicho, que hay en ese amante otro, que él no conoce todavía en toda su pujanza—porque se lo vela el resplandor cegador de la juventud—, que no se dará nunca por pagado en moneda de caricia, abrazo y beso. Es el *otro* inevitable del hombre moderno, el personaje trágico de la dualidad.

¿Existió alguna vez el hombre entero, el indiviso en su conciencia, el soltador de todos sus enigmas? Nos imaginamos que sí, que un griego del siglo v, o un monje del siglo xii, y hasta un humanista del Renacimiento, si bien cercados, como todo hombre digno de serlo, por interrogantes y alternativas espirituales, y viviéndose en su hermosa complejidad, resolvían aquéllas, y dominaban ésta, en una norma de unidad superadora. Nos figuramos envidiosamente que su ser respondía como una totalidad—y no por automatismo pragmático ni por calculadora reducción, sino por gracia de armonía y concordia espiritual—a todo lo que la vida le pusiera delante, en hecho o pensamiento. Seguridad de creencia filosófica o ética, inquebrantable fe religiosa, equilibrio de facultades celosamente cultivado, eran las bases de esa actitud. Pero cuando nos acercamos a nuestros tiempos, empieza a alzarse de entre las páginas de los poemas mayores de nuestra edad ese escuadrón de los divididos: el príncipe de Dinamarca, el caballero de la Mancha, el hombre-fiera, Segismundo, el doctor germano, y así hasta hoy, por Juan Gabriel el escandinavo y Swan el mundano de París a Dedalus, el irlandés. La épica medieval, las ensartadas hazañas, pugnas y encuentros del hombre con otros hombres, se transfieren de lo exterior al ámbito de la conciencia. Y se crea una nueva épica de la vida interior, con sus choques, sus rotas, sus triunfos, como la otra; sólo que son del hombre contra sí mismo, contra un alguien que le habita, el otro, que lleva entrañado en él. Y esa guerra pasa a ser el tema mismo de la creación literaria, y la única paz posible se ha de conquistar allí dentro:

Quiero mi paz ganarme con la guerra,

dice uno de los grandes peleadores hispánicos.

EL ERÓTICO Y EL OTRO

Ese otro ser rubeniano, el ultraerótico, es tan natural en el poeta como el que hemos venido viendo hasta ahora: inseparables. Al llamarle el ultraerótico quiere decirse que, conforme a la composición de la palabra, dentro de la nueva significación que se desea comunicar va inserta la antigua, imposible de desprender y sólo perceptible a través de la primera. Me apresuro a advertir que no concibo estos dos modos de su naturaleza en sucesión, teniendo al segundo mundo de Rubén como posterior al otro, como un estado que viene a ocupar su puesto en determinado punto crítico de su vida espiritual, desalojando al otro, no. Sería eso incurrir en la costumbre de la historia literaria de someter la realidad espiritual de una obra poética a un tratamiento de estilo biológico, evolución, o histórico, sucesión cronológica. La originalidad del alma tendrá acaso su ley, quizá se descubra, pero por lo pronto me resisto a aplicar las leyes de otros reinos. Esa dualidad rubeniana late en él desde el principio de su gran obra, y vibra misteriosamente en el tan citado verso final de «Venus». De su existencia conoce sobradamente, angustiadamente el poeta:

> *En las constelaciones Pitágoras leía,*
> *yo en las constelaciones pitagóricas leo;*
>
> *pero se han confundido dentro del alma mía*
> *el alma de Pitágoras con el alma de Orfeo.*
> . . . .
> *Pero ¿qué voy a hacer, si estoy atado al potro*
> *en que, ganado el premio, siempre quiero ser otro*
> *y en que, dos en mí mismo, triunfa uno de los dos?*
>
> *En la arena me enseña la tortuga de oro*
> *hacia dónde conduce de las musas el coro*
> *y en dónde triunfa, augusta, la voluntad de Dios.*
>
> [«En las constelaciones»]

Quizás hasta con exceso explicativo, plantea así Rubén su dualidad. Él mismo reconoce en sí a dos, al *otro*, y se rinde a la fatalidad de ser su campo de lidia. El otro, el ultraerótico, nace con él. Y en la lírica de Rubén conviven ambos casi siempre.

Se les encuentra en dos estados. Uno de ambivalencia, de fluctuaciones, entre dos polos, que no desemboca en ningún acto decisivo de elección. El segundo estado, de tono más dramático y de mayor intensidad sentimental, se ofrece ya como una contradicción, un oponerse de los dos impulsos; la convivencia se hace más y más difícil, hasta que toca en lo irreductible y sobreviene la colisión y su tragedia.

EL ALMA CONTEMPLA SU DUALIDAD

En «El reino interior» Rubén acertó magistralmente con un símbolo de objetivación del dualismo espiritual, tan sobrado de hermosuras y realces plásticos, de evidencias materiales, que la memoria lo conserva como una de esas soberbias procesiones de formas de Benozzo Gozzoli o Pinturicchio. Describe el escenario de azules y rosas, de fauna y flora de primitivo. Y allí una torre, y en ella

> *mi alma frágil se asoma a la ventana obscura*
> . . . .
> *Y las manos filiales agita, como infanta*
> *real en los balcones del palacio paterno.*

La corporeización del alma es tan delicada y exquisita que casi enamora tanto como lo que representa. Es la prisionera, prisionera sin pena «que sonríe y que canta», y que mira a lo que tiene delante, a la vida. ¿Y qué ve? Ve su propia división, exteriorizada en dos procesiones que se acercan. En la una van siete doncellas. Sobre ellas vierte el poeta toda clase de atributos que declaren su altísima estirpe espiritual, su pureza suprema:

> *Siete blancas doncellas, semejantes*
> *a siete blancas rosas de gracia y de harmonía*
> *que el alba constelara de perlas y diamantes.*

La tonalidad que los versos imponen a la imaginación es el albor, la blancura simbólica de la doncellez:

Sus vestes son tejidas del lino de la luna.
Van descalzas. Se mira que posan el pie breve
sobre el rosado suelo, como una flor de nieve.

Primitivismo directo, y el neoprimitivismo que renovó la escuela de los prerrafaelistas ingleses—Dante Gabriel Rossetti, Burne Jones—, son los probables modelos—no con tanta precisión literal como ve Marasso—remotos, en lo plástico, de una atmósfera y unas figuras que él transporta a la poesía con habilidad milagrosa. Esa transmutación de valores de un arte—en este caso la pintura—a otro, la lírica, lograda no por copia en palabras de la realidad pintada, sino por una exquisita interpretación en formas verbales, en ritmos, de la esencia antes expresada en líneas y colores, era fascinadora novedad en español. Cuando poco más de cincuenta años antes un romántico, muy dominado por el sentido visual, el Duque de Rivas, utiliza en uno de sus romances el recuerdo de un cuadro del Tiziano, retrato del Emperador Carlos V, se limita a describir prolijamente, casi con escrupulosidad de catálogo de museo, la pintura con todos sus detalles, en tediosa enumeración de romance que nunca logra alzarse a la categoría de visión poética. Las siete princesas de Rubén, en cambio, desfilan por su suelo de alejandrinos como por su mundo natural, son criaturas poéticas, y nos hacen olvidar en su nuevo ser en verso sus encarnaciones anteriores en los lienzos:

Y esas bellas princesas
son las siete Virtudes.

Pero el alma, asomada a la ventana de su torre, ha de arrancar su atención encantada de esta teoría en blancos, porque

al lado izquierdo del camino y paralela-
mente, siete mancebos—oro, seda, escarlata,
armas ricas de Oriente—, hermosos, parecidos
a los satanes verlenianos de Ecbatana,
vienen también.

Rubén infunde en su poesía, ahora, una tonalidad contraria a la que dominaba en el desfile de las virtuosas doncellas. Frente a las alburas se prodiga, se derrocha, el color, la sensualidad para los ojos, las «rosas sangrientas», los puñales revestidos de piedras preciosas, «las púrpuras violentas», los carbunclos mágicos. La opulencia oriental, cortejando, tentando con sus sabias complicaciones a los sentidos, en contraste con el candor y la sencillez primitivos de las vírgenes cristianas. Y cumple que los mancebos se envuelven en estas seducciones de lo sensorial, porque son los siete pecados capitales.

Ya tenemos ahí a los dos adversarios, a los enemigos naturales: de suponer es que se miren con aborrecimiento, con furor contencioso, cual corresponde a las alegorías de sus fuerzas, inimicísimas de nacimiento. Pero he aquí que sucede algo pasmoso:

> *Y los siete mancebos a las siete doncellas*
> *lanzan vivas miradas de amor.*

¡Los pecados enamorados de las virtudes! ¡Amor monstruoso, entre todos los amores quiméricos! Unas y otros se pierden por «la vía de rosa», el camino de la imaginación. ¿Qué dejarán, a su zaga?

> *Y el alma mía queda pensativa a su paso.*

El poeta la interroga, por ver si le dice su verdad última:

> *¡Oh! ¿Qué hay en ti, mi pobre infanta misteriosa?*
> *¿Acaso piensas en la blanca teoría?*
> *¿Acaso*
> *los brillantes mancebos te atraen, mariposa?*

Ella no responde. Pero cuando habla en sueños, revela su querencia profunda, la que no se atrevió a decir a su dueño:

> *¡Princesas, envolvedme con vuestros blancos velos!*
> *¡Príncipes, estrechadme con vuestros brazos rojos!*

Rubén Darío atina con un sistema de alegorización de su reino interior tan perfecto que nada se nos oculta de su mecanismo. En el alma coexisten vicios y virtudes, según la ley natural de nuestra naturaleza, caída en el pecado primero. Pero lo peculiar de la situación rubeniana en este momento es que no entran en pugna, y que viven allí dentro, como muy expresivamente dice el adverbio, partido para el metro, paralelamente. No se encuentran nunca. El adverbio define genialmente ese caminar juntos de doncellas y mancebos en la vida del hombre, distintos netamente, pero a la vista los dos, siempre, trágicas paralelas de entre las cuales es imposible escapar. La dualidad se reviste de figura de geometría—paralelamente—significando rigor, sujeción del espíritu humano, pero tan disfrazada la terrible inflexibilidad geométrica de pompas, lujos y atractivos que se hace tolerable, más aún, atractiva, y el alma vive gustosa en el centro del dilema. Y no escoge; porque no quiere renunciar, porque siente como valor, como realidad codiciable, a la vez al pecado y a su enigma la virtud: y se vive en la ambivalencia, engañándose, como se engañaba en los dos versos finales, con el sueño de la conciliación de los imposibles.

Ningún poema de Rubén tiene mayor eficacia probatoria para nuestra tesis de que lo erótico y lo ultraerótico fueron dos fuerzas, simultáneas, presentes y operantes ambas en su poesía desde los principios, de igual modo que en el reino interior corrían parejas los encantos de la sensualidad, los mancebos, y la voz pura de las doncellas suprasensibles. Es una magnífica poesía, porque «el sueño de museo», la *Bildungserlebnis*, le sirvió a Rubén para dar a ese drama del alma indecisa, del hombre dividido, una exteriorización tan fastuosa y esplendente en imágenes poéticas que el poema no se mira por lo general sino como estampa preciosista; hay que atravesar sus capas de luminosidad, de suntuosa belleza, para dar en el fondo con el principio de la tragedia, allí latente. Esto es sumo acierto, porque la realización del poema en símbolos e imágenes delicados, graciosos o brillantes, rehúye en la expresión lo mismo que la actitud psicológica esquiva en la experiencia interior: la oposición, el choque. Y parece que no hay drama, ni en el poema, ni en un estado humano que, en verdad, es de constante dramatismo. Porque tarde o temprano los impulsos duales, las doncellas y los mancebos, los paralelos, tienen que romper la ley geométrica y encontrarse, arrostrados para la lucha.

TIEMPO, TRISTEZA

Al confundirse en la antigüedad Kronos, padre de los dioses, con Chronos, padre del tiempo, se transporta toda una serie de atributos de Kronos-Saturno a Chronos-tiempo. El carácter planetario de Saturno era siniestro, representaba tristeza, melancolía y acarreaba desdichas. Así se ayuntan, desde tan antiguo, las nociones de lo temporal y la tristeza.

¿Por qué el alma de «El reino interior» no se contenta con los mancebos que tanto le llenan el ojo? ¿Y por qué el poeta Darío no se complace hasta la saciedad en su mundo de lo erótico sin aventurarse a más lontananzas? Ya vimos antes cómo lo erótico y su filosofía añeja, el hedonismo, eliminan de su concepción del mundo el factor tiempo. En las fases mitológico-helenistas y en la fase exótica el tiempo lo usa Darío detenido, fijado en momentos históricos, tiempo quieto, vuelto pasado. Más que un elemento temporal, es ése un elemento histórico. No es el tiempo que pasa, el tiempo en acción, el tiempo-vida, el trágico, porque *no le pasa a él*, les ha pasado a otros, a los griegos, a los cortesanos de Versalles. Al tiempo, dimensión del pasar, medida de lo humano, le estuvo burlando Rubén con el jubiloso juego del erotismo puro:

> *En el reino de mi aurora*
> *no hay ayer, hoy ni mañana;*
> *danzo las danzas de ahora.*

Pero con el tiempo no hay burlas más que por un poco de tiempo. Por muy diestramente que se le sortee, igual que al toro en el coso, hay que terminar, lo mismo que con el toro, por hacerle cara; es la hora de la verdad. *Veritas filia temporis.*

¿Y qué es lo que descubrirá aquel gozoso y despreocupado placer erótico, en cuanto entre en el foco terrible de cuya luz ha estado escabulléndose hasta ahora, luz del tiempo? Descubrirá el *tempus edax rerum* de Ovidio, que en el tiempo se acaban todas las cosas, por él devoradas. Chronos es Saturno, el devorador. El goce de los sentidos también tiene un término, por él y en él. Y, por consiguiente, no puede proporcionar la felicidad suma, total, porque, según los versos de Nietzsche,

todas las alegrías quieren la eternidad.
Quieren la honda, la profunda eternidad.

El placer de los sentidos, en cuanto pasajero, es incapaz de traernos permanente ventura; y ese descubrimiento arrojará sobre el placer precisamente su parte de sombra—que hasta entonces se había negado a confesar—, el displacer, el disgusto de pasar. Y quedará quebrantada esa unidad de goce, esa entereza de vida feliz, que se jactaba de suministrar el erotismo puro. Por eso, en la lírica de Rubén todo empieza a cambiar, los tonos, las proporciones de las cosas, los acentos del alma, en cuanto hace su entrada en ella ese fantasma incorpóreo que no perdona a ninguna fiesta galante, el tiempo. ¿Fiesta en un jardín? No, drama en un escenario invisible, tablas los años, bastidores los días, telones que suben y bajan esta hora o la siguiente. Escena precaria, que alguna vez se derrumba, sin ruido—«tan callando»—, y se lleva en su ruina al actor que fue; el hombre muere cuando se le acaba su tiempo, el escenario de sus actos. En cuanto ingresa esa realidad en la órbita de la poesía rubeniana, entra con ella su séquito inseparable: la preocupación dolorida, el pensar interrogante, la angustia retorciéndose. En dos soberbias poesías se ejemplifica ese acceso del tiempo a la poesía de Rubén, y con él, la aparición franca de ese elemento ultraerótico, del *otro*.

ENCUENTRO DE CHRONOS Y EROS

La «Canción de otoño en primavera» y el «Poema del otoño» son dos poesías distintas y sin embargo siempre he tendido a mirarlas como una unidad psicológica, a modo de hojas de un díptico que desarrolla el mismo asunto en dos partes, alumbrado por dos luces disímiles, o como si dijéramos a dos diferentes horas del alma. El objeto de preocupación es idéntico; y no por juego de palabras, sino por mayor precisión calificativa, se podría titular el «Poema del otoño», alterando los términos del título de la otra poesía, «Canción de primavera en otoño». En las dos asistimos al primer acto del drama que se va a representar en ese nuevo mundo del erotismo. Chronos, el dios de lo temporal, le sale al paso a Eros, el prometedor de eterna dicha a sus feligreses, el que se imaginaba que todos los caminos eran suyos:

> *Guióme por varios senderos*
> *Eros.*

Y he aquí que, cuando el dios conduce a su fiel poeta por uno de ellos, el viejo barbado, emblema de lo que pasa, se alza frente al mozo imberbe, insolente símbolo de lo que nunca querría pasar. Cada una de las dos poesías supradichas da al encuentro un sentido distinto.

OTOÑO EN PRIMAVERA

El primer verso de la «Canción de otoño en primavera», «Juventud, divino tesoro», refulge con ese fulgor de la exaltación vital propio de las poesías de la fase hedonista. Es como un grito que lleva en sí una valoración: ser joven es poseer la más preciada riqueza. Pero en la afirmación tiembla ya, implícita, la amenaza. Siendo la juventud condición del tiempo, concepto de la órbita de lo temporal, ¿no presiente ya el alma cautelosa que el tesoro que ella trae está también sujeto a caducidad, puesto que se lo ha de llevar cuando se marche, dejando unas manos vacías? Es decir, basta con cargar el acento valorativo en una palabra, *juventud*, perteneciente a la categoría de lo temporal, para que el verso quede sombreado, en su júbilo, por un presentimiento de mortalidad, ya que la juventud es un tiempo de la vida, una forma de la temporalidad de vivirse. Y el verso que sigue con dramática inmediatez deshace la resonancia gozosa del anterior, porque en él se cumple la condena de todo lo sujeto al tiempo: su pasar:

> *¡ya te vas para no volver!*

Es curioso que Rubén, para denotar algo que es ya vitalmente un pasado, hace uso del tiempo presente. ¿Está consumada la acción? En ese caso el «te fuiste» sería forma justa. Indudablemente, lo que ocurre es que, psicológicamente, el poeta siente ya la juventud como pasada, pero actualmente como todavía no acabada de pasar: más bien como pasando, como iniciando su paso. Se va, no habrá quién la detenga—«para no volver»—, pero aún se la puede ver, en ese último momento de irse. Está aquí, y dentro de un instante ya no estará. Ese pormenor gramatical añade al verso un particular patetismo. Porque en una separación el momento más intenso es precisamente ese en que la realidad terrible del desprenderse empieza a ser ante nuestros ojos, esos ojos que ven allí, aún, lo que va a desaparecer y saben que lo tienen para no tenerlo nunca más. Cuando lo que se va ya se ha ido, cuando lo preciado se vuelve recuerdo, la memoria empieza su función consoladora:

> *Nos dejó harto consuelo*
> *su memoria.*

Por eso, los dos versos iniciales, no obstante su sencillez, rebosan intensidad sentimental, al ofrecernos, en la voz primera del poema, la imagen de la juventud destellando hermosura, para arrebatárnosla dos palabras después. No es poesía del pasado, cuando ya se hace posible la serenidad del recuerdo puro y el alma está situada en la cima de la memoria, en contemplaciones; es poesía del pasar, y lo que Rubén está presenciando es el paso mismo del pasar, el máximo drama de su conciencia. Sigue la otra estrofa:

> *Plural ha sido la celeste*
> *historia de mi corazón.*

Ahora ya el pasar se consumó. La vida es historia. Otra palabra henchida, como pocas, de significación temporal. Tener historia es sentirse un pasado; nada más noble, ciertamente. Pero se trata de una historia del corazón, y de la frase así sola, suelta, brota una cadencia melancólica. En efecto, si esa historia rememora realidades tristes que fueron, la tristeza está ahí, en la substancia de lo contado; es historia de tristezas. Y si recuerda ocurrencias felices, las cuenta como cosas que ya no son y la melancolía nace de la fatal ausencia que presupone todo lo historiable e historiado. Por eso, las estrofas en que se desarrolla el poema de aquí en adelante no podrán eximirse de esa melancolía, que procede de un doble origen: que las experiencias memoradas han sido tristes, cuando fueron, o dan tristeza, ahora, si han sido alegres, al ser echadas de menos.

Melancólica revista de amantes pasadas es el poema. Paseo, casi, por un cementerio sentimental, el de los muertos amores. El recordador se detiene un instante delante de cada tumba y la señala con una laude, y pone en cada una su epitafio. Darío va llenando de epitafios su pasado erótico. La «dulce niña», «la otra... más sensitiva», ahí permanecen inmortalizadas en estas breves inscripciones funerales. Llega entonces la tercera recordada: es la apasionada y sensual entre todas ellas. Es la que ponía

> en un amor de exceso
> la mira de su voluntad,
> mientras eran abrazo y beso
> síntesis de la eternidad.

Reaparece en estos versos la antigua desaforada pretensión del erotismo, no pasar, eternizarse en caricia. Pero ¿eran, de verdad, síntesis de lo eterno? El propio Rubén abrevia aquí, en unas pocas líneas, todo su drama. Él pronuncia a renglón seguido su mismo desengaño a aquel engaño:

> y de nuestra carne ligera
> imaginar siempre un Edén,
> sin pensar que la Primavera
> y la carne acaban también.

A aquel engaño que vimos culminar en esas dos espléndidas poesías «Balada en honor de las musas de carne y hueso» y «Carne, celeste carne», Rubén en estos versos de ahora hace más que aproximar las dos ideas de primavera y carne, las sujeta una a otra, por la conjunción copulativa «la Primavera y la carne». Sabe lo que hace. Está destronando a la carne de aquel imperio indisputado, de aquella consideración de lo carnal como valor absoluto, en sí, y descendiéndola al valor de lo relativo temporal, de la primavera, de lo que pasa. La está colocando, a ella, antigua soberana sin rival, a los pies de Chronos, emperador del tiempo. «También», dice una palabra puesta en el lugar de la rima, es decir, particularmente destacada. No menos destacada es psicológicamente. Envuelve otro desengaño. En la fase hedonística Rubén se figura que lo venusino, el goce carnal dispensado por la Diosa, es excepción dentro del universo, y no paga tributo al tiempo; mientras todo camina rumbo a su acabamiento, el amor se escabulle de la carrera, y queda al margen de lo pasajero, suspenso en un sin tiempo. «También» significa que ahora el amor acata la ley de lo demás. Lo erótico entra, «también», en la danza general de la muerte. El hombre se había retraído en el delirio de lo sensual, con la ilusión de que en ese cobijo deleitoso se hurtaría a la persecución de la fugacidad. La idea, de fuente anacreóntica, está así expresada por Quevedo en una de sus poesías amorosas:

> *Escondidos estamos de la muerte,*
> *pues es tan grande el gusto que poseo.*

> [«En que muestra festejos de amantes»]

Rubén había llamado a la musa de carne y hueso «ese archivado y vital paraíso». Pero viene un momento en que este nuevo Adán de los sentidos se ve arrojado del paraíso de la carne, «para no volver», por la figura imponente de otro dios que no perdona, el Tiempo, que pronuncia como palabra anatema, resumen de su sentencia, el «también».

La confesión del fracaso continúa. En otra estrofa, especie de fosa común, entierra a «las demás», las no diferenciadas, que ya no son más que fantasmas en esa historia del corazón. La deseada total, la única, aquella por la cual clamó furiosamente al final de «Divagación», no aparece: no hay princesa más que en la imaginación. Y cae, como naturalmente desprendida de todo lo anterior, la gota de la amarga filosofía:

> *La vida es dura. Amarga y pesa.*

Cuando el erotismo se vivía en su ilusión de extratemporalidad, acariciado por el sueño de no pasar, emanaba de él una consecuencia filosófica de pleno optimismo, lo hedonístico. Apenas ingresa el tiempo en el ámbito erótico, y señala al poeta la vanidad de todas sus ilusiones de perduración, sobreviene la terrible fórmula del pesimismo vital.

Pero, al fin y al cabo, éste no es más que el primer encuentro serio del amor con el tiempo. Lo erótico, en el último momento, intenta rehacerse, recobrar sus fuerzas, sobre todo su fe:

> *Mas a pesar del tiempo terco,*
> *mi sed de amor no tiene fin;*

> *con el cabello gris me acerco*
> *a los rosales del jardín.*

Dicen estos versos la voluntad de no cejar, sin duda. La «sed de amor», el *daimon* erótico, se reafirma como sin fin, y no quiere darse por vencido. Es la misma postura del erotismo de Anacreonte, que alza contra la evidencia de la edad el empeño en el ejercicio del goce sensual:

> *A pesar de la vejez,*
> *blanda voz y alegre entono;*
> . . . .
> *Y viéndome tan galán*
> *mis edades desconozco,*
> *con Primavera compito*
> *y escondo en flores mis copos.*
> *Por digno de amor me juzgo,*
> *blandas vírgenes retozo...*
>
> [Quevedo, *Anacreón castellano*, XLII]

Pero muy envuelto todo por Rubén en reservas, que traducen las palabras. El tiempo es *terco*: reconocimiento de su fuerza, de su incesante oposición. El cabello ya *gris*: conciencia del alejamiento de la juventud, marcado sobre la frente. Y el verbo de movimiento que describe lo que hace el poeta, *acercarse*, es de notoria moderación; jamás serviría para calificar al impulso del fauno o del centauro, símbolos del antiguo estado erótico, seres lanzados, que se disparan sobre su objeto. Hasta «los rosales del jardín» resuenan a traslación vaga, idealizante, a deseo de evitar la indicación directa de lo carnal. Se siente que este final recobro tiene escasa probabilidad de triunfo, por ser un empeño voluntarioso, más que un fresco arranque espontáneo de la juventud; un querer amar, en vez de un puro amor. Tantas estrofas se emplearon en hacernos sentir el peso del tiempo, el tremendo obstáculo que pone al afán erótico, que esa tentativa de superarlo, esa afirmación de fe, está dominada por la melancolía que viene descendiendo corriente abajo del poema. Y el verso que lo termina,

¡Mas es mía el Alba de oro!,

¿significa en verdad la confianza en un retorno, en un nuevo amanecer de lo erótico? ¿Se puede pensar en esa alba como en un porvenir que se le ofrece al afán sensual? Si el verso es equívoco, es que lo era el estado psicológico del poeta. No ve claro. Se ampara en una imagen brillante, esperanzada pero indefinida, en la que puede caber mucho. Y, a mi juicio, más que una esperanza en la vuelta de lo que se va, apunta en esas palabras el vislumbre de otro horizonte con otra luz, aún no concretada, es decir, de un mundo ultraerótico.

LO ERÓTICO EN SU NUEVO MUNDO

Nos hallamos en un estado del erotismo completamente nuevo. Ya el ansia amorosa dejó de cantarse jubilosamente, depuso los encendidos tonos de exaltación y gloria. Y sobre todo abdica de su ambición a la eternidad. La «Canción» lo reconoce, empapada de melancolía. El amor no puede ser ya más frenesí indómito, fiesta galante o correría por todas las tierras. Su sed sin fin se ha encontrado con la necesidad invencible de limitarse, con el límite del tiempo. Estará siempre en guardia. Y desde ahora será forcejeo, lucha enconada por existir, defensa desesperada contra su enemigo. Ésta es la gran transformación de lo erótico: de placer a pelea. El amor, no como goce, como combate.

PRIMAVERA EN OTOÑO

El «Poema del otoño» es quizá la magna batalla de la contienda. Su personaje es el mismo del final de la «Canción», el hombre del cabello gris, que se rebela contra la sentencia de lo temporal y se obstina en el amor. Magnífica exhortación a vivirse hasta lo último en lo erótico, no obstante saber ya que su Edén es ficticio y se acaba. Repite la posición de la poesía anacreóntica a que nos referimos ya, la del amante que «a pesar del tiempo terco» se aferra al placer y al goce, sin querer darse por enterado del curso de los días, y, en ellos, del correr de la felicidad amorosa a su fin.

> *Y así, aunque yo me hallo,*
> *como todos dicen, viejo,*
> *me esfuerzo alegre a danzar*
> *por pasar mejor mi tiempo.*
>
> [Quevedo, *Anacreón castellano*, LIV]

Esta solución del poeta antiguo, tan conocido y querido por Rubén,

> *Anacreonte, padre de la sana alegría,*

no servirá ya para el moderno, porque el griego se resigna a pasar —danzando— el tiempo, sin sentir su filo trágico, mientras que el nicaragüense a lo que se resiste es a su tránsito, en el que empieza a avistar la tragedia del erotismo.

Sin embargo, el «Poema del otoño» aspira a reafinar la doctrina anacreóntica. Parece una rectificación del estado de ánimo de la «Canción», una lírica palinodia. Suena, a ratos, a victoria, a nuevo entronizamiento del placer erótico en su reino absoluto. Pero mirando de cerca es, si no derrota, pacto, triste acomodo impuesto por el mismo poder que se quiere negar, el tiempo. Porque, como hemos de ver, significa, en forma aún más patética, la admisión del terrible factor temporal en la vida erótica, la sumisión inescapable del erotismo. De aquí procede la singular tonalidad dual del poema, su constante ambivalencia sentimental:

> *Tú que estás la barba en la mano*
> *meditabundo,*
> *¿has dejado pasar, hermano,*
> *la flor del mundo?*

Con esta sencilla grandiosidad interrogante se inicia el poema. El poeta se dirige a su *otro*, a su hermano, al que ahora no besa, sino que medita. Es el preocupado, el último de esa larga galería de personajes que se hermanan en una misma actitud corporal —«mano en mexiella», decía Juan Ruiz—, la cual enuncia una eterna actitud espiritual, la cogitación melancólica, la entristecida reflexión; el hombre, en el centro del mundo, pero vuelto hacia sí mismo, preguntándose lo que él mismo va a responderse. Cuando se haga una historia de las actitudes humanas que se repiten a lo largo del desarrollo del arte, y que son expresivas de ciertos estados correspondientes del ánimo, ésta del hombre con la barba en la mano será ilustre entre todas. Ya, como hitos inolvidables en ella, están los más conocidos, los de Miguel Ángel en la Sixtina y en la capilla de los Médicis, el de Durero en su grabado, el de Rodin en la estatua. Darío, con sólo evocar a su fingido interlocutor en tal postura, sitúa a lo erótico en el nuevo plano de la especulación dubitativa. Y ya en la estrofa segunda, «los ayeres» se alzan frente a «los mañanas»; la experiencia desconsoladora del pasado, contra la ilusión recalcitrante en el futuro. Vivimos en plena órbita de lo temporal. Se introduce en seguida la exhortación a no abandonar el campo, a seguir amando:

> *Aún puedes casar la olorosa*
> *rosa y el lis,*
> *y hay mirtos para tu orgullosa*
> *cabeza gris.*

Todo esto tendría mucha más fuerza persuasiva, de no ser por la palabra primera de la estrofa: aún. Es un vocablo henchido de la angustia del tiempo. Cuando decimos que *todavía* se puede hacer algo por alguien, que *aún* se puede salvar una situación, ¿no está el adverbio afirmándonos que la tal cosa es posible, sí, pero a condición que se haga dentro de un espacio de tiempo que nos impide, es decir, sujeto todo a la condición temporal? No es tarde *aún*, pero hay que darse prisa, porque de otra manera todo podríamos perderlo. Ese *aún* es el talón de Aquiles de la invitación a amar a pesar del tiempo; en él se revela la vulnerabilidad de la desesperada actitud. Cuando el autor está afirmándonos que el amor no debe rendirse ante el tiempo, la simple presencia de ese vocablo, de esencia temporal, que él no puede por menos de introducir en la estrofa, traiciona su tesis. El tiempo, so capa, ahora, de adverbio, se mete en todo, está en todo, quiérase o no.

Pronto toma forma de imágenes el dualismo, «el domingo de amor» y «el miércoles de ceniza», «la hora amable» y «la imprecación del formidable Eclesiastés». ¿No será posible olvidarlo? En una magnífica serie de encendidas estrofas Rubén lo intenta. Atrás las sombras amenazadoras. Retorna, con hermosísimas cadencias, la melodía del erotismo puro, el de la fase hedonística. El tiempo de primavera, limpio, sin otoño:

> *Y sentimos la vida pura,*
> *clara, real,*
> *cuando la envuelve la dulzura*
> *primaveral.*

Se renueva ante nuestros encantados ojos la ilusión de aquel mundo de placer erótico, dominado por «la flor del instante». Reaparece la fiesta:

> *Amor a su fiesta convida*
> *y nos corona.*

Se movilizan los símbolos conocidos: Cintia, Cloe y Cidalisa, ninfas, el Cantar de los Cantares; Príapo y Cipris, Diana y Endimión. Otra vez se nos ofrece lo femenino como el mejor pasto para la llama del afán erótico:

> *Yo he visto en tierra tropical*
> *la sangre arder,*
> *como en un cáliz de cristal,*
> *en la mujer.*

Pero cuando el poeta, tras de haber pasado revista a todas esas imágenes amorosas deslumbradoras, encandilando así al vacilante, al meditabundo hermano, vuelve al tono exhortatorio, a invitarle a abrasarse en ese ardor, en las estrofas 30 a 34, el esquema estilístico que adopta descubre que es vano, imposible el intento de restaurar en su plenitud el afán erótico, sin reserva ni sombra:

> *Gozad del sol, de la pagana*
> *luz de sus fuegos;*
> *gozad del sol, porque mañana*
> *estaréis ciegos.*

> *Gozad de la carne, ese bien*
> *que hoy nos hechiza*
> *y después se tornará en*
> *polvo y ceniza.*

En las cuatro estrofas, los dos versos primeros formulan la franca invitación a gozar. Sol, pagana luz de sus fuegos, carne, hechizo, todo pertenencias de un mundo de placer, intemporal, sin mácula. Pero en los dos versos finales se nos ofrece la antítesis de aquella afirmación de plenitud implícita en los dos anteriores, el amago de aquella miel: «Gozad... porque...». ¿Acaso el goce necesita algún porqué? Para el erótico puro, el hedonista, el placer es fin en sí mismo, valor total que justifica su persecución sin más. Este *porque* que Rubén usa como elemento de enlace entre las dos partes de esas estrofas se siente como esa cadena o hierro con que el segundo miembro de la cuarteta—la afirmación pesimista donde triunfa lo temporal—«mañana estaréis ciegos» ata y esclaviza a su poder al primer miembro—la exhortación al placer sensual—«gozad del sol». Se nos brinda en los versos uno y dos la posibilidad del goce, tenido por bien supremo; y llegan, inmediatos, los dos versos finales, con el mensaje de la fugacidad de todo gozar, aseverando que no hay más supremacía que la del tiempo. Estas estrofas tienen su mitad radiante y su mitad sombría. Traen a la memoria esos retratos engañosos de mujer que, gracias a una ilusión óptica, mirados desde la derecha la representan en la flor de su belleza, pero vistos desde el lado opuesto la ofrecen en los huesos, convertida ya en calavera. Las dos mitades son inseparables; apenas se mienta la carne, con voz exaltada, se eleva, como un eco siniestro, la mención de la ceniza en que habrá de volverse un día. Y el placer ya no se disfruta sin tiempo, espaciosamente, pierde la serenidad de lo que no se cuenta; ahora corre con desalentada prisa en busca de su satisfacción antes de que se la lleven las horas. Rubén, a fuer de gran poeta, ha convertido en preciosa vivencia lírica esa dualidad que nosotros discernimos lógicamente. Y cada una de estas estrofas es palestra donde el afán erótico va resultando subyugado, encuentro tras encuentro, por su invencible contendiente, el sentimiento del tiempo que pasa.

Esa alternativa se repite en lo que queda del poema. ¿De qué sirve que se decante, otra vez, por el poeta el ardor amoroso, y se le busque augusto entronque haciéndole descender de una especie de fuerza cósmica, simbolizada en seres míticos?

> *La sal del mar en nuestras venas*
> *va a borbotones;*
> *tenemos sangre de sirenas*
> *y de tritones.*

La estrofa final es confesión de vencimiento. Aceptada queda en ella la sentencia del pasar:

> *En nosotros la vida vierte*
> *fuerza y calor.*
> *¡Vamos al reino de la Muerte*
> *por el camino del Amor!*

¡Trágica coyunda de lo festival, el camino, y lo funeral, el desemboque, la muerte! El sendero por donde Eros guiaba al poeta, ya se ve adónde va a dar. Y, aunque se proclame, con voz que se esfuerza en sonar robusta, la fuerza del afán, ya el amor irá siempre escoltado, como el cuerpo humano por su sombra, por la visión de la muerte. Hace suya, el hedonista a ratos, la sentencia del apesadumbrado romántico:

> *Ingegnerò la sorte,*
> *fratelli, a un tempo stesso, Amore e Morte.*

> [Leopardi]

Antes, una primavera triste, en la «Canción». Y ahora, un otoño que brega por volver a la plena alegría amorosa, hasta el último minuto del poema, cuando cae, heroicamente, maltrecho. El poeta ha hecho la tentativa, se ha acercado a los rosales del jardín, ha acariciado las formas carnales de sus rosas, pero con esa secreta clarividencia que hay en el corazón de todo otoño, ha sentido que se las deshojará el viento que no para de soplar sobre el mundo del hombre.

Estos dos poemas abren a la lírica de Rubén un horizonte inmenso. Su tema—al entrar en el otoño—pierde flor y hojas. Desaparecen aquella gracia, aquella ligereza intranscendente, acariciadora, de lo erótico. Queda el tronco, el ramaje, desnudo y descarnado, el amor visto a la luz sin piedad del tiempo. El erotismo penetra en un nuevo círculo, no ya la duda contemplativa de «El reino interior», sino el de la lucha, la ansiedad, la angustia. Accedemos a una zona grave y seca, sí, pero ¡cuánto más alta y noble que la del placer ligero: nivel del dolor! El porqué vino a ella Rubén, lo dijo en unos versos que deben rematar este ciclo de sus poemas porque son su mejor explicación y que él tituló, precisamente, «De otoño»:

> *Ya sé que hay quienes dicen: ¿Por qué no canta ahora*
> *con aquella locura armoniosa de antaño?*
> *Ésos no ven la obra profunda de la hora,*
> *la labor del minuto y el prodigio del año.*

CONCIENCIA Y TIEMPO

¿Quién ha sido el poderoso y misterioso agente de esta transformación? ¿Quién sacó al amante de su engaño, que la carne y placeres no acaban, y le puso frente a la faz trágica del tiempo? El goce sensual, para dar satisfacción entera, necesita olvidarse de su pertenencia, como todo, a lo temporal. ¿Y quién le entera de ese inevitable pertenecer? Recordemos otro poemita del gran maestro de la sensualidad, Anacreonte:

> *¿Qué me estás enseñando*
> *filosofías vanas?*
> *¿De qué puede servirme*
> *la lógica más alta?*
> . . . .
> *Enséñame a que beba*
> *el licor de las parras,*
> *enséñame a que ría*
> *con Venus, la dorada*
> . . . .
> *Adormece mi juicio...*
>
> [Quevedo, *Anacreón castellano*, XXXVI]

Lo que pide, para poder seguir refocilándose en su mundillo de vino y caricia, es que se le aduerma el juicio, que no le vengan con filosofías: en suma, la abstención de la actividad de la conciencia. En la lírica rubeniana se posa un pájaro nuevo. Ya había dicho él:

> *se dio a los búhos sabiduría.*

Lo decía al referirse a aquella distribución que los dioses hicieron de cualidades celestes entre las bestias, sin que a él le tocara mayormente. Pero ahora el búho se le viene encima:

> *Pasó un búho*
> *sobre mi frente.*
> *Yo pensé en Minerva*
> *y en la noche solemne.*
> *¡Oh búho!*
> *Dame tu silencio perenne,*
> *y tus ojos profundos en la noche*
> *y tu tranquilidad ante la muerte.*
> *Dame tu nocturno imperio*
> *y tu sabiduría celeste...*
>
> [«Augurios»]

Rubén Darío, que anduvo por toda su poesía de pájaro en pájaro, acude ahora al búho, como antes acudió al cisne. ¡Qué distintas cosas les pide, sin embargo! Al cisne, que le procurase la posesión de un cuerpo divino, por una mala traza; al ave de Minerva que le proporcione la posesión de la sabiduría, de la conciencia. Y esta aparición trastorna todas las proporciones de relación y valor en el mundo lírico de Rubén. Porque lo primero que le tiende en sus pálidas manos la sabiduría es justamente el descubrimiento de la sujeción de lo erótico a la temporalidad, es *la conciencia del tiempo*. «En cuanto nuestra vida coincide con nuestra conciencia es el tiempo la realidad última, rebelde al conjuro de la lógica, irreductible, fatal». Estas palabras de otro gran poeta, Antonio Machado, parecen pintiparadas para aclarar este proceso de la lírica de Darío. Apenas la vida se hace conciencia, el tiempo se enseñorea de la vida.

He aquí una de las primeras huellas que deja al paso de la recién llegada en la obra del poeta:

> *Ay triste del que un día en su esfinge interior*
> *pone los ojos e interroga. Está perdido.*
> *¡Ay del que pide eurekas al placer o al dolor!*
> *Dos dioses hay, y son Ignorancia y Olvido.*

Ésta es la nueva situación. Hasta ahora vivió la delicia amorosa al amparo no sólo de la Diosa primera, Venus, sino asistida ésta por otras dos deidades, que no habíamos encontrado aún: ignorar y olvidar. Y en este instante se alza, frente a la Ignorancia, su rival, el conocimiento; frente al Olvido voluntario, la memoria inevitable, la «historia de su corazón», el recuerdo, forma psicológica del tiempo:

> *La paloma de Venus vuela*
> *sobre la esfinge,*

dice a unas horas—las soleadas y claras horas de los sentidos—el poeta. En esta otra hora la esfinge está sola, es la esfinge interior, y el hombre clava en ella los ojos y la pregunta ansiosa. No hay paloma venusina que le valga.

LOS «NOCTURNOS»

Y comienza el diálogo con ella, situado en el escenario de dentro, en el teatro de la conciencia. Transcurre casi siempre velado en la oscuridad nocturna. Ave de la noche es el búho, y en cuanto él se convierte en el pájaro definidor del nuevo estado, la poesía rubeniana avanza por un aire nocturno, por una noche oscura del alma, aunque muy otra que la de San Juan, porque aquélla llevaba su luz en el centro de la misma tiniebla.

Los sentidos se ejercitan gloriosamente a plena luz, se bañan en lo luminoso. Recordemos:

> *¡Claras horas de la mañana*
> *en que mil clarines de oro*
> *dicen la divina diana!*
> *¡Salve al celeste Sol sonoro!*

[«Programa matinal»]

Las congojas de la cogitación, las preguntas y las respuestas del hombre y su esfinge, se rodean de las densas ofuscaciones de la noche. Rubén Darío titula a tres de sus poesías «Nocturno», prueba de cómo sentía su inmersión en esta nueva atmósfera del alma:

> *Silencio de la noche, doloroso silencio*
> *nocturno... ¿Por qué el alma tiembla de tal manera?*
> *Oigo el zumbido de mi sangre,*
> *dentro mi cráneo pasa una suave tormenta.*
> *¡Insomnio! No poder dormir, y, sin embargo,*
> *soñar. Ser la auto-pieza*
> *de disección espiritual, ¡el auto-Hamlet!*

Donde antes los clarines de la mañana, ahora el silencio. Y en su ámbito ella, la conciencia, inclinada sobre el poeta trabajando con sus agudas herramientas desgarradoras en busca de su verdad. Espera del alba. Unos ruidos menudos y significantes, puerta que se cierra, pasos. Duda:

> *Ha dado el reloj tres horas... ¡Si será Ella!...*

A quién se refiera el poeta con ese pronombre, no se sabe claro. Pero sí se siente claro que no es la Ella de antes, ni Venus, ni ninguna de las figuraciones que ella engendró en la imaginación de Rubén. Es la nueva Ella, la que hace temblar al alma de presentimiento; acaso la señora de todos los finales.

En el «Nocturno» dedicado a Mariano de Cavia sigue el insomnio, persisten los ruidos vagos, la puerta—otra vez—, el eco de un coche, y sobre ese fondo se alza una extraña hueste:

En los instantes del silencio misterioso,
cuando surgen de su prisión los olvidados,
en la hora de los muertos, en la hora del reposo,
sabréis leer estos versos de amargor impregnados...

Como en un vaso vierto en ellos mis dolores
de lejanos recuerdos y desgracias funestas,
y las tristes nostalgias de mi alma, ebria de flores,
y el duelo de mi corazón, triste de fiestas.

Estos olvidados son los mensajeros que al alma le llegan desde su pasado. Estaban presos, en el olvido, ignorados, y la noche los liberta: son los recuerdos, las nostalgias, criaturas todas de lo que pasó, del tiempo. Le cercan los fantasmas del tiempo. Le duele el tiempo, en el corazón, «triste de fiestas».

¿ESTAR TRISTE DE FIESTAS?

Estas palabras admirables despertaron, allá por los años de 1905, fiera indignación en los académicos y afines. Se veía en ellas irreconciliable contradicción, antinomia irreparable, y se llegó a calificarlas por el senado de las letras de disparate. Cuando son maravillosamente expresivas, no tan sólo del modo de ánimo del poeta en ese instante nocturno que nos comunica en este poema, sino de todo un estado de ser frecuentísimo en la sensibilidad eterna. ¿Es que cuando Jorge Manrique llama a sus versos la visión de la Corte del Rey Don Juan, con sus damas preciosamente arreadas, con sus galanes que trovan y danzan, con sus fuegos de amadores—todo ahora hundido en el hondón de la muerte—, no está queriendo hacer a los corazones lectores «tristes de fiestas»? El cómo una ocasión festival pueda ser fuente de melancolía, es tan fácil de entender como el que un palo recto se vea torcido en cuanto se sumerge en el agua. Apenas la fiesta entra a pertenecer al tiempo, se sume en el pasado, y en vez de vivida es pensada, empieza a desprenderse de su realidad ida, niebla y más niebla de melancolía. Soledades. Duelo por una alegría. He aquí a los opuestos, uncidos. La imagen del «Nocturno», de origen barroco—tan aficionado a la antítesis psicológica y verbal—, corresponde exactamente al nuevo concepto de lo metafórico. Busca una nota común espiritual en los contrarios verbales y lógicos. Supera la oposición de fuente racional por elevación, dominándola con la visión poética de la unidad profunda que existe entre los dos términos aparentemente antagónicos. Su acierto estriba en traer a comparación estrecha dos elementos tenidos por incomparables, y de su enlace extraer una nueva realidad poética y psicológica: en este caso, la tristeza de la fiesta.

Quiso el destino interior del poeta, primero, que él regalase a la poesía española con ese nuevo estilo de vida que llamamos la «fiesta galante». La de la marquesa Eulalia. También ese poema es un nocturno. Lo surcaban músicas de violines, rumores de sedas, acompañantes de la risa de Eulalia. La cual seguirá surtiendo, en alguna parte, porque es eterna, conforme aseveró el autor, pero ahora lo que aquí se oye es el vacío temeroso del silencio profundo; y no cruzan por él—espectrales cortesanos, personajes en sombra—más galanes que los terribles «olvidados». ¡Qué dos noches tan dispares, estas dos que le tocó en triste suerte crear al poeta! La dualidad, su nuevo verdugo, sigue actuando, y los dos nocturnos valen como anverso y reverso, festivo y acongojado, de la misma vida. Tiempo, y no de la naturaleza, tiempo de otoño, en el alma. Percibe Rubén Darío su llegada, quejumbrosamente, se rinde a ella:

> *Yo, pobre árbol, produje, al amor de la brisa,*
> *cuando empecé a crecer, un vago y dulce son.*
> *Pasó ya el tiempo de la juvenil sonrisa:*
> *¡Dejad al huracán mover mi corazón!*

Nueva pareja de imágenes, nueva expresión del conflicto de conciencia. Ayer «era un aire suave de pausados giros» en la noche. Hoy es el nocturno huracán. Estación de brisa y estación de vendaval.

CONCIENCIA: PESADUMBRE

Y así accederemos a la altísima queja de una de sus más hermosas poesías, la queja contra la gran culpable:

Dichoso el árbol que es apenas sensitivo,
y más la piedra dura, porque ésta ya no siente,
pues no hay dolor más grande que el dolor de ser vivo,
ni mayor pesadumbre que la vida consciente.

[«Lo fatal»]

En uno de sus últimos ensayos—«What is a minor poet»—T. S. Eliot tocaba el tema de la inseparabilidad, dentro de la obra de un poeta, de todas sus poesías, y de la ayuda que presta a la total inteligencia de una de ellas el conocimiento de las demás. Aunque «Lo fatal» es poema de completa autonomía de sentido, creo que sólo cobra toda su altitud de significación cuando se le mira a la luz de las poesías más exaltadas de la fase erótica pura. Si se acepta la idea de Amado Alonso de que en estos cuatro versos hay una escala (piedra, que no siente; árbol, que es apenas sensible; animal, vivo pero sin plena conciencia; y hombre, poseedor único de la vida consciente), veremos que lo que envidia el poeta a los tres primeros términos de esa escala es lo que no tienen, es un no tener. Son dichosos piedra, árbol y animal porque carecen de sentidos, de sentimiento, de conciencia, todo ello posesión y tesoro del hombre. Tal pesimismo representa la dimisión del ser humano del alto rango donde se le ha venido poniendo siglos y siglos, precisamente por ser dueño de las facultades de sentir y pensar. La dignidad del hombre, concepto ganado tan esforzadamente por el *homo sapiens*, cede el paso, derrotada, a las fuerzas prerracionales, oscuras—fatalidad y terror—del mundo mágico del primitivismo, del *homo sylvanus*. La confianza que da a la razón se pierde, y el hombre retorna al espanto de lo aún no construido en la mente, de lo caótico. Todo esto vale por sí, y «Lo fatal» es organismo poético perfecto.

Pero ¡cómo se intensifica, se dramatiza su significado, si se mira al poeta de este momento, junto a aquel que ponía su vida entera al servicio de la sensibilidad, cuando refinaba exquisitamente su arte de sentir, y les convertía en variado teclado del que se pudiera sacar los matices sutiles y las notas triunfales! Entonces el mundo exterior *existe*, como para su maestro Gautier, y el hombre se entrega a todos los primores y sabidurías de que sean capaces sus ojos, sus manos, su boca, sus oídos, en el disfrute de las realidades:

> *¡Antes de todo, gloria a ti, Leda!*
> *Tu dulce vientre cubrió de seda*
> *el Dios. ¡Miel y oro sobre la brisa!*
> *Sonaban alternativamente*
> *flauta y cristales, Pan y la fuente.*
> *¡Tierra era canto; Cielo, sonrisa!*

[«Los cisnes», IV]

O como dirán más tarde:

> *Y sentimos la vida pura,*
> *clara, real,*
> *cuando la envuelve la dulzura*
> *primaveral.*

[«Poema del otoño»]

La vida se exalta triunfalmente tal y como la brindan generosamente los sentidos, que se pasean por sus extensiones como abejas buscadoras, posándose en las más bellas formas y sacándoles su dulzor. Ahora, en la estación del huracán el poeta maldice los sentidos, los que le hacían feliz. Abomina de la vida en la que se ardía complacido; la llama supremo dolor. Derrumbamiento patético, por obra de tres versos, de todo un mundo, el mundo de lo sensual, tan suyo, tan patrio, que no podrá salir de él mientras viva. El cuarto verso de la estrofa descubre a la autora de semejante cataclismo; no es otra que la vida consciente, la conciencia, la reveladora del tiempo que, con esa revelación, desencadena la catástrofe. La conciencia es la mayor pesadumbre; porque su peso, al gravitar sobre las levísimas estructuras de aquella ciudad pintoresca y abigarrada de los sentidos, con su población de faunos, marquesas, ninfas y cisnes, la hace venirse a tierra; que queda sembrada de tristísimos restos, recuerdos desengañados. «Lo fatal» no se siente hasta el fondo, mientras no se vea todo el estrago que hace en los demás poemas, en la concepción erótica del poeta, en el *otro*. Porque el ser dual renueva su salida en los últimos versos del poema, en dos versos donde queda desgarrada la unidad, la felicidad del hombre, puesto que tiran de él, cada uno por su opuesto impulso; versos literalmente desgarradores:

> *y la carne que tienta con sus frescos racimos,*
> *y la tumba que aguarda con sus fúnebres ramos...*

Eso es lo fatal. Que no puede deshacerse el poeta de su erotismo. Sigue estando aquí. En esta calígine, en la fosquedad de los «Nocturnos», lo erótico persiste, como tema. También la tierra, con sus plantas, sus cielos y sus animalias, es el tema de la noche, igual que lo ha sido antes del día. La oscuridad modela en ella sus bultos misteriosos, como la luz sus imágenes radiosas. Nada entre la lobreguez nocturna asemeja a lo que vemos de día; el soto se aborrasca en negrura y se finge masa impenetrable y hostil. La estatua de mármol, en los jardines, es tenebroso espantajo que va a caer sobre nosotros, aterrorizados. Todo es otro. Y, sin embargo, todo sigue siendo lo mismo. Así, en los poemas de la conciencia de Rubén la obsesión erótica es tan presente como en los demás. Lo que ha sucedido es que antes lo erótico estaba confinado en sí mismo: era valor absoluto, alumbrado de su propia luz, tan poderosa que cegaba para lo restante. Y ahora el poeta empieza a percibir las innumerables relaciones de lo erótico con el resto del mundo; siente, sobre todo, la dependencia de lo erótico de algo que no es él, que está fuera de él. Empieza a vivir más, porque vive más quien mayor número percibe de estas maravillosas dependencias de las realidades.

ENTRE DOS LUCES

El resultado es que el campo de visión de su lírica se magnifica como nunca. Antes unidimensional, todo llano, llanura hendida por los senderos del dios amoroso, colmada de luz de los ojos; ahora se quiebra, se llena de repliegues, con sus lados de solana y sus lados de umbría, se agita tormentosamente como el paisaje del valle, cuando quiere empezar a trepar por las colinas y subirse a la altura. Al término del capítulo anterior hablábamos del magnífico arte de las superficies de Rubén; ahora empieza su gran arte de las profundidades. No quiero decir con eso que sea uno mejor que otro. Esa nueva dimensión no lleva consigo necesariamente mejoría ni peoría. Muchos son los artistas que por querer meterse en honduras han desaparecido, sin salir nunca a la superficie. La lírica de Darío se ahonda con perfecta naturalidad, se profundiza porque su arte de superficies le llevaba, paradójicamente, a la profundidad. Y ahora está entre dos luces: la luz de los sentidos y la luz de la conciencia. ¿Podría dudarse cuál fue la más iluminadora para el poeta hasta ahora? Es esa de las apariencias, la mediterránea.

Ortega y Gasset ha dilucidado en unas famosas páginas la íntima relación entre sensualismo y superficie. La cultura latina es, según él, cultura de las superficies. Por eso debe llamarse mejor cultura mediterránea, porque el Mediterráneo «es una ardiente y perpetua justificación de la sensualidad, de la apariencia, de las impresiones fugaces que dejan las cosas sobre nuestros nervios emocionados». Todo esto concuerda con el curso de la poesía erótica rubeniana: desfile de variantes del sensualismo, color, música, impresiones sensoriales, directas, a lo helénico o a lo versallesco. Precisamente por esa principalía de Rubén en la poesía de los sentidos, causó su lírica tanto asombro y admiración en las tierras de Castilla, que apenas conocían las huellas de los centauros o de las ninfas y nunca fueron escenario blando para discreteos de marquesas cínicas con sus cínicos cortejos. Este nicaragüense resultaba más mediterráneo—en la acepción orteguiana—que los mismos hijos de la península. Diosas griegas y divinidades parisienses fueron acogidas con mixto sentimiento, recelo, pasmo, alegría y entusiasmo. Y desde entonces se le prendió a Rubén el calificativo de poeta de lo sensual, porque esa primera impresión que dio al mundo se quedó fija en la mayoría de sus lectores. Su *mediterraneísmo*, revelado en Mallorca, lo participa a la señora de Lugones en la «Epístola» que ya citamos; allí en Mallorca siente su linaje de paganía, y por medio de los *íntimos sentidos* se comunica con sus antecesores sirenaicos y tritónicos. En un romance dirigido a Remy de Gourmont condensa ese Mediterráneo:

Aquí hay luz, vida. Hay un mar
de cobalto, aquí, y un sol
que estimula entre las venas
sangre de pagano amor.

Es la confluencia señalada por Ortega: superficie, sentidos. Mar de cobalto, sol, luz. Pero ¿toda la luz? No, sólo una de las dos luces, entre las cuales ahora sufre el poeta. Allí mismo, en el seno de ese mundo de las superficies, le ocurre la gran ocurrencia de su vida espiritual. El descubrimiento del otro mediterráneo. Lo registra una de sus poesías miliares, la titulada «Eheu!», aparente excepción a los «Nocturnos» pero en realidad gran nocturno del alma, en medio de la luz:

> *Aquí, junto al mar latino,*
> *digo la verdad.*

Ya nos sale aquí al paso, en los primeros acentos del poema, una novedad: Rubén establece una relación directa entre el Mediterráneo, el mar de la mitología, cuna—en su extremo—de Anadiomena, archivo de inmortales sensualidades, y la verdad.

¿No era, esta superficie marina, inmediata provocadora para la imaginación de mitos gloriosos, de fábulas en las que todo se envuelve en belleza? Y lo que ahora busca aquí el poeta no es el don de hermosura, sino el don de verdad. De ese mar procede algo de la palpitación vital que le mueve, dice en el «Poema del otoño»:

> *La sal del mar en nuestras venas*
> *va a borbotones;*
> *tenemos sangre de sirenas*
> *y de tritones.*

MEDITERRÁNEO, MAR INTERIOR

Se enorgullece Darío así de una nobleza antiquísima, reclama sus derechos a sentirse miembro de esa gran familia de la sensualidad mediterránea. Pero en «Eheu!» la vista del mar le trae nuevo sentimiento: el de ancianidad; el mar se ha vuelto, asimismo, como todo aquello que entre en este nuevo mundo de su lírica, aviso del tiempo, signo de la fugacidad. Y se queja de algo más de lo que se quejó, de que la juventud, el «divino tesoro», se vaya: de que está ya ida, abolida en la ancianidad.

Como de la agitación marina, desplegada a sus pies, le suben al rostro las gotas de espuma en que se acaba la ola saltarina, así de la contemplación espiritual de este mar cobalto suben terribles salpicaduras a su conciencia: dudas, interrogaciones, angustias:

> *¿De dónde viene mi canto?*
> *Y yo, ¿adónde voy?*
> *El conocerme a mí mismo*
> *ya me va costando*
> *muchos momentos de abismo,*
> *y el cómo y el cuándo...*

«Momentos de abismo». Recordamos la primera aparición de esta palabra en su poesía: ya quedó señalada:

> *Venus, desde el abismo, me miraba con triste mirar.*

¿Será posible que los momentos de Venus, los más prometedores de dicha, se hayan vuelto momentos de abismo? Pero sobre todo nos sorprende una nueva relación aquí apuntada: el mar de las superficies es el que le hace pensar en el abismo del conocimiento de sí, en la hondura de la conciencia.

«Aquí hay luz», decía a Gourmont, y mar cobalto, y sol, en unos versos sobrados de esplendor luminoso y vital. Luz para los ojos, sí. Rubén, que la cantó, que la gozó, le descubre su terrible pero:

> *Y esta claridad latina*
> *¿de qué me sirvió*
> *a la entrada de la mina*
> *del yo y del no yo...?*

Esta estrofa se eleva en el silencio como una de esas nubes que, nacidas de la misma luz mediterránea, se llevan en un segundo todas las maravillas que teníamos a la vista y lobreguecen la gran alegría de la superficie marina. Es el fracaso de la claridad mediterránea. Ella ciñe al cuerpo de las ninfas tan amadas; ella precisa el color rosado de sus carnes, ella asiste a las fiestas de los sentidos, aprobándolas; pero no sirve de nada cuando se fatiga el centauro de perseguir formas femeninas, y la conciencia parte en busca de verdades. Rubén va volviendo el Mediterráneo del revés: la superficie, abismo; la luz, tinieblas; la claridad, duda. El poeta nos desengaña del mar más rico en engaños, depósito de encantamientos, habitación de mitos y sirenas: mar de lo erótico. Es desengaño de gran alcance, porque en él quedan desengañados todos los deliciosos embaimientos de los sentidos, el mundo entero de lo sensual; la barca de Citerea, echada a pique un día, en su mismo mar, por uno de sus más ardorosos pasajeros. Es el gran desencanto del Mediterráneo.

Por eso, en vez de los de antes—callados—, cánticos de júbilo, epitalamios gozosos, lo que le sube a los ojos es el llanto, y a la vez la más tremenda lamentación:

> *Como en medio de un desierto*
> *me puse a clamar;*
> *y miré al sol como muerto*
> *y me eché a llorar.*

Acentos de Biblia, metales de Jeremías, *vox clamantis in deserto*. He aquí el final de las superficies. «Eheu!» es una soberbia confesión. Se confiesa Rubén en las mismas orillas donde empezó la gran confesión de San Agustín. Confiesa su derrota. «Se manifiesta en la Confesión el carácter fragmentario de toda vida, el que todo hombre se siente a sí mismo como trozo incompleto, esbozo nada más, trozo de sí mismo, fragmento. Y al salir busca abrir sus límites, trasponerlos, y encontrar más allá de ellos su unidad acabada». Por esas palabras de María Zambrano se entiende más la enorme significación de este poema. El momento que objetiva estos versos acaso es el de más monta en la vida espiritual del poeta. Ya sabe que no hallará respuesta a la interrogación capital de la vida en el cuerpo de Leda ni en la risa de Eulalia, en lo erótico exclusivo. El tiempo, traído de la mano por la conciencia, pone en fuga al tropel de criaturas eróticas y deja al hombre en la puerta de la mina del conocerse. Ya no está entre dos luces. La luz del mundo no aclara lo que más iluminación necesita. Y ahora el poeta avanzará por la galería de sus adentros —y no más por los senderos de Eros—alumbrado por la otra luz. Por esta tremenda confesión del desencanto, Rubén se sale de aquella parte de su ser, que siente como parte, incompleta, y emprende la marcha trágica hacia su integridad, a la unión de éste con el *otro*. Su poesía inicia tentativas en profundidad, cava, y vuelve a cavar, en la mina. Entre esas sombras mal guía sería la paloma de Venus; sólo las penetra el ave lucífuga, pájaro del saber, y no del gozar, el búho.

Ésta es la gran ventura que tuvo un día Rubén «sobre las aguas del mar», su descubrimiento del mar interior, de su propio mediterráneo.

8

DIVINA PSIQUIS, DULCE MARIPOSA

Los dos versos finales del «Poema del otoño»

¡Vamos al reino de la Muerte
por el camino del Amor!

dejan tras de ellos una extraña serenidad; se creería que Rubén ha encontrado el punto de equilibrio en su torbellino: una especie de transacción entre los dos adversarios, amor-goce y tiempo-muerte. Se acepta el final por lo deleitable del curso que hacia él lleva. Cuando se cierra la voz del poema se nos figura que el poeta echa a andar hacia un destino visto por fin con claridad y escogido con resolución. ¿Es que después de haber careado las dos verdades, fatalidad de lo erótico y fatalidad del tiempo, se resigna a las dos y alcanza, señoreando la contradicción que lo atosiga, una conformidad donde se le remanse su tormento? ¿Vuelve el *paralelamente*, otra vez, de «El reino interior»? No. El poeta sigue siendo solicitado por las dos luces, y si la una, la de la sensualidad, eterna amante, no le aclara la vida entera, la otra, la de la conciencia, la nueva amada dolorosa, tampoco cala hasta el fondo de la tiniebla. Estado de oscilación, el alma moviéndose, alternativamente, yendo y viniendo, entre dos luces.

LA ANGUSTIA DEL DESORIENTADO

Tiene oriente, más que un oriente, dos. Uno le sobra, pero ¿cuál? Por eso está con dos orientes, desorientado como el mareante cuya brújula por arte demoníaco jugase a señalar puntos opuestos y le hiciera cambiar derrota a cada singladura, sin llegar a puerto alguno. De aquí le nace su poesía de extraviado, del alma sin rumbo entre dos rumbos:

> *Ser y no saber nada y ser sin rumbo cierto*
> *y el temor de haber sido y un futuro terror.*
> *Y el espanto seguro de estar mañana muerto*
> *y el sufrir por la vida y por la sombra y por*
> *lo que no conocemos y apenas sospechamos*
> . . . .
> *y no saber adónde vamos*
> *ni de dónde venimos.*

Estos versos están estilísticamente construidos a base de la vuelta constante de la conjunción copulativa *y*, la cual aparece en ellos doce veces. Logra el poeta por medio de este recurso reiterativo, que enlaza dolor con dolor, sin dejar resquicio, un efecto de acumulación abrumadora. Sobre el hombre se ciernen angustias y angustias; apenas se acaba la enunciación de una ya asoma la *y* a decirnos que todavía hay más, y más. Cada *y* depone sobre el ánimo una nueva carga, y al terminar el poema se siente todo él como pesadumbre. ¿Por qué?

Es que la nueva luz, la conciencia, fracasa también, como la antigua, los sentidos, en su función orientadora. El humano tiene, por privilegio singular, por «excepción tan principal», el disfrute de una actividad consciente. Y, no obstante, no sabe nada. Entonces, si ella no nos clarifica y apunta al fin verdadero, ¿de qué sirve? Queda el hombre suelto, perdido, entre la ignorancia de su origen y la de su fin, entre las dos garras del tiempo, el haber sido y el futuro terror. Ya no se puede embarcar para Citera, isla de la claridad, de Venus, con todo su corazón, porque se le han descubierto otros horizontes hiperbóreos que le llaman misteriosamente entre las neblinas de la conciencia; pero tampoco puede zarpar hacia ellos con su plenitud de alma, porque le sigue llamando, aún y siempre, el otro rumbo.

Y así, se vuelve nobilísimo pordiosero, mendigo—no del mendrugo de pan—, en demanda del rayo de luz del alma:

> *Hermano, tú que tienes la luz, dime la mía.*
> *Soy como un ciego. Voy sin rumbo y ando a tientas.*

> . . . .
> *Y así voy, ciego y loco, por este mundo amargo;*
> *a veces me parece que el camino es muy largo*
> *y a veces que es muy corto...*

El poeta a tumbos. Ciego, quiere decirse que los sentidos, el ver por los ojos, no le guía. Loco, que la conciencia, el ver interior, tampoco lo adiestra. Por eso anda a tientas, trágicamente perdido. A su paso caen las gotas de ese sudor del sufrir de dentro—«las gotas de mi melancolía»—, el que provoca la carga de las penas.

Reaparece, aun subida en tensión trágica, la figura de este peregrino de la desesperación, de este romero sin Roma a la vista, en el «Nocturno», el que empieza «Quiero expresar mi angustia». Es, en una parte, la confesión del fracaso de su vida, puesta a dos tareas tan contrarias como

> *rebusca de la dicha, persecución del mal,*

y luego la resultante del fracaso, el acongojado extravío por el mundo:

> *la conciencia espantable de nuestro humano cieno*
> *y el horror de sentirse pasajero, el horror*
> *de ir a tientas, en intermitentes espantos,*
> *hacia lo inevitable desconocido, y la*
> *pesadilla brutal de este dormir de llantos*
> *¡de la cual no hay más que ella que nos despertará!*

Ella. La misma ella del «Nocturno», de «El canto errante», la reina de los espantos del alma.

LA REINA DE LOS ESPANTOS

No el rey—como le llamaba Job—: la reina (así lo preferimos nosotros) de los terrores, es esta nueva figura que cada vez frecuenta más la imaginación titubeante del poeta. En «Thánatos» rectifica a Dante:

> *En medio del camino de la vida...*
> *dijo Dante. Su verso se convierte:*
> *En medio del camino de la muerte.*

Quiere decirse que en la visión de Rubén, exaltador asiduo de la vida, algo tan grave sucede ahora que donde dice *vida* él lee *muerte*. Es una subversión total de la actitud hedonista. El mundo al revés, al revés de la fase en que se le veía como expresión, en todas sus formas, del anhelo vital. Porque cuando vivía el poeta en la compañía de sus mitos, entre los centauros, la misma muerte se ofrecía con rostro gracioso, quita de todo horror:

> *¡La Muerte! Yo la he visto. No es demacrada y mustia,*
> *ni ase corva guadaña, ni tiene faz de angustia.*
> *Es semejante a Diana, casta y virgen como ella;*
> *en su rostro hay la gracia de la núbil doncella*
> *y lleva una guirnalda de rosas siderales.*

[«Coloquio de los centauros»]

Con el ingreso de la poesía de Rubén en el círculo del tiempo, también queda sometida conformación que todo toma en el nuevo ámbito. De señora de la calma se hace emperatriz del pavor:

> *Hondas negruras de abismo*
>   *y espanto fatal,*
> *lividez de cataclismo*
>   *o anuncio mortal.*
>
> *Ráfagas de sombra y frío*
>   *y un errante ir...*
> *(¡Vamos a morir, Dios mío,*
>   *vamos a morir!)*

[«A un pintor»)

En una de las últimas salidas a escena de la marquesa versallesca—ésta es una marquesita inocente, Rosalinda, sin la eterna malicia de Eulalia—, en medio de las tonalidades sonrosadas del poema, cae la mención del «terrible viaje largo» al cual

> *empuja el ronco viento amargo*
> *cuyo siniestro nombre hiela.*

[«El clavicordio de la abuela»)

Y si el hombre se sintiera inclinado a la fácil estratagema de olvidarla —la artimaña anacreóntica—, de poco le sirve:

> *Por ella nuestra tela está tejida,*
> *y ella en la copa de los sueños vierte*
> *un contrario nepente: ¡ella no olvida!*

[«Thánatos»]

Le obsesiona el «espantoso horror de la agonía», según declara en «Spes». Y en todos los tumbos y bordadas que va dando por su atormentada desorientación, se siente que le persigue, como fantasma salido de las nieblas de su mar interior,

> *el espanto seguro de estar mañana muerto.*

«Ciertamente en mí existe desde los comienzos la profunda preocupación del fin de la existencia, el terror a lo ignorado, el pavor de la tumba...», escribió en *Historia de mis libros*, al comentar, precisamente, «Lo fatal».

¿POSIBLE AURORA?

¿Aurora de otra luz que no sea ni la de los sentidos, ni la de la conciencia, las dos fracasadas, porque cada una hace fracasar a la otra? ¿Una tercera luz? En este horizonte fosco y cerrado de la reina de los terrores apunta un resplandor, un vago tornasol. No viene por los ojos, lo perciben, sentido más delicado, los oídos:

La dulzura del ángelus matinal y divino

que diluyen ingenuas campanas provinciales
en un aire inocente a fuerza de rosales,
de plegaria, de ensueño de virgen y de trino

de ruiseñor...

[«La dulzura del ángelus»]

Es una promesa de claridad, insinuación y aviso de alba, para la vista, pero que no se hace por vía de ella, sino por el camino del oír. Son campanas que prometen claridades, en el seno mismo de la terrible deriva vital, en la que el ánimo desgobernado va viviendo al garete:

Y esta atroz amargura de no gustar de nada,
de no saber adónde dirigir nuestra prora,

mientras el pobre esquife en la noche cerrada
va en las hostiles olas huérfano de la aurora...
(¡Oh suaves campanas entre la madrugada!)

Darío, al explicar esta poesía, dijo palabras muy importantes: «presento como verdadero refugio la creencia en la Divinidad y la purificación del alma, y hasta de la naturaleza por la íntima gracia de la plegaria».

HACIA LA LUZ TERCERA

¿Será ésa, la que tan delicadamente traducen las campanas en sonidos, la luz que todo lo esclarezca? Llorando a Paul Verlaine, en el tan debidamente famoso «Responso», al final de una serie de imaginaciones puestas todas bajo el signo de la paganía—Pan, canéforas, sátiros, centauros—, en la estrofa postrera ocurre un misterioso suceso: huye el tropel equino, baña el rostro del poeta la luna casta y compasiva y el sátiro contempla,

> *sobre un lejano monte,*
> *una cruz que se eleve cubriendo el horizonte,*
> *¡y un resplandor sobre la cruz!*

Le ha llegado a Rubén su momento de este resplandor, el que presagiaban las campanas ingenuas. Viene la poesía de plegaria, de oración por la luz. Estas poesías oracionales arraigan en lo muy hondo, muy de ayer, del poeta. En el «Soneto pascual», Darío arma en su memoria un nacimiento sacro, con su María pálida, su San José, sus pastores, seguro retorno a su memoria de los nacimientos de su infancia. Se lo describe encantadamente a sí mismo en los dos cuartetos, los de su ayer, y entonces dice, ya en su hoy:

> *Esa visión en mí se alza y se multiplica*
> *en detalles preciosos y en mil prodigios rica,*
> *por la cierta esperanza del más divino bien,*
>
> *de la Virgen, el Niño y el San José proscripto;*
> *y yo, en mi pobre burro, caminando hacia Egipto,*
> *y sin la estrella ahora, muy lejos de Belén.*

Semejante estado de plegaria tan sólo aquí ocurre con esos acordes fáciles, de plácida serenidad. Sus otras presentaciones son más agitadas. En una—«Sum»—el sentimiento rompe con violencia brutal, es como el estallido de esta nueva vivencia de la oración desesperada. Comienza mirándose en su situación aquella de ceguera mediterránea, la descubierta en «Eheu!»:

> *Cuatro horizontes de abismo*
> *tiene mi razonamiento,*
> *y el abismo que más siento*
> *es el que siento en mí mismo.*

Ya conocemos a esta forma abismática de la conciencia que prosigue discurriendo por el poema con cierto dominio de sí, envuelta en metáforas:

> *Hay un punto alucinante*
> *en mi villa de ilusión:*
> *la torre del elefante*
> *junto al quiosko del pavón.*

Mas he aquí que de pronto se quiebra el discurso para que irrumpa el grito:

> *Rosas buenas, lirios pulcros,*
> *loco de tanto ignorar,*
> *voy a ponerme a gritar*
> *al borde de los sepulcros:*
>
> *¡Señor, que la fe se muere!*
> *¡Señor, mira mi dolor!*
> *Miserere! Miserere!*
> *Dame la mano, Señor...*

La angustia del ignorar se asimila a la locura. Es decir, la impotencia de la razón vale tanto como la pérdida de la razón. No queda más que la instancia, a gritos, al Altísimo, a la mano única que le puede sacar de los dos abismos, el de Venus, y el de la conciencia. Es la oración lancinante del pecador. El alma frágil a quien se le iban los ojos tras los siete mancebos, los siete pecados, se retuerce compungida por su incidencia en el estado de pecado e implora la sola ayuda que le puede salvar:

> *Jesús, incomparable perdonador de injurias,*
> *óyeme; Sembrador de trigo, dame el tierno*
> *pan de tus hostias; dame, contra el sañudo infierno,*
> *una gracia lustral de iras y lujurias.*

[«Spes»]

Allí está su única esperanza contra el terror obsesionante, el de la reina de los espantos:

> *Dime que este espantoso horror de la agonía*
> *que me obsede, es no más de mi culpa nefanda,*
> *que al morir hallaré la luz de un nuevo día*
> *y que entonces oiré mi «¡Levántate y anda!»*

He aquí, ya nombrada—«luz de un nuevo día»—por el mismo poeta, la tercera luz.

EL CORAZÓN OFRECIDO

Éste es aquel corazón que se ofrendó a Venus, diciéndole:

> *Reina Venus, soberana*
> . . . .
> *por ti mana*
> *sangre de los corazones.*

> [«Dezir»]

Es aquel

> *corazón mío, henchido de amargura*
> *por el mundo, la carne y el infierno.*

> [*Cantos de vida y esperanza*, I]

El corazón por el que corría la «savia del universo», la sal marina, transmisora de la fuerza de las sirenas y los tritones; el dedicado a todas las palpitaciones del erotismo. Y ahora su dueño invoca a Cristo, en «Canto de esperanza», para que cure al mundo de sus plagas horribles:

> *¡Oh, Señor Jesucristo!, ¿por qué tardas, qué esperas*
> *para tender tu mano de luz sobre las fieras*
> *y hacer brillar al sol tus divinas banderas?*

> *Ven, Señor, para hacer la gloria de ti mismo,*
> . . . .
> *Y tu caballo blanco, que miró el visionario,*
> *pase. Y suene el divino clarín extraordinario.*
> *Mi corazón será brasa de tu incensario.*

Nuevo, inesperado destino, que marca a su corazón el que siempre lo tuvo sumiso a las órdenes de la furia erótica.

LAS ANGUSTIAS DEL ARREPENTIDO

Y, no obstante, ese nuevo estado de alma no logra, tampoco, la paz ansiada. Estado de remordimiento, intento de escapar de unas tormentas, caída en estas nuevas del pecador arrepentido, huyendo de sus pecados y sin fe en el perdón:

> *Mi pobre conciencia*
> *busca la alta ciencia*
> *de la penitencia;*
>
> *mas falta la gracia*
> . . . .
> *No hallo todavía*
> *el rayo que envía*
> *mi Madre María.*
>
> [«Salmo»]

Contra el impulso penitencial y la confianza en el resultado de su ejercicio, se interpone la pesadumbre de su pasado:

> *Aun la voz no escucho*
> *del Dios por que lucho.*
> *¡He pecado mucho!*

Y ni siquiera en este instante se siente liberto de su erótica servidumbre:

> *Fuegos de pasión*
> *necesarios son*
> *a mi corazón.*

Si este poema es de los de inferior grado de realización en la lírica de Rubén vale mucho por su evidencia de documento espiritual, impronta profunda de las luchas del alma. Es el forcejeo de un anhelo que aletea flojamente y no logra alzarse porque se lo impide la pasión pecadora, sujetándole a su erótica fatalidad. Lo más que le queda es la expresión de un deseo, puramente condicional:

> *Del órgano el son*
> *me dé la oración*
> *y el Kyrieleisón.*
>
> *Y la santa ciencia*
> *venga a mi conciencia*
> *por la penitencia.*

«Salmo» es un ensayo no muy afortunado para captar líricamente esa situación. La visita que en Mallorca hizo a la Cartuja de Miramar, también al borde del mar de las sensualidades, le ofreció motivo para una poesía que despliega y profundiza magníficamente la tragedia del arrepentido. Los monjes, en el centro de un mundo de hermosuras naturales, se encastillan en la forma de vida negadora de toda sensualidad, la constancia en el ascetismo, instrumento de su salvación. El azar colocaba a Darío frente a una dramatización impresionante—allí, en la misma palma de la mano que ese día de la visita le tendió la vida—de su propia tragedia interior.

Estos frailes de San Bruno, pálidos y enjutos, son los luchadores que

> *opusieron, orando, las divinas*
> *ansias celestes al furor sexual.*

Análoga es la tentativa que él siente ahora elevarse, pobre de fuerzas, dentro de su voluntad:

> *Vieron la nada amarga de este mundo.*

También la tiene vista el poeta: la vio al sentir que se iba la juventud, en la «Canción de otoño en primavera», y así lo dijo:

> *La vida es dura. Amarga y pesa.*

La diferencia es que ese descubrimiento de la inanidad de las cosas trajo a esos varones a la Cartuja a cumplir la ley de castidad, de humildad y de obediencia:

> *Que el Mortui estis del candente Pablo*
> *les forjaba corazas arcangélicas*
> *y que nada podría hacer el diablo*
> *de halagos finos o añagazas bélicas.*

Mientras que a él la revelación de la nada y la muerte le deja tan indefenso como antes para los halagos, más o menos finos, del diablo y sus diablesas. La poesía, hasta ahora, se dirige hacia afuera, a los cartujos, en tono de humilde admiración. Pero el poeta está pensando en sí mismo y al llegar la segunda parte del poema se alza él, como su verdadero personaje, a desarrollar el pensamiento que le acucia y que forma el núcleo del poema; el deseo de haber sido como ellos:

> *¡Ah, fuera yo de esos que Dios quería,*
> *y que Dios quiere cuando así le place...!*

La primera palabra de cada cuarteta es un verbo en infinitivo, «poder», «sentir», «darme» (éste es el que más se repite); rige la frase en que el poeta va a expresar lo que hubiera deseado. Téngase en cuenta que, antes de cada infinitivo de ésos, está implícito, sobreentendido en cada caso, un elemento desiderativo, que podemos formular así: «Yo hubiera querido», al cual viene a ajustarse el verbo de deseo. Por ejemplo: «Yo hubiera querido poder...». O «yo hubiera querido que me diera Dios...». El lector lo añade, mentalmente, al iniciarse cada estrofa, que está, psicológicamente, denominada por estas palabras que no se escriben, y que le infunden ese tono peculiar de «ojalá», pero ya en pasado, de un «ojalá hubiera podido ser», particularmente melancólico. Pero Rubén, al callarse la expresión explícita de su deseo, presenta a cada una de las estrofas y a sus sendos complejos desiderativos, no como algo que hubiera podido ser, sino como algo aún posible. Y por este recurso de omisión se revisten las cosas queridas de cierta equívoca posibilidad de ser, todavía; engaño que el alma se hace a sí misma, aprovechándose de esa argucia estilística:

> *Poder matar el orgullo perverso*
> *y el palpitar de la carne maligna.*

Eso «hubiera querido», poder matar, etc., pero como omite precisamente aquellas palabras, el «poder» se presenta externamente como capaz de ser, no como imposible.

> *Sentir la unción de la divina mano,*
> . . . .
> *Y al fauno que hay en mí darle la ciencia*
> *que al Ángel hace estremecer las alas.*

Eso «hubiera querido».

> *Darme otros ojos, no estos ojos vivos*
> *que gozan en mirar, como los ojos*
> *de los sátiros locos, medio-chivos,*
> *redondeces de nieve y labios rojos.*

> *Darme otra boca en que queden impresos*
> *los ardientes carbones del asceta,*
> *y no esta boca en que vinos y besos*
> *aumentan gulas de hombre y de poeta.*

Eso «hubiera querido» que le diese Dios. Manos de disciplinante, que flagelen, y no las suyas, que acarician el pecado.

> *Darme otra sangre que me deje llenas*
> *las venas de quietud y en paz los sesos,*

> *y no esta sangre que hace arder las venas,*
> *vibrar los nervios y crujir los huesos.*

Es el poema de las aspiraciones fracasadas, ronda por un mundo de deseos de perfección —la de los cartujos—, del cual tiene que retornar el poeta, vencido, a un mundo fatal de imperfecciones, el suyo.

«La Cartuja» nos proporciona otra pareja de esas formas simbólicas de los impulsos opuestos del alma, que tanto se dan en Rubén, y que con su recurrencia en nuevas representaciones indica lo permanente del dualismo en su naturaleza. Es el par Ángel-Fauno, sucesor de príncipes y princesas, de Ignorancia contra Olvido, de Cronos contra Eros. Y la estructura estrófica repite, igualmente objetivado en forma verbal, el dualismo interior. En casi toda la segunda parte de «La Cartuja», cada cuarteta tiene una mitad dominada por el Ángel y otra mitad dominada por el Fauno. Véase en ésta:

> *Darme otras manos de disciplinante*
> *que me dejen el lomo ensangrentado,*
> *y no estas manos lúbricas de amante*
> *que acarician las pomas del pecado.*

La división es neta. Manos contra manos. Instrumentos de ángel o instrumentos de demonio. Y lo grave es que la porción primera, la angélica, señala a lo que el poeta desearía ser y no es; y la segunda, a lo que es y no querría serlo. Estas cuartetas hay que colocarlas en esa serie de estrofas rubenianas ya estudiadas cuya unidad sirve como de campo de lucha a los dos principios adversarios; en su misma organización estructural, aparte de lo que sea su concepto, traducen la pugna dramática real, la de la experiencia del poeta, y son una prueba más de esa imposibilidad de separar artificiosamente fondo y forma, ya que el conflicto de su fondo, la oposición trágica, la pelea, dentro de un mismo ser, de dos impulsos modela con absoluta identidad la forma, conflicto, encuentro, otra vez, de dos elementos opuestos en vivo contraste, dentro de la misma unidad estrófica.

¿En qué termina ese soberbio trozo confesional de «La cartuja», tan hermosamente ardoroso y movido? ¿En la decisión, en la luz final? ¿Habrá que escribir aquí el *Incipit vita nova*? No. No es una afirmación de fe, es un echar de menos la voluntad de Dios que le hubiera empujado por el camino de los cartujos. Nueva descripción de la íntima lid entre lo angélico y lo fáunico; batalla de un «¡ojalá hubiera sido!» con un «soy», de un fauno invencible con un ángel insuficiente. No se enciende la tercera luz, la de la liberación del dualismo. El arrepentido sigue retorciéndose entre los tirones del pecado y los del remordimiento.

«La Cartuja» es la queja del hombre incapaz de domeñar lo más fuerte que vive en él: su debilidad. Un querer humano, sin fuerzas de por sí y que, aunque sueña en las que Dios hubiera podido darle, las tiene por imposibles y las contempla melancólicamente, a la triste luz de lo que pudo ser y no será. Un verso hay, de aquellos nacidos a Rubén en «Nocturno», que se podría intercalar, como justo bordón o estribillo espiritual, entre estrofa y estrofa de «La Cartuja»:

Y el pesar de no ser lo que yo hubiera sido.

LAS VISIONES

De la misteriosa *Prose pour des Esseintes* se elevan dos versos cargados de vívido y concreto encanto:

Dans une île que l'air charge
de vue et non de vision...

Sea cual fuese la interpretación rigurosa de esas palabras, cabe tomarlas como fuente de una distinción entre cosas vistas y visionadas, entre presas de los ojos y capturas de la imaginación. En un poeta *vue* y *vision* funcionan siempre simultáneas y en estrecho enlace. Ni vista sin visión, ni visión sin vista. Pero creo que califica a un poeta su capacidad de fusión de la una y la otra, su potencia para crear, ayuntando, como a sus progenitores, a *vista* y *visión*, la luz final del poema.

Por la vista, como sentido, se nos proporciona la percepción ocular; por la visión se nos representan especies de la imaginación que, sin poseer realidad, se toman como verdaderas. La diferencia esencial entre estos dos mundos de *vue* y *vision* estriba en que los objetos del primero son visibles para cualquier mirada humana y capaces de ser aprehendidos por todos, aunque no se vean, de verdad, y se los represente, *faute de mieux*, a manera de visión. Darío, en «Invernal», por ejemplo, se dedica en su soledad de la noche inverniza a forjarse la visión de una amada que está junto a él; la rodea de detalles, el brasero lleno de pedrerías, la chimenea, las almohadas mullidas, las pieles de Astrakán. Esto, si no es, puede haber sido realidad, o serlo en cualquier momento; aunque no se vea allí mismo, ante los ojos del poeta, acaso es visto por muchos, en ese preciso instante, en otro lugar. En cambio, los objetos de la visión nunca son visionados sino por aquel a quien ocurre la experiencia visionaria, en el solo local y tiempo de su alma, y quedan invisibles para los demás.

En poesía, lo mismo lo visto que lo visionado pasan por un proceso de visión. El poeta, aunque se imagine que está describiendo con fidelidad algo que se le apareció ante los ojos cargado de evidencias sensibles, por ejemplo, un espectáculo de ópera, se lo está representando a través de su memoria imaginante. Pero lo *visionado visto* puede haber sido realidad exterior, común a muchos, en la que muchos participaron, sin nada de extraordinario. Mientras que lo *visionado visionario* nunca pasó de realidad interior, de acontecimiento insólito, que sólo fue dable experimentar al visitado por la gracia visionaria. En los componentes de la vista del poeta coinciden muchas formas materiales del mundo externo—así se ve en las poesías exóticas de Rubén—; pero en lo visionado casi todo procede de la fantasía creadora.

Rubén es, a modo de alto poeta, servidor de vistas y visiones. Su sensualismo determina, precisamente, el afán de convertir lo visionado en visto. La noche de Eulalia visión es, claro; pero se empeña el poeta en verla, en proporcionarle todos los atributos sensibles con que la podemos captar cual si fuese un cuadro. En esta transposición de lo que es visión a lo que quiere ser vista, es donde usa liberalmente de su técnica de lo pintoresco, del colorismo y la plasticidad. Ésa es la base psicológica de la triquiñuela del diorama, de los escenarios de «Divagación». Pero si por un lado lo apercibido en visión parece serle insuficiente al sensualista Rubén—a diferencia de lo que le ocurría, por ejemplo, a Bécquer—, también lo visto le deja insatisfecho, y el Versalles auténtico, de un domingo invernal le arranca el

> *hacía mucho frío y erraba vulgar gente,*
> . . . .
> *un vulgo espeso, municipal y errante.*

En la entraña de su poesía está ese deseo de fijar bajo especie de cosa vista la visión que le infunde en cada caso su afán erótico, el beso de Leda con todas sus plumas y señales. Vive en Rubén—aunque por muy otras razones que en Mallarmé—esa fecunda oposición, siempre activa, flotante, en un aire o ámbito cargado «de vue et non de vision». Acaso nada exprese mejor la indisolubilidad de los dos elementos, su destino de colaboración en toda alma de poeta, que ese dicho español que suele aplicarse a artistas, escritores, sabios y demás extraviados de la ruta común: «ven visiones».

Considero a las poesías de Darío más inclinadas a ser de vista o de visión, no sólo por el asunto sino por la voluntad del poeta de emplear en mayor o menor proporción lo sensual para hacer penetrar al lector en el poema, dirigiéndose preferentemente a su sensualidad o no.

En cuanto Darío entra por las minas de su conciencia, cualquiera que sea la época de su poesía, se intensifica su visionarismo. Visión es, y muy temprana, la del soneto «Venus». Visión, de proporciones victorhuguescas, la del «Responso» a Velaine, el sátiro asombrado, al ver en el horizonte la cruz y el resplandor que la corona. Visión jeremíaca, la de «Eheu!», hombre ciego, en medio de una claridad ciega. Visión, en el «Canto de esperanza», de Cristo en su blanco corcel, descendiendo a purificar el mundo. Son todas ocasiones del hombre en que no mira por los ojos mortales, los que se van detrás de la divina carne de la ninfa y empiezan ya a poseerla con la mirada codiciante. Ocasiones de desengaño de esos ojos, cuando se mira con el sentido interior, con la mirada que, cansada de las precisiones de los sentidos, querría ver la verdad por una nueva vía, suprasensorial. Así como la vista corresponde a perfección con la fase del erotismo puro, la visión cuadra a los momentos de lo ultraerótico. Si la vista no alcanza a dar con la plenitud de la vida, ¿no podría arribarse a ella por las visiones?

LA MUJER-VISIÓN

La tentativa más hermosa de Rubén por este nuevo sendero está en su poema llamado, precisamente, «Visión». Se origina en dos grandes tradiciones visionarias, la de la Biblia y la de Dante, pero las imágenes evocadas son de más complicación porque se entrecruzan con reminiscencias de Piranesi, el dibujante de las ruinas. Se acumulan soberbios materiales:

Hierro y piedra primero, y mármol pario
luego, y arriba mágicos metales.

Colosales águilas de alas abiertas, flotando en una atmósfera de luces y vida. Pero el centro de todo es una blanca paloma en el seno de una lunar albura:

alada perla en mística laguna.

El pasmo del poeta le arranca el grito de interrogación:

Y yo grité en la sombra: —¿En qué lugares
vaga hoy el alma mía?

La que le trae la respuesta, purísimamente coronada de azahar y rosa blanca, es Stella.

En la simbología particular al poeta, Stella es una figuración a la que Rubén reserva lo más cándido y puro de su alma, su más destilada concepción de la hermosura espiritual. Responde, sin duda, en su realidad humana al recuerdo de su esposa muerta, cruzado en su imaginación con la Stella de Edgar Allan Poe. «El poeta pregunta por Stella», en *Prosas profanas*, es una pródiga secuencia de imágenes de la poesía más *lilial*, más *alba*, de todo lo que escribió; el lirio, la flor compendiosa de la blancura de los cisnes, de los místicos cantos celestes, de las hostias y las anunciaciones, es el intermediario que busca el poeta para suplicar de él noticias de Stella,

la hermana de Ligeia, por quien mi canto a veces es tan triste.

Su alma ha de andar por regiones sin mácula y sin pecado, y acaso el lirio, flor propia y natural de esas excelsitudes, la haya visto alguna vez.

Stella reaparece aquí en «Visión» con los mismos atributos, y con el oficio de intérprete y soltadera de las maravillas enigmáticas que tiene el poeta delante. Y que no son otras sino las del reino del gran florentino, de la *Commedia*. La paloma vale por Beatrice. Pero las palabras más significantes de Stella son aquellas que explican la esencia de ese mundo en que ha entrado el poeta:

Aquí conspira
todo al supremo amor y alto deseo.

Los dos nombres, de incesante aparición en la lírica rubeniana, «amor» y «deseo» se hallan realzados ahora a una nueva altitud por gracia de sus adjetivos, «supremo» y «alto». Este amor y este deseo no son de los que utilizaban al cisne o navegaban para Citera, en busca de su cumplimiento. Al colocarse al amparo de Beatrice, su sentimiento amoroso se acendra y vislumbra otro modo de amor, de prodigiosas potencias lustrales, y prorrumpe en palabras de admiración y reverencia:

—*¡Oh, bendito el Señor!*—*clamé*—; *bendito,*
que permitió al arcángel de Florencia
dejar tal mundo de misterio escrito

con lengua humana y sobrehumana ciencia,
. . . .
ante el cual abismado me prosterno.

Y las corona con una expresión desiderativa:

¡Y feliz quien al Cielo se levanta
por las gradas de hierro de su Infierno!

La dicha que ahora le tienta, temblándole el ánimo, no la carne, es alzarse hasta esas celestes eminencias, de donde viene como enviada Stella. Las gradas de hierro bien pueden significar el camino de los pecados, el infernal, por él tan hollado, y que podría—después de todo—acabar en gloria o salvación. El estado de deseo es gemelo del de «La cartuja»: «felices los que pueden, castigando su sensualidad, lograr la ayuda de Dios».

Con una diferencia. Y es que ahora no se lo inspira la vista de los cartujos, sus tétricas y enjutas personas silenciosas, sino esa figura *angelicata* de Stella, que desaparece de la poesía como aquí se dice:

> *Ella, en acto de gracia, con la mano*
> *me mostró de las águilas los vuelos*
> *y ascendió como un lirio soberano*
> *hacia Beatriz, paloma de los cielos.*
> *Y en el azul dejaba blancas huellas*
> *que eran a mí delicias y consuelos.*
>
> *¡Y vi que me miraban las estrellas!*

Cuando así se va, por lo sumo, ¿quién duda que lo que llega al alma del poeta es como un sueño de seguir las huellas a Stella, de volarse él también por ese nuevo rumbo, hacia la tercera luz?

Porque en este poema dominan dos símbolos, antagónicos en su sentido, de otros que en su forma son los mismos. La paloma de los cielos, la señora de ese mundo visionado, se opone a la paloma de Venus, la de los arrullos amorosos. Y esta Stella es la buena, su buena estrella, que se gana ahora su mirada, mucho más que la otra, la estrella Venus, la del abismo, la que miraba con «triste mirar».

Los ojos de la visión, los ojos del alma del poeta, abandonan toda vista material, la zona de lo visible por sus ojos corporales, yéndose detrás de esa cándida sombra ascendente, con voz de ruiseñor y ceñida de azahares. Los lleva, más arriba de ninguna terraza versallesca o selva de Diana, a los campos rasos del cielo. Ésta no invita con gracias físicas a ser poseída, como las demás; con su incorporeidad voladora convida a que se la siga. Y no es un fin, un objetivo del deseo. Es una guiadora, una conductora del alma hacia la claridad, un signo de salvación. Stella, estrella, luce como un rumbo, en la angustia de no saber adónde vamos ni de dónde venimos. Han fracasado las otras amadas de la vista y por la vista; las de la carne ligera que le embaucaron, poniéndole ante los sentidos el espejuelo del falso, eterno Edén. Y ahora surge la amada de visión, la certera, sabedora del único camino que va para el Edén verdadero. Lo femenino, quitándose y poniéndose trajes y nombres, disfrazándose de novedad, estuvo siempre empujando al pobre pecador, embelesado en el pecar, hacia su perdición. Con Stella la femineidad se despoja de gravedad carnal, y en figura incorpórea y leve le invita hacia su salvación.

LA TRAGEDIA DE PSIQUIS

Nos encontramos en el ápice de la situación trágica del arrepentido atormentado, ya abiertos sus ojos por la conciencia, que ha tenido ya la visión y conoce el camino de Stella, pero que le faltan los últimos bríos, los que le sacasen del forcejeo en que están trabados el ángel y el fauno, y dieran el premio—su vida—a lo angélico. En tal situación quedará para siempre la lírica de Rubén. Quiso trasponerla, no pudo. Claridades entrevistas, luces finales vislumbradas, la paz que aguarda del otro lado de la borrasca, se le negaron. Y en una poesía, «Divina Psiquis», quedó estampado con trazos inolvidables el desenlace de esta tragedia del alma, pungente entre todas porque consiste en no hallarse el desenlace, en dejarse al ser humano enlazado en las ataduras fatales de las que ansía soltarse. Solución plasmada por Miguel Ángel en sus esclavos, por Velázquez en sus monstruos, la solución por excelencia del arte: convertir la postura retorcida, la figura abortada de un cuerpo que sufre entre ligaduras o deformidades, en forma hermosa—manteniéndose estrictamente fiel a la tristísima verdad de su apariencia, pero extrayendo de ella serenidad y templanza para el ánimo que la contemple. Dar a lo que no tiene salida en la humana experiencia la salida parabólica, su conversión en experiencia estética, en poema. Así hizo Darío en estos versos de «Divina Psiquis», que se me representan como su testamento, la última voluntad de su falta de voluntad; su última palabra, palabra-voluntad, puesto que la palabra es la forma final y decisiva que toma la voluntad del poeta.

Conforme a la idea griega antigua, se designa al alma bajo símbolo de mariposa. La estrofa primera nos comunica todo lo que ella representa:

> *¡Divina Psiquis, dulce mariposa invisible*
> *que desde los abismos has venido a ser todo*
> *lo que en mi ser nervioso y en mi cuerpo sensible*
> *forma la chispa sacra de la estatua de lodo!*

El poeta carga sobre esa virtud, denotada por imágenes tan leves y delicadas como la mariposa y la chispa, la gravísima tarea de contraponerse a todo lo demás de su naturaleza. Los dos agonistas de esta nueva pareja de símbolos son chispa y lodo.

Psiquis—nuevo mote que lleva ahora aquella alma frágil que «se asoma a la ventana obscura de la torre terrible» en «El reino interior»—es una cautiva:

> *Te asomas por mis ojos a la luz de la tierra*
> *y prisionera vives en mí de extraño dueño:*
> *te reducen a esclava mis sentidos en guerra*
> *y apenas vagas libre por el jardín del sueño.*
>
> *Sabia de la Lujuria que sabe antiguas ciencias,*
> *te sacudes a veces entre imposibles muros,*
> *y más allá de todas las vulgares conciencias*
> *exploras los recodos más terribles y obscuros.*

El alma vive en singular carcelería. No la sujetan con grilletes o manillas; va y viene, con su algo de libertad. Pero la confinan muros imposibles, y por ende esa movilidad sólo le sirve para toparse con las paredes de su mazmorra, para sentir su servidumbre. Y ¿quién la señorea? ¿Quién, el amo de esta cautiva? Amo plural, lo son los siete príncipes, los pecados, operando a través de sus agentes, los «sentidos en guerra»; o sea, en constante estado de afán de poseer, de ganarse su botín de goces. Dicho de otro modo: los sentidos no la dejan en paz. La reclusa, inquieta, desciende a los más escondidos lugares de su prisión—la naturaleza humana, la «mina del yo y el no yo»—, se emplea en las acongojadas exploraciones que dirige el concienzudo búho y sólo halla terror y tiniebla. Se va dilatando ante nosotros ese panorama de la vida interior del poeta: inexorable ayuntamiento de lo mejor y lo peor, del lodo y la lumbre. Lo mejor—la chispa sacra—no imperando, cual cumple a su condición suprema, sino rendido, esclavizado a lo peor. Ése es «el extraño dueño». El calificativo llama la atención, y apunta al nudo de la tragedia.

Es «extraño» a Psiquis, a la mariposa, ajeno a ella, como es el mal al bien. Pero, por otra parte, ese extraño no lo es del poeta. Al contrario, es la parte más poderosa de su ser, le es inescapablemente propio. De suerte que se halla Psiquis en la situación de ser una extraña para el mismo que la tiene por alma y que la quiere; de mirar a su mayor enemigo en su mejor amante. El poeta sabe bien que ella es la que más vale. Pero vive humillado al verla sufrir, tal y como se les antoje lastimarla a sus sentidos belicosos. De él son los actos de la sensualidad, que la atormentan; algo, en él también, se opone a su actuar, pero no resiste con energía suficiente, y sólo con los ojos la sigue en sus desesperados aleteos. El amor a Psiquis es únicamente contemplación dolorida de la prisionera, que nunca será libertada y que, con su delicada forma voladora, consuela al mismo que la aprisiona, al operador de los sentidos que la martirizan. Y esta pobre mariposa viene, y va, del extremo de lo que ama al extremo de lo que repugna:

> *Entre la catedral y las ruinas paganas*
> *vuelas, ¡oh Psiquis, oh alma mía!*

Otro pareado de los opuestos—catedral, ruinas paganas.

> *Y de la flor*
> *que el ruiseñor*
> *canta en su griego antiguo, de la rosa,*
> *vuelas, ¡oh Mariposa!,*
> *a posarte en un clavo de Nuestro Señor.*

Tan urgente es en Rubén la necesidad de exteriorización en símbolos de su dualidad, que aquí, apenas expirado el eco del anterior, sale otro nuevo par: la rosa, emblema de la perfección, disfrutable por todos los sentidos, suavísima al tacto, tanto como al olor y a la vista, cifra de las sensualidades exquisitas, y el clavo de Cristo, muestra eterna del triunfo artificial del espíritu, la salvación por el sufrir. Pero lo malo es que Psiquis siempre se posa, nunca se queda. El clavo y la flor son breves apoyos materiales donde se detiene y descansa de su hacer esencial, de su trágica actividad: volar de una a otra cosa, no parar. El que quiera verla quieta, el que quiera ver a la poesía de Rubén fijada en una decisión, en una solución última, descansada, por fin, en la rosa o el clavo, no lo logrará. Porque no para.

Ella esclavizada, y él también. El lector se da cuenta de que el poeta está enamorado de la mariposa, de su alma, que la ama con lo mejor de su querer, y la sigue con mixto sentir de encantamiento y congoja, por su aire interior. Enamorado y sin fuerzas para hacer nada por la que ama. Él, también ligado, atado por las siete ligaduras de los siete príncipes, a lo fáunico, es incapaz de libertar a aquella por cuya libertad suspira. De su sangre y su vida se nutren, a la vez, la encarcelada y el carcelero. Y a la postre el carcelero resulta trágicamente encarcelado en su impotencia de liberar a Psiquis. Es su propio prisionero, porque su suprema forma de liberación sería soltarla a ella, y eso no lo puede. La forma simbólica que adopta su vasallaje a los sentidos, su cadena perpetua, y a la par el sueño de manumisión y libertad, es la mariposilla, incesante, inútilmente activa.

Ella es además, y éste es el peor de sus destinos, la servidora del *otro*. Porque ahora llega a su extremo la condena del dualismo, la desdicha del *homo duplex*. Recordemos los versos de «En las constelaciones»:

Pero ¿qué voy a hacer, si estoy atado al potro
en que, ganado el premio, siempre quiero ser otro
y en que, dos en mí mismo, triunfa uno de los dos?

Uno es el compañero, el enamorado de Psiquis, que la compadece y se compadece en ella, y sueña en libertarla, sueño idéntico y uno con el de su misma liberación; el otro es quien la retiene en su prisión, y se la entrega a sus victimarios, los sentidos. ¿Cuál de los dos es el verdadero, el auténtico? Imposible determinarlo, porque lo son los dos y no lo es ninguno; acaso lo sea un tercero trágico, el tercero en esta discordia: «el que quiere ser otro». Y precisamente la portadora en sus alas livianas de ese titánico querer, de ese volar del uno al otro, por no sentirse contento en éste ni en aquél, la que lo figura, con su incesante pasar de la rosa al clavo, es la mariposilla, es Psiquis. Ella es la que triunfa, ella es la que transporta en sus vuelos el uno al otro: y por eso vivió, sin pausa, como alma que era del poeta—y hasta cuando fingía recostarse, olvidada, en las delicias de la rosa—, en vilo.

Este símbolo, el más tierno y diminuto de todos los que han pasado por la lírica de Rubén, es el que mejor la expresa. Paloma de Venus, cisne jupiterino, pavones dieciochescos, búho penetrante, son estados, fases, que si le contentan un trecho le revelan pronto su insuficiencia. No son en verdad más que puntos de apoyo de la mariposilla vacilante, lugares de posada todos, de los que acaba por volarse al de enfrente, sabiendo que ha de retornar a este que dejó; ése es su sino. Lo único común a toda la poesía de Darío, en cuanto se la mira en conjunto, es el ir y venir de sus afanes de un arrimo a otro, del amparo de Afrodita a la sombra del Crucificado. Es el mariposeo sin salida. Y exento de cualquier tinte de fruslería o frivolidad, como el que suele pintar a la palabra; porque la mariposa de ahora es Psiquis, es el alma, y sus giro-vagancias van dibujando la terrible maraña de la tragedia, del laberinto, del que no se sale ya nunca.

9
CUÁL FUE EL TEMA DE RUBÉN DARÍO

Es el erotismo, el afán erótico del hombre. Se ve de primeras, apenas se leen unos cuantos poemas suyos. Pero estas páginas se escribieron con el propósito de apartar ese concepto de lo erótico de su acepción simple y superficial; para ir viendo cómo el erotismo es en su lírica manadero de tantas y tales complicaciones psicológicas, de tantas situaciones poéticas, que rebasa todos los lindes de lo puramente sensual. Dominada está su poesía, de principio a cabo, por el afán erótico; el apetito, la demanda de su satisfacción material, no le abandona nunca. Lo variante son las respuestas que él mismo se inventa a esa solicitud de los sentidos, y *los grados de satisfacción que le procuran.*

En ciertas fases, la hedonística sobre todo, parece que el deseo se cumple a cabalidad con la posesión de lo deseado. En otras, en la exótica, se corre del cumplimiento a la propuesta de una nueva tentación, de la posesión lograda a la ilusión de la que viene. Nótase una cierta aceleración, una prisa, ritmo precipitado, que mal se compadecen con el sereno disfrute intemporal del pleno goce. Adviene después, como en el «Poema del otoño», la conciencia clara del pasar de lo gozado y lo gozoso, lo huidizo de ese placer que pediría eternidad, pero con ella el intento heroico de vivir a dos vertientes: a la Muerte, sí, pero por el amor. Es decir, que ya no dura la capacidad de los sentidos para contentar el afán; pero dura, y perdura, el afán mismo. Ése es el latido que nunca se apaga en la lírica de Darío. Arde el deseo, cae sobre su meta, realízanse posesión y contento, pero de seguida alumbra la conciencia de que allí no se agota todo el afán. El primer saber, triste saber, que la conciencia y su descubrimiento del vivir en el tiempo traen a Darío es la insuficiencia de lo erótico para conducir al hombre a lo cimero de su dicha y al perfecto cumplimiento de su ser. Desengaño de lo erótico, que sin embargo no determina la renuncia al erotismo. Pacto con la derrota; descubrimiento tras la sed, siempre mal apagada, de una sed más que sensual. Ésta es la primera calificación que se nos da de lo erótico en Darío. Es lo *erótico insuficiente,* lo *erótico insatisfactorio.*

Pero insistimos en que tal deficiencia del erotismo no es bastante persuasiva—vitalmente persuasiva—para que el poeta deponga el frenético empleo de los sentidos, la persecución de su felicidad por vías de los ojos, de los labios, de las manos—por torpes que sean para lo absoluto—, y apartándose del erotismo se adentre por otros derroteros. No. Aunque conozca que abrazo y beso no son síntesis de la eternidad, y estén sentenciados a muerte por el tiempo, el poeta se resiste a hacer dejación de las efímeras delicias, y se traba en su propio engaño, se recrea en sus inventados espejismos. Ya Stella le ha enseñado las gradas por donde podría llegar al otro amor, pero Eros sigue atravesado en el camino, y le extravía con sus seducciones, burlándose cuantas veces quiere. Es, ya, Eros el burlador. Lo terrible es que tenemos sangre de sirenas y tritones, carne de centauros y satiresas. Eso es *lo fatal.* Es decir, lo erótico—por muy insuficiente que se sepa ya—es inevitable. Es un daimon, es una fatalidad del ser humano. Segunda calificación: *lo erótico como fatalidad, lo erótico fatal.*

Vive en el hombre, que lo quiere y lo rechaza, que lo busca y lo arrojaría lejos de sí, como lo hicieron los monjes de «La cartuja». Pero esa condición de fatalidad da a lo erótico la seguridad de que el hombre le pertenece; la naturaleza demoníaca del erotismo le lleva a encarnizarse en su presa; el hombre es suyo. Lo mismo cuando quiere serlo, complacidamente, que cuando querría huir de él, detrás de su mariposa, de su Psiquis. Lo erótico conoce su poderío y sabe su obligación; no sirve al hombre, aunque lo parezca, se sirve del hombre para su fin sin fin. Y, así, el ser humano y su demonio a veces se estrechan fraternalmente, conviven en paz, son uno, y vence el encanto de los sentidos. Pero cuando, atraído por la voz de ruiseñor de Stella, el hombre siente prurito de romper con su demonio, éste, que sólo puede existir en cuerpo de hombre, se le subleva, se resiste a morir, se empeña en vivir en su presa. Ésa es la lucha del hombre contra su otro, lucha en que es imposible vencer; de todos modos se sale vencido, en uno de los dos, puesto que el enemigo va en la sangre, desde Adán. Hay que concebir esta lucha al modo unamunesco, como la misma razón de ser de la vida. Los adversarios se conocen, son hermanos, un Abel y su Caín, y hasta se quieren, como cuando se simbolizan en los príncipes y las princesas. Lo erótico y su contrario se dan enlazados, trágicamente complementarios. No hay que aceptar esa fácil dicotomía de dos estilos, dos épocas, dos momentos de la tan socorrida evolución. Son dos agonistas, presentes en la misma alma desdichada desde el primer día, desde «Venus» y «El reino interior», tienen sus treguas, se entienden alguna vez que otra, pero lo más del tiempo se lo pasan en pugna, y así obligan a la pobre alma a no parar, a vivir casi siempre en vuelo, de la rosa al clavo de la cruz. La mayoría de las ocasiones parece que uno sale victorioso; en otras se presiente que triunfará el adversario. Pero nunca hay vencedor, la lucha no se resuelve. Y eso nos lleva a la calificación—la más importante hasta ahora—de lo erótico en Darío como lo *erótico agónico*. Lo erótico que lucha por no morir. El afán amoroso se obstina arteramente en que el poeta lo confunda con el mismo afán vital; cuando le entra la duda defiende su existencia pugnazmente contra todo lo que en el poeta se opone a él, y mueve la guerra por seguir señoreándole. ¡Cuántas veces le gana, le convence de que vida y erotismo son la misma cosa, y que nada se necesita fuera de él! Pero necesita luchar por su hombre, y nada distingue mejor a la poesía rubeniana que ese *sentimiento agónico del erotismo*.

La lucha es desgarradora. El erotismo complacido es el que se lleva los frutos dulces: alegrías de los sentidos, delicias del mundo externo, viso de felicidad. Al erotismo agónico, a este que se revuelve lidiador en los senos del alma humana, no le quedan más que los frutos ácidos: dubitaciones, combate interior, aflicción, desgarramientos. De modo que todas aquellas condiciones que suelen asociarse con el erotismo en poesía, lo gracioso, lo placentero, los gustos colmados y la vida fácilmente dichosa—aunque tengan sus representaciones en la lírica de Rubén—, van pasando a término segundo, a personajes menores, en cuanto tienen que compartir la escena con las grandes sombras, las primeras actrices de la angustia. Lo erótico rompe esos moldes frusleros de amanerada gracia, anacreóntica o dieciochesca, y entre los tiestos de esas figurillas de terracota, de esas porcelanas de la manufactura de Sèvres, erige ante nuestros ojos una nueva hechura, titánica y atormentada, de sorprendente grandeza. *Es lo erótico trágico.*

Ya se entiende que un erotismo señalado por estas calificaciones no vive confinado en su propio círculo, no puede acabar en sí. Lo erótico puro es un recinto del goce, demarcación de nuestra vida, toda cercada de delicias que lo amurallan contra lo exterior, lo aíslan de cualquier pesar o desdicha, y le aseguran el disfrute regalado de sus placeres en aquel breve mundo aparte. Góngora se inventó en «Angélica y Medoro» una de las más hermosas localidades del erotismo que tenemos en poesía castellana:

Todo sirve a los amantes,
plumas les baten veloces,
airecillos lisonjeros,
si no son murmuradores.

Los campos les dan alfombras,
los árboles pabellones,
la apacible fuente sueño,
música los ruiseñores.

El «todo sirve a los amantes» es la consigna de ese erotismo en pureza. Ellos, en el centro. La sensualidad absoluta actúa a modo de fuerza centrípeta y atrae hacia su apetito, hacia su voracidad, todo lo del mundo.

Se hunde, se profundiza el embeleso
de dos destinos, en la misma sede,

dice Jorge Guillén, en el mismo poema donde habla de la «gloria de dos». Pero este erotismo rubeniano, ése tan complejo, por razón de su naturaleza trágica y agónica, de su condición insatisfactoria, funciona con respecto a las potencias del ser humano, por modo centrífugo, impulsándolas del otro lado de la raya de su círculo lindante, disparándolas ansiosamente hacia otro espacio. Por eso se le puede dar como última y definitiva calificación la de *lo erótico transcendente*. Nacido en los sentidos, criado en ellos, medrado con su ejercicio, va sin embargo alumbrando en el hombre, asistido por el tropel de tantos deseos simplemente eróticos, un deseo de otra calidad que, alimentado y apoyado en lo sensual, se lo deja atrás. No desaparece lo erótico; conforme al concepto de lo transcendente queda allí, transcendido, dirigiéndose a otra cosa. Rubén, por eso, fue siempre poeta erótico; lo hermoso y profundo de su lírica está en su manera de vivir lo erótico, por todas sus modalidades, gozosamente, angustiadamente, en su haz de carne divina, en su revés de esqueleto desengañador, ahora como juego, después como martirio. La filosofía moderna—así en Simmel, en Scheler, en Heidegger—afirma como propiedad señera y distintiva del ser humano la transcendencia. Cuando el erotismo de Rubén ingresa en esa fase, cuando él lo vive de modo transcendente, le está dando, pues, el más alto destino humano que le cabe. Humanizándolo en lo más profundo y específico del hombre. Si su lírica es accidentada crónica de la perdición del poeta, incapaz de asunción a la tercera luz, es, a la par, una salvación del erotismo. Lo rescata Rubén, con su modo de vivir líricamente su tema, de los usuales apellidos diminutivos: frívolo, graciosamente fútil, liviano. O—por la otra banda—obtuso, grosero, impenetrable a toda fluidez del espíritu. Lo erótico no queda en los profundos de lo humano, en la zona más sumida del hombre; sube con él a las más vertiginosas alturas, donde le toca por fin el aire de la purificación.

TRADICIÓN DEL PECADO

Se le tiene por poeta innovador, por corifeo máximo de lo moderno, y él personifica con más autoridad que nadie lo modernista. Pero cuando su poesía se mira entrañadamente, y se distingue su tema, lo vemos colocado en la más antigua tradición del hombre: la tradición del pecado. Su tragedia es la paradisíaca, la que se representó en el escenario que no volverá, el Edén. Sus versos fulguran con pulcritudes y brillanteces de nuevo lustre, y no obstante todo se refiere, como a su origen, a la lucha de lo humano contra otro impulso de lo humano. Si es original por versificador—dando al vocablo su sentido literario de nuevo, de diferente—, lo es más por su tema: la culpa, la falta de donde se origina nuestra condición humana, la situación del pecador y su arrepentimiento, el pecado original.

Y ahí Rubén Darío se suma al gran escuadrón de los poetas españoles—desde el Canciller Ayala a Unamuno—que hicieron alma de su obra a este encuentro del *uno* con el *otro*, a la angustia del pecador y su pecado. Tanto que se recuerda a Verlaine, en la parentela espiritual de

Darío, ¿es que hay razón para olvidar que Lope de Vega vivió el mismo drama de los dos, con una amplitud y riqueza de matices incomparables? Pero, aun antes de que la lengua castellana viniese a nacer, otro poeta de España, el mayor de los latinos cristianos, Prudencio, escribió su *Psicomaquia*. Desarrollo prolijo de los encuentros entre los que Rubén llamaría príncipes y princesas, vicios y virtudes. Prudencio alegoriza en nobles tonos épicos las vicisitudes de esa guerra del reino interior. Rubén es plenamente un poeta psicomáquico, que, en lugar de dilatarse por la alegoría narrativa, cifra su psicomaquia en condensaciones líricas.

Es hora de que se olvide, cuando en él pensemos, eso de poeta de abanico, de rimador cómplice de sensualidades elementales, propio para recitaciones donde se desenfrene orgiásticamente el sentimentalismo moceril o senil. Gran lírico agónico, en unos versos de escasa virtud lírica, en el soneto «Toisón», nos entregó, de su propia mano trazada, su misma imagen de poeta sacrificial:

> *Soy Satán y soy un Cristo*
> *que agoniza entre ladrones...*
> *¡No comprendo dónde existo!*

El erotismo fue su pasión; y su muerte. Se le fingió paraíso y le salió calvario. Lo erótico fue su cruz y allí se pinta él, clavado en lo erótico, agonizante. Crucificado termina, y a la diestra y a la siniestra de su agonía los dos ladrones, últimos símbolos de la dualidad, el buen ladrón, el mal ladrón, lo angélico y lo fáunico. Así, entre ellos, tenía que morir, porque entre ellos vivió. Su poesía es pasión y muerte de lo erótico. Y, a través del drama de la agonía, su salvación final. Pero el erotismo no se salvó en los brazos de las musas de carne y hueso, brazos que se enlazan, alrededor del amante, cerrados y le forman el círculo mágico, redondez del goce, de donde no se quiere, no se puede salir. Tuvo que acogerse a los brazos de la cruz, los que no encierran, los que apuntando con sus cuatro extremos a todas las transcendencias, lanzan a lo erótico, allí sacrificado, hacia su redención final.

EL BURLADOR, ¿BURLADO?

Eros el burlador. Este dios, mozo y mañoso, fue el que le condujo, hasta lo alto de su tragedia, de señuelo en señuelo, de Leda en marquesa, de Margarita en ninfa, todas simulacros. El poeta quedó burlado. Pero de allí, del fondo de su burla, de su constante inocencia al dejarse prender en cada treta nueva, sale quizás una vaga figura de su triunfo. ¿Quién podría afirmar, de seguro, cuando se contempla la lírica de Rubén, entera ante nosotros, en toda su superficie, hasta toda su profundidad, y se pasa de Versalles a la mina del ser y el no ser, del susurro de las faldas de sedas al fragor del terremoto mental, cuál fue el último burlado?

10
LA POESÍA SOCIAL

SUBTEMA 1

Con las páginas que van escritas aspiro a probar que el erotismo es el tema de la lírica rubeniana. Quedan luego en su obra bastantes poesías extrañas a la órbita de lo erótico. En su mayor parte son agrupables en dos secciones, correspondientes a dos temas de los que llamamos segundos, o subtemas. Son la poesía social y los poemas sobre la función de la poesía y la significación del poeta. Sumados, en su lugar subalterno, al erotismo, completan el cuadro de los temas rubenianos.

POESÍA SOCIAL

La poesía social es la originada por una experiencia que afecte al poeta no en aquello que su ser tiene de propio y singular, de inalienable vida individual, sino en ese modo de su existencia por el cual se siente perteneciendo a una comunidad organizada, a una sociedad, donde sus actos se aparecen siempre como relativos a los demás.

La pertenencia a un grupo humano se puede sentir en varias maneras. En una de ellas, el individuo se proyecta hacia el pasado de una colectividad humana de gentes desaparecidas, de muertos, que él continúa y representa en su voz. Es *el modo histórico*.

En otro, el poeta se vive como miembro de una comunidad cuyas características las fija el hecho de habitar secularmente un mismo lugar de la tierra, en convivencia de usos, lengua, etc. Es *el modo nacional*, que puede reducirse hasta el regionalismo, o ensancharse hasta la continentalidad.

También puede definirse la sección de sociedad en la que se ve inserto el poeta por la participación de los que la integran en un credo social o político idéntico. Es *el modo político.* Dicho sea de paso, la costumbre de reservar para este tipo de poesía tan sólo el nombre de poesía social se me antoja abusiva e impropia. Las obras nacidas de cualquiera de los modos de sentir la sociedad son todas propiamente sociales. Y a las de este apartado les corresponde, en propiedad, el nombre de poesía política, con su secuela de poesía de propaganda.

Y cabe, por último, el caso de que el sentimiento de comunidad sea vivido por el poeta, sin limitación alguna; no por referencia a tal o cual sector de la sociedad de los hombres, sino a toda ella, a los hombres del universo. Es *el modo humanitario.*

DARÍO Y LO SOCIAL

No llego a explicarme cómo a Rubén se le ha regateado, o negado, la consideración de poeta social importante, cuando se tienen a la vista tantas y tan excelentes poesías suyas salidas de este tema. Es más, no hay ninguno de los modos de sensibilidad social recién apuntados que no tenga representación en la lírica de Darío.

Desde muy mozo le cercan las experiencias políticas. De la política entendida a lo provincial y ramplón, se queja el poeta, hablando de su patria. Apenas amanece Rubén a la vida pública le esperan problemas políticos, el más ingente el de la unión centroamericana. Y su adscripción al periodismo convierte la preocupación por lo social, que en el fondo de su naturaleza no era la más urgente, en una especie de obligación profesional. Rubén no puede permitirse el soberbio lujo de concentrar su interés en lo que le ande por dentro; le pagan para que se fije en lo que pasa por su alrededor, y se lo cuente, más o menos poetizado, a los lectores. La profesión periodística le pone en el trance de vivir en el momento, en la actualidad de lo político, más aún, de terciar en ellos, con su opinión y aviso. Abundan en su obra en prosa artículos de ese jaez, algunos célebres para la historia de su pensamiento, como los dedicados a España a raíz del desastre y el que escribió contra Teodoro Roosevelt en 1910.

Sus viajes, sus residencias en países varios le aleccionan en las formas diferenciales de la sociedad humana, según vivan al pie de los Andes o en las márgenes del Sena. Ciertas cosas americanas no se ven bien desde América, y se aclaran vistas desde Europa. Y lo mismo sucede con lo europeo, que cobra, mirado desde la otra banda del Atlántico, rasgos y coloraciones imperceptibles desde su propio suelo. En París, por ejemplo, Rubén Darío, amistado sobre todo con americanos, sentía crecer una especie de *saudade* política ultramarina. En las reuniones tenidas en su casa «la conversación giraba particularmente sobre la política continental de América» (Contreras).

Además, sus empleos diplomáticos, ya permanentes, ya ocasionales, le impusieron el deber de participar él mismo en la trama de la política. En su calidad de delegado de Nicaragua a la Conferencia Panamericana de Río de Janeiro de 1906, y como ministro y cónsul de su país, Darío hubo de manejar, aunque delgadísimos, algunos de los hilos con que se va tejiendo lentamente la tela penelopesca de la política. Así se ve en sus cartas al presidente Zelaya.

Cuando Rodó escribía: «No cabe imaginar una individualidad literaria más ajena que ésta del autor de *Azul* a todo sentimiento de solidaridad social y a todo interés por lo que pasa en torno suyo», tenía parte de razón. Muy encandilado entonces por las suntuosas iluminaciones del «arte por el arte», declara el propio Rubén que su verso, el que canta a Halagabal, jamás podría servir en encomio de un presidente de república. Pero desde que dobla el siglo la poetización de la experiencia social del presente va haciéndose costumbre en su obra. No me parece muy aventurado pensar que el desastre español del 98, hondamente significante—ya con uno o con otro signo—para todo hispanoamericano, fue el suceso histórico que hizo presente con brutal claridad a Rubén Darío que para un ser de su generosidad de alma no hay torre de marfil que resista a ciertos golpes del destino histórico.

No se me aparece Darío, ya en su figura psicológica, como turrieburnista de vocación ni solitario de nacimiento. Lo veo como uno de esos hombres que se sienten demasiadamente acompañados en compañía, y harto solos en la soledad. Había en él un obvio terror a la soledad marfileña. Por lo que en ella le esperaba, que ya lo sabemos:

La torre de marfil tentó mi anhelo;
quise encerrarme dentro de mí mismo,

y tuve hambre de espacio y sed de cielo
desde las sombras de mi propio abismo.

[*Cantos de vida y esperanza*, 1]

«Tentó»; «quise encerrarme». De la tentativa, del principio de voluntad no ha pasado. Necesitaba vivirse en el mundo de los sentidos y de los hombres. Con ellos, y sin ser muy melindroso en cuanto a su calidad, porque tuvo amigos entre personas de lustre y gente raez. Él llevaba su torre de marfil a cuestas; no necesitaba materializar ese anhelo de retirarse, retrayéndose a un lugar aparte, sino que le bastaba con recogerse en su alma, que

se juzgó mármol y era carne viva.

De ahí su aire de sonámbulo, de hombre que está y no está donde se le ve, que anda con los que andan y está solo. Esta poesía social suya es la más fácil de referir a sus actos del mundo. La que más se le ve desde fuera: la que se le ve nacer en su chispa y prendimiento primero, del montón de acepilladuras y virutería que va quedando de la obra de los días, de los sucesos, combustible de la historia.

SOCIEDAD EN PASADO: LO HISTÓRICO

Cuando el sentimiento de comunidad social se proyecta retrospectivamente, sobre un tiempo pasado, por el poeta, su obra cae inevitablemente dentro del foco de luz de lo histórico, en alguna de sus modalidades. El hombre que vive en la compañía de otros que fueron, despierta en sí un grupo de sociedad extinguido, muerto, reconstruye más o menos ilusoriamente sus particularidades, y se coloca él en su centro para recibir de lo que le rodea—por él convocado o evocado— esa afluencia de sentir en común. Semejante tipo de poesía social ha sido el que predominó muchos siglos en la literatura; las grandes epopeyas, tanto las cultas como las populares, diluyen en millares de versos la aspiración del poeta, a sus lectores comunicada, de revivirse en un ayer hazañoso o aventurero con aquellos hombres que lo vivieron de verdad, de ser uno de los que hicieron; o de asistir a sus empresas, viéndolas. En la época moderna no hay probablemente poeta que supere en esa capacidad de sumarse con su sentimiento a estados históricos poetizables, sintetizando en experiencia poética nueva la experiencia factual pasada como Victor Hugo. *La legende des siècles* es un repertorio magnífico, por su variedad entre otros méritos, de poesía social-histórica.

Por lo general el poeta se siente más sensibilizado para vivirse en una comunidad social pretérita con la que él esté ligado por relación de patria, lengua o raza. Así, la poesía histórica es, lo más a menudo, poesía patriótica. Sucede eso, naturalmente, por un doctrinarismo tan cerrado como el de Zorrilla:

> *¡Lejos de mí la historia tentadora*
> *De ajena tierra y religión profana!*
> *Mi voz, mi corazón, mi fantasía*
> *La gloria cantan de la patria mía.*
>
> [*Cantos del trovador*, «Introducción»]

Esa empecinada limitación contrasta con la soberbia liberalidad de Victor Hugo, en su leyenda no sólo de muchos siglos sino de tantos y diversos países.

¿De dónde podrían venir a Rubén esos llamamientos secretos de unos hombres del pasado, que misteriosamente le ofrecían lo que ellos fueron para que él lo fuese, imaginariamente, a su lado, de nuevo y como otros de ellos? Sin duda, no había en la historia de su patria, de Nicaragua, la suficiente fuerza impulsora para animarle a la poesía de tono histórico. Pero otra forma de la patria, más extensiva, lo americano, lo indígena en su fabulosa unidad de mundo continental precolombino, le hacía señas desde su secreta vida, apenas entrevista. En *Prosas profanas*, el soneto «Caupolicán», todo envuelto en ecos de la elocuencia visionaria huguesca, escoge por protagonista de su lirismo a un héroe de esa América nativa. Pero Darío tiene que ir más hacia atrás, en requerimiento del venero más viejo y más puro de lo americano, en busca de esa distante y vasta patria común, anterior a Colón y a Pizarro. Lo hace en el poema «Tutecotzimí», de singular significación en su lírica. Empresa confiada, en su mayor esfuerzo, a la imaginación exploradora. Darío sabe bien lo que busca, y cómo:

> *Al cavar en el suelo de la ciudad antigua,*
> *la metálica punta de la piqueta choca*
> *con una joya de oro...*

Esa piqueta del arqueólogo la usa como término comparativo de la otra, la del poeta:

> *Mi piqueta*
> *trabaja en el terreno de la América ignota.*
>
> *—¡Suene armoniosa mi piqueta de poeta!*
> *¡Y descubra oro y ópalos y rica piedra fina,*
> *templo o estatua rota!*
> *Y el misterio jeroglífico adivina*
> *la Musa.*

Amparado siempre por la sombra augusta de Victor Hugo, Rubén prodiga en el poema sus mejores cualidades. Por vez casi única, se deleita en la descripción de un paisaje tropical, animadísimo y poblado de plantas, aves y animales, que transmiten su extrañeza misteriosa hasta la rima, porque Darío coloca sus nombres al cabo del verso para que refuljan con mayor brillantez. El poema relata la fundación del reino pipil, sus orígenes, labradores y pacíficos. El pueblo antiguo va surgiendo «de la temporal bruma» con sus caciques, y su poeta bravo y litúrgico. En un momento del desarrollo del breve asunto épico se cierne en el aire la amenaza de la matanza y la guerra. Pero todo se resuelve, casi sin violencia, con la aparición de Tutecotzimí, el hombre que pasaba cantando un canto donde

> *alababa a los dioses, maldecía la guerra,*

y que es elegido por todos como el nuevo jefe, porque los regirá para el trabajo y la paz.

En el poema Darío excava para dar con un solar del pasado iluminado por todos los esplendores históricos y geográficos que se traducen plásticamente a los versos, y por la luz de la bondad humana. Se busca una historia sin furias bélicas, patria del canto y de la sencilla ingenuidad primitiva.

ESPAÑA

Pero el defecto de esa historia es que apenas si lo es; vagas tradiciones, fantasías evocativas, con muy escasa concreción en el tiempo para nutrir en ella ese vasto deseo de hallar un pasado común con otros hombres, de convivir con unos antepasados afines que hayan dejado en los siglos improntas claras y universalmente insignes. Eso lo halló Darío en España. «El abuelo español de barba blanca me señala una serie de retratos ilustres», dice el poeta en el prólogo a *Prosas profanas*. Es como acto simbólico en el que su linaje hispano se le ofrece por suyo, le abre los horizontes desplegados del suelo histórico español para que allí se busque y se sienta las raíces. Y Darío se vivió, para su poesía social-histórica, en España mejor que en parte alguna. Ya en *Prosas profanas* utiliza la figura del Cid, la refina con luces y arreos de pintor prerrafaelista. Pero en *Cantos de vida y esperanza* es donde la gran experiencia histórica española se hace suya, y la siente tan por dentro que de ella sale la poesía al rey Óscar. Su génesis es conocida. Rubén ha llegado a España en enero de 1899. Dos meses más tarde lee en un periódico francés la noticia que sirve de lema a su poesía: el rey Óscar de Suecia ha puesto breve planta en el territorio español, y al pisarlo gritó: «¡Viva España!». Y es este mozo nicaragüense el que se adelanta a la escena histórica, y en magníficos alejandrinos agradece al monarca del Norte su saludo. Pocas tiradas de poesías habrá escritas tan noblemente en castellano para exaltar a un pueblo en sus obras y en sus días, siglo tras siglo, que las fueron viendo nacer. En unos dieciséis versos substancia toda la grandeza hispánica, la que exteriorizada en hazañas ganó mundos y los perdió.

por Lepanto y Otumba, por el Perú, por Flandes.

Es un desfile caudaloso de nombres resonantes, cordilleras traspuestas por las huestes guerreras, el Ande y el Pirineo; nombres de lugares de victoria, patronímicos de la gesta hispana: Isabel, Cristóbal, Velázquez, Cortés. A medida que avanza el largo párrafo ininterrumpido descargando sus riquezas de glorias a los pies del lector, se siente crecer el entusiasmo lírico del poeta, se le ve más y más poseído por el asunto que él pone en marcha y luego le arrebata. Y termina con la famosa y encendida afirmación:

> *¡Mientras el mundo aliente, mientras la esfera gire,*
> *mientras la onda cordial alimente un ensueño,*
> *mientras haya una viva pasión, un noble empeño,*
> *un buscado imposible, una imposible hazaña,*
> *una América oculta que hallar, vivirá España!*

La identificación cordial es completa. Toda esa historia se la adentra Darío. Y sólo por haberla hecho tan suya, por haber vivido en ella como en cosa propia, encuentra esa altura del lirismo y ese acento de verdad humana que rebosan del poema.

De análoga veta psicológica sale la poesía «Cyrano en España». Rubén moviliza en sus alejandrinos a grandes personajes, esta vez más de los hazañeros del arte y de la pluma ve de la conquista y la batalla. A la bienvenida de Cyrano acuden, nombrados por el poeta, Quevedo, Tirso, el Cid, el Romancero y descollante entre todos Don Quijote. La misión de recibir con los mejores honores de España al personaje galo, la desempeña Darío por propia elección y con pleno derecho. Está tan en lo dentro de su papel que tanto en este poema como en el del rey Óscar se le ve llevando él solo todo el peso de esa vivencia de los valores históricos españoles, con dignidad sin par.

Dentro de esos valores, los estéticos son los que le llegan más hondo. Y sus famosas «Letanías de Nuestro Señor Don Quijote» son una canonización poética de un nuevo santo hispánico. Santo patrono del idealismo y la heroicidad moral, virtudes de universal circulación, sí, pero que Rubén personifica en un invento de la imaginación creadora española, y sitúa en su pasado espiritual de hijo de Hispania. A él acude en estos momentos

de tantas tristezas, de dolores tantos,
de los superhombres de Nietzsche, de cantos
áfonos, recetas que firma un doctor,
de las epidemias...

Para que él interceda por nosotros y nos libre de tanta plaga: canallocracia, materialismo, falta de fe. Tan sólo la *Vida de Don Quijote y Sancho*, de Unamuno, está a la par de esta poesía, en su encendido anhelo por interpretar a Don Quijote con el alma entera, viviéndolo, abriéndole toda la vida y sintiéndolo casi, casi, correr por las propias venas. En esta forma de lo histórico, la de los valores humanos creados por la literatura—menos perecedera que otras—, infundió Rubén toda su humanidad, como si un mandato soterraño le empujara a dejarse llevar sin reserva, convertido en un hilo más de calidad única y preciosa, por el caudal secular de lo hispano.

NACIÓN Y NACIONES

La tierra donde se nace, la tierra de nación, es otro de los modos de vivir en lo colectivo, de hallarnos ligados, no ya en el pasado, sino en todos nuestros días, con otros hombres por comuniones constantes, por vínculos de incesante presencia: aires respirados, horizontes abiertos, lengua clarísima, usos familiares, cantos que no se sabe dónde se aprenden, y hasta gustos del paladar, para los otros extraños. Íntimamente unido a este modo *nacional* de la sociabilidad humana, está, claro, lo histórico. Se separan analíticamente, por amor de mejor entendimiento, pero el común pasado es una de las trabas que más cohesión dan a la nación. No obstante, esta conciencia de lo pasado en común, o de lo común en el pasado, no es absolutamente indispensable al sentimiento de lo nacional, y por eso se distinguen aquí. Un iletrado, que nada sepa de las gestas de sus mayores, está sumado a su pueblo con energía y fervor arraigadísimos, tan fuertes acaso como los del hombre culto. La tierra, aquella donde se nace, tiene, como todas las del planeta, su historia-geología, pero está al margen de la otra historia, la que se hacen los hombres; lo más que sufre de ella es alguna gran adición—catedrales o rascacielos—o vastas sustracciones

—obras de la minería—en su costra. Por eso la experiencia comunal de los nacidos en el mismo suelo, la nacional, es por ese simple hecho fortísima y—con la reserva antedicha—separable de la puramente histórica.

Rubén Darío la sintió menos que las otras formas sociales de la poesía. Si se recuerda el capítulo de esta obra «Las patrias de Rubén Darío», se comprenderá más fácilmente que sea así. Varias naciones hacen acto de presencia en su lírica. Pero es difícil ver asomar en parte alguna el nacionalismo.

Veamos a su nación de nacimiento, a Nicaragua, como primer ejemplo. La poesía *nicaragüense* de Darío, «Allá lejos», «Momotombo» y «Tríptico», no puede incluirse en la zona de la poesía social. Son recuerdos, resurrecciones, idealizadas por el poeta, de ocurrencias sobrevenidas a su alma, en su propia intimidad, sin participación común. Es aquel

> *buey que vi en mi niñez echando vaho un día*
> *bajo el nicaragüense sol de encendidos oros.*

El animal, despertado de su olvido otro día, significa en su dulce pesadez una etapa de la vida espiritual del poeta

> *cuando era mi existencia toda blanca y rosada.*

¿Qué importa que aluda en el poema a su nación? Este episodio psicológico no pertenece en realidad a tierra alguna, sino al mundo interior. Por razones semejantes no cabe titular poesía nacional a «Momotombo», aun cuando Darío parece como que desea anclarla en su tierra, al decir:

> *y era en mi Nicaragua natal.*

Pero lo cantado es un prodigio de la naturaleza, un centro de asociación de emociones de Darío, que nunca ha visto más hermosos que allí, sobre la majestad cónica del volcán,

> *¡Los estandartes de la tarde y de la aurora!*

LA POESÍA SOCIAL

«Momotombo» no es paisaje nacionalizado por el poeta; muy al contrario, lo expande, en anchos círculos de símbolos, lo disputa emblema de la Eternidad, siente en sus terremotos «la brama de la tierra» y «la inmortalidad de Pan», le busca padrinos universales, como Colón y Victor Hugo. Lo propiamente nacional apenas vale, junto a esos dos elementos, ingente belleza natural y asociaciones simbólicas, puramente subjetivas.

El caso de «Retorno» es particularísimo. La ocasión que celebra Darío es, como sabemos, la vuelta a su patria, después de largos años de alejamiento. Alienta la emoción del poeta con autenticidad y pureza patentes. Trae humildemente a los pies de su ciudad de infancia, la capital más antigua de sus ensueños, los tesoros que le ha ido juntando la experiencia de la vida:

> *Exprimidos de idea y de orgullo y cariño,*
> *de esencia de recuerdo, de arte de corazón,*
> *concreto ahora todos mis ensueños de niño*
> *sobre la crin anciana de mi amado León.*

No manifiesta el poema nada propiamente social hasta sus últimas estrofas; allí Darío, después de buscar a su país una misteriosa ascendencia pánica y atlántida, le trata no ya como íntima patria de sus soñaciones primeras, sino como patria nacional de muchos. Entramos en lo colectivo y común. Pero ¿imprime algún carácter de nacionalismo exclusivo, de virtud particular, a la patria nicaragüense? Véase:

> *Los Atlántidas fueron huéspedes nuestros. Suma*
> *revelación un tiempo tuvo el gran Moctezuma*
> *y Hugo vio en Momotombo órgano de verdad.*
> *A través de las páginas fatales de la Historia,*
> *nuestra tierra está hecha de vigor y de gloria,*
> *nuestra tierra está hecha para la Humanidad.*

Al principio, conceptos universales que ligan a esta tierra con mitos, con héroes—Moctezuma, Hugo—de generalidad. Y al final, como para desvirtuar lo que pudiera insinuarse de orgullo nacionalista en el verso penúltimo, esa generosa dedicación de la patria a la Humanidad entera, su inmersión—por encima de las lindes fronterizas—en el mundo total humano. Más adelante se opone a la estimación de la patria como grande sólo por lo extenso de su territorio: y al alegar el ejemplo de Dante, que llevó a un solo libro el alma de su tierra florentina, corrobora esa concepción liberal, antimaterialista, de la patria:

> *Si pequeña es la Patria, uno grande la sueña.*

Grande, nunca por el engrandecimiento conquistador, sino por el aumento imponderable que los sueños de sus hijos, y las obras que de ellos se alcen—el caso de Dante—, puedan traer, en riqueza espiritual, a su reducido espacio terreno.

¿No se adivina aquí, pudorosamente celado, que el sueño de Darío era ése: ensanchar los límites de su patria a lo Dante, por gracia de la poesía, sin otros estandartes que los del canto? Si así fue, su sueño le salió verdad. Su nombre ilumina su tierra, su patria, que es mayor desde que él nació en su suelo.

Otras naciones figuran en su obra lírica. Una de ellas con papel principalísimo, de tal magnitud que se merece consideración detallada y aparte: es la República Argentina.

El «Canto épico a las glorias de Chile», por lo que tiene en su origen y en la ocasión que le dio lugar, es más bien poesía de encargo del momento que de brote propio. *El chilenismo* sincero de Rubén halló manifestación mejor en otras páginas en prosa.

En dos poemas, «Pórtico» y «Elogio de la seguidilla», hay exaltaciones de España, en una forma de nacionalismo pintoresco que apresa rasgos exclusivos de la tierra hispana—de Andalucía particularmente—, pero es un nacionalismo de color local, sin filo político, inocente y somero:

> *Francas fanfarrias de cobres sonoros,*
> *labios quemantes de humanas sirenas,*
> *ocres y rojos de plazas de toros,*
> *fuegos y chispas de locas verbenas.*

[«Pórtico»]

Lo español lo sintió profundamente—como ya vimos—en el pasado, en la vertiente social histórica.

Breve es la representación de Francia, sentida a lo social, en la lírica de Rubén, pero muy notable. El soneto a Francia, escrito en 1893, es poesía de vate: el poeta siente la revelación de una fatalidad en marcha, contra su Francia favorita y su París y lanza al aire su aviso augural:

¡Los bárbaros, Francia, los bárbaros, cara Lutecia!

Los dos mundos afrontados, el de su latinidad, un día incorporado en Roma y hoy en Francia, y el otro, el de los bárbaros, se aprestan a iniciar de nuevo otra versión del drama antiguo. Late entre la espléndida majestad de la voz del vaticinio, el temor, la amorosa solicitud de Darío por su «Gallia Regina», la amadísima.

Con todo lo dicho se confirma que Rubén no era poeta de una nación, que no se dejaba encender por la experiencia colectiva de un pueblo limitado y encastillado en sus límites políticos.

LA POESÍA POLÍTICA

Decíamos al hablar de las patrias de Darío que fue un americano completo; por sus largas estadas en países del continente, por su amistad—ya en Europa—con ciudadanos de diversas naciones hispánicas; y luego porque de todos los lugares de América llegaban voces a proclamarle poeta del Continente, que se sentía representado en su gran figura lírica. La política pequeña, la de su nación, la conoció bien; de ella habla con dolor y desprecio, y la da por causa de su salida de Nicaragua. Más tarde fue servidor de ella, como diplomático. Pero su canto se reservaba para una forma de política ultranacional, de raíces que se estiraban por debajo de todo el continente, de México a Patagonia, de mar a mar, política de proporciones espirituales grandiosas, henchida de viento histórico y en la que se estremecían, conjuntamente conmovidos, desvelos y ardicias de veinte naciones. Todo en grande, la desparramada extensión de sierras y sabanas de tres Américas, parte de la del Norte, la Central y la Meridional, poblaciones nobles y misteriosas, las de antes de Colón, en secreta expectativa de siglos, las hispanas y sus cruces. Tradición ahincada y vehemencia de un porvenir, como sus dos fuerzas esenciales. Ahí sí podía prender el fervor poético de un alma como la rubeniana. Esa política iba lastrada de grandezas pretéritas y aviada a otras nuevas, acaso mejores.

«LAS VÉRTEBRAS ENORMES DE LOS ANDES»

El sujeto de esa política en tono mayor no se define por lo geográfico, ni por lo histórico, ni por lo racial, separados. Es un gran cuerpo de humanidad unido a un enorme cuerpo terráqueo, vertebrado, según dijo el poeta, por el atormentado espinazo de los Andes. Más que nacional, y hasta más que continental, la gente que lo habita fue definida por Rubén como entreverado producto de tres mundos:

> *Juntos alientan vástagos*
> *de beatos e hijos*
> *de encomenderos con*
> *los que tienen el signo*
> *de descender de esclavos africanos*
> *o de soberbios indios.*
>
> [«Raza»]

¡Malos aires corren para ese vasto cuerpo de hombres, en los días en que vive el poeta!

La primera poesía consagrada por Darío al continente hispanoamericano se escribió en ocasión del centenario de Colón, en 1892, y vio la luz en una revista española. Era de esperar la clásica pieza de circunstancia, la exaltación del navegante a quien se celebraba, con su retahíla de epítetos familiares. Rubén Darío hizo trizas la fórmula convencional y su poema dedicado al primer Almirante rezuma pesimismo acerbo, sombría desesperación. Mira Darío a toda la América española y doquiera ve guerras intestinas, tiranías de hierro, con tiranos panteras, revoluciones de la chusma, ultrajes al idioma, mengua del amor a Dios. Ningún escritor español del 98 en la cresta de la ola de su sentir pesimista llegó a la crueldad en el análisis, a la dureza en la invectiva, que pone Darío en su visión del desolado panorama americano:

> *Cristo va por las calles flaco y enclenque,*
> *Barrabás tiene esclavos y charreteras,*
> . . . .
> *Duelos, espantos, guerras, fiebre constante*
> *en nuestra senda ha puesto la suerte triste...*
>
> [«A Colón»]

E incidiendo en ese pesimismo transcendental que ve en la vida, en el hecho de nacer, el mal original, causa de los siguientes, dice:

> *¡Pluguiera a Dios las aguas antes intactas*
> *no reflejaran nunca las blancas velas,*
> *ni vieran las estrellas estupefactas*
> *arribar a la orilla tus carabelas!*

Se refugia, románticamente, en el sueño de la sociedad idílica precolombina, en la América del *bon sauvage*, horra de toda perfidia, edad de oro de unos salvajes imaginarios que eran «soberbios, leales y francos», proclamando la superioridad de aquellos Caciques que él no conoció —y por eso le sonríen desde su pasado ilusorio— sobre estos tiranuelos que conoce bien, y justamente le repugnan.

Pero pronto iba a descender sobre la América de Colón, como una enorme sombra, otro problema, que había de ser objeto preferente de su preocupación y tema de su lírica, en los años venideros. Aunque independientes, bien segregados de España, estos países, la derrota tan fácilmente infligida por los Estados Unidos de América del Norte al que fue gran país descubridor y padre, no pudo por menos de agitar los pozos de la conciencia hispánica sobre el valor respectivo de la América Sajona y la de origen ibérico. Ese desastre altera muy poco la situación política del hemisferio americano, pero quebranta en mucho su estabilidad psicológica. Corren las dudas, se despiertan las interrogaciones, se alzan los problemas en los ánimos de los mejores de esos pueblos.

Por las mismas décadas una tendencia política de los Estados Unidos, manifestada en ciertos incidentes que coinciden todos en probar cuán materialmente desamparados se hallan los países hispánicos ante la pujanza norteña, acrecienta en el aire del mundo hispánico el temor a lo que prepara el futuro para él, allá en el Norte. Viene a formularse el problema en estos términos: ¿cuál es el porvenir de esos pueblos, de sus hombres, junto a la tremenda presión que desciende sobre ellos, de un país cargado de población, de juventud, de fuerza y de tesoros, y que en su origen étnico, en su religión y sus formas de vida les es tan distinto y hasta tan opuesto? Maltrecho ya aquel vago respaldo, nada político, sólo moral, que España podía darles desde Europa, solos con su propia suerte, ¿qué les espera? Problema agónico, también, de vida o muerte, de desaparición o supervivencia, el mayor que les salía al paso a esos pueblos desde la Independencia, Darío, alma nunca estrecha, avara ni mezquina, vivió esta experiencia gigantesca de él y de los suyos, en algunas de sus más célebres poesías. Lo vivió en toda su dimensión, en sus alternativas, con dramáticos altibajos, exaltado ahora, desalentado después, auscultando, como oído que se pega a un cuerpo, todos los arrítmicos pálpitos de la gran hermandad consciente hispana.

El primer estado del gran problema, desesperanzada dubitación, pregunta a sabiendas de que no se responderá, lo expresa Rubén usando de nuevo y para fin insólito el símbolo del cisne en la primera de las poesías de «Los cisnes». El origen del mal se designa con precisión:

Brumas septentrionales nos llenan de tristezas.

Hay águilas belicosas, que mueven las alas en son de guerra, símbolo de la fuerza norteamericana. Mas frente a ella se nota una gran falta:

ni hay Rodrigos ni Jaimes, ni hay Alfonsos ni Nuños,

es decir, los abuelos de la progenie hispana, con sus gerifaltes. En dos versos resume la esencia del problema al que hay que hacer cara:

La América española como la España entera
fija está en el Oriente de su fatal destino.

Y, aproximando—en una extraña metáfora—ese estado de duda a la línea, tan familiar para él, del cuello del ave preferida, del cisne, traslada a su curva la expresión de esa situación espiritual de lo americano:

> *yo interrogo a la Esfinge que el porvenir espera*
> *con la interrogación de tu cuello divino.*

¡Quién iba a decir al pájaro, que tantas veces le sirvió para encarnadura exquisita de sus soñaciones eróticas, que llegaría a verse empleado en este menester de servir de símbolo a una experiencia poética de origen social y colectivo! Por ahí se ve cómo el refinamiento estético de Rubén, por muy poderoso que fuese, no lo era tanto como para esclavizarle a sus mundos interiores, a las invenciones de su sensibilidad puramente individual y convertirle, dejándole ensordecido para la honda voz común, en ese residente de la torre de marfil, por el que muchos le tienen todavía. El ave de Leda se engrandece, medra hasta proporciones inusitadas en su historia. Su cuello arqueado no lo contemplan melancólicos enamorados, a la margen del largo de azur; lo miran estremecidos y asombrados millares de almas, que en él encuentran la clara forma del sentimiento de incertidumbre ante el destino que los arracima a todos en una congoja común, recogida en esa curva blanquísima. La poesía se tiñe de negruras. El poeta, siguiendo la línea metafórica empezada, lanza el problema a los cisnes. Pero al final, otro de ellos, con voz que sale, asimismo, más que del ave de un enorme pecho multitudinario que quiere creer, da el grito animador:

> «*¡La aurora es inmortal, la aurora*
> *es inmortal!*» *¡Oh tierras de sol y de armonía,*
> *aún guarda la Esperanza la caja de Pandora!*

ESTADO DE ESPERANZAS

La «Salutación del optimista» se escribe bajo ese mismo signo de la esperanza, formulado por el cisne. Denotando todo el empeño que ponía en la empresa, Rubén quiere servirla con un verso de tan arduo uso como el hexámetro. Mucho se ha escrito sobre esa tentativa; pero lo innegable es que con este poema llega la lírica castellana a un aliento tan ancho, tan noble y tan robusto como nunca había salido de su seno. La ocasión del poema y su métrica casan perfectamente. Poesía exhortatoria, destinada a muchedumbres, acierta Darío con un tono que contiene en sí esos mismos aires libres, esos espacios abiertos, a los que la lanza para que alcance a todos los oídos. Los hexámetros, al pronunciarse, parece como que ensanchan con su soplo el ámbito donde suenan, creando la atmósfera del ágora. Los versos no vuelven sobre sí mismos, no se recogen, como en la poesía intimista, para apresar al cabo el objetivo sentimental del poema; quedan sueltos, flotantes, se expanden en ondas sucesivas, de radio constantemente prolongado, que se pierden en el aire, como continuando por otros horizontes más distantes su misión mensajera. Darío ha recobrado el antiguo sentido de una poesía cantada a una multitud de hombres que aguardan sus palabras. Por mucha que sea la vastedad de lo hispánico, esparcida por dos mundos, esta voz tiene pujanza suficiente para estremecer hasta sus últimos rincones.

La idea germinal del poema está en los versos finales de «Los cisnes»; esa esperanza que guardaba la caja de Pandora ya anda libre por los aires, y los ilumina de optimismo. Impera, otra vez,

la divina reina de luz, ¡la celeste Esperanza!

El optimismo que se representa en los hexámetros fustiga al tropel de los desconfiados, de los que han perdido la fe en el vigor hispánico. Todo aquel ambiente del 98 español—preocupaciones, pesimismo proyectado igual hacia el pasado que hacia el porvenir, crítica implacable, negación arrojada a casi todo por aquel nobilísimo grupo de doloridos—asoma, para ser reprobado por el poeta, entre los versos. Las «pálidas indolencias», «desconfianzas fatales», «la boca que predice desgracias eternas», «las manos que apedrean las ruinas ilustres»,

o que la tea empuñan o la daga suicida,

son otras tantas imágenes en que el poeta va diversificando algunos aspectos de la tristeza desilusionada que se adueñó por aquellos años de las almas españolas. La voz de Darío está rebosando intenciones tonificantes, es una entusiasta invitación al ánimo herido de España y lo hispánico a levantarse, convalecido, y a sentirse otra vez la fuer-

LA POESÍA SOCIAL

za antigua de la raza corriendo por las venas del cuerpo enorme. Fe de vida, fervorosa afirmación de existencia de lo hispánico, en contra de lo que parezcan demostrar los sucesos de los años recientes, las anécdotas del momento histórico:

> *No es Babilonia ni Nínive enterrada en olvido y en polvo*
> *ni entre momias y piedras, reina que habita el sepulcro,*
> *la nación generosa, coronada de orgullo inmarchito,*
> . . . .
> *ni la que, tras los mares en que yace sepulta la Atlántida,*
> *tiene su coro de vástagos, altos, robustos y fuertes.*

Desarrollado el poema a modo de gran oración, de sermón civil, termina en un pasaje exhortatorio, consejo de que se junten, hacia el futuro, todas las pujanzas hispánicas:

> *Únanse, brillen, secúndense, tantos vigores dispersos;*
> *formen todos un solo haz de energía ecuménica.*
> *Sangre de Hispania fecunda, sólidas, ínclitas razas...*

Se entra ya en lo programático casi, en el precepto de acción, en la poesía estrictamente política. El poema marca, con escondido y majestuoso ademán, el camino a las muchedumbres. Darío está como nunca se le vio antes, subido a lo tribunicio, a una plataforma ideal, suspensa a media distancia entre la Hispania solar y las nuevas naciones y de allí baja su voz para los hombres de los dos mundos.

Acaba en apoteosis, en triunfo de horizontes iluminados por el alba futura de la «sangre de Hispania fecunda». Allí desea el poeta que se quede fija la vista, como en hito ambicionado de todos los hermanos hispánicos:

> *Y así sea Esperanza la visión permanente en nosotros,*
> *¡ínclitas razas ubérrimas, sangre de Hispania fecunda!*

Este soberbio poema de palingenesia está construido como un canto gradual a la esperanza. Se la ve primero salir de la caja pandórica. El aliento de los hexámetros la va impulsando a ganarse espacios y asentimientos, a dilatarse por todas partes, persuadiendo de su gran realidad. Aquella simple primera *afirmación* de la esperanza al final es una vasta *confirmación* que se ha ido apoderando de los espíritus vacilantes. Y el verso arriba citado actúa en el poema como el último fondo de gloria en las composiciones pictóricas; la esperanza es dueña y señora del horizonte, porvenir de la visión, y estimula a caminar hacia lo que promete entre sus luces. Hay en el poema un cierto desarrollo dialéctico que le sirve de eje. La finalidad es convencer, exhortar, por encima de todo animar: y por eso se emplean por debajo del comunicativo entusiasmo lírico esas artes suasorias de la elocuencia, que lleven a la convicción de la esperanza al mismo tiempo que alumbren su poética visión.

LOS DOS AGONISTAS

En la «Salutación» Rubén está vuelto a uno de los personajes del drama continental, a los hispanos. En su oda «A Roosevelt» aparecen los dos, arrostrados, en su fatal situación antagónica. Ese estar frente a frente—y en eso consiste lo trágico del problema—parece que dicta su estructura a la poesía. Se distinguen netamente sus dos partes, la primera expositora de las grandezas de los Estados Unidos del Norte, la segunda de las glorias de la América española. La misión del poema es oponerlas, contraponerlas, de tal suerte que en el lector se repita, resumida en experiencia poética, la misma situación que constituye la experiencia política actual. Al antagonismo de las dos grandes masas de hombres corresponde el de los dos grupos de versos. Darío toma a T. Roosevelt, el cazador certero, el soberbio profesor de energía, por símbolo de la inmensa potencia americana, de su dinamismo arrollador y expansivo. Le acusa de creer que es capaz de cazar el porvenir, como una fiera más. Reconoce la soberbia magnitud de su país en una metáfora huguesca de cósmica grandeza:

> *Los Estados Unidos son potentes y grandes.*
> *Cuando ellos se estremecen hay un hondo temblor*
> *que pasa por las vértebras enormes de los Andes.*

LA POESÍA SOCIAL

Pero frente a toda esa imponente realidad y, sobre todo, ante la creencia de que todo está dentro del radio de su voluntad, arroja el poeta una negativa, la eterna, la más breve de todas, la simplicísima, un «No», que por su colocación en el poema cobra tal peso, tal fuerza de empeño, que ella sola parece bastante para contrapesar todo lo que significaban las palabras de antes. La voluntariedad de Roosevelt se encuentra con la horma de su zapato: esa otra voluntad, esa inmensa fuerza de *voluntad*, concentrada por el idioma en una sílaba.

En la segunda parte, Darío acaricia con la evocación a la otra América, la que aprendió el alfabeto de Pan, la remotísima, a la Netzahualcoyotl, a la de Moctezuma y de Colón:

la América católica, la América española...

Avisa al cazador del Norte. ¡Cuidado! Está viva. Andan sueltos sus cachorros. No basta con la voluntad de empuñar en las férreas garras a esa América desvalida. Por esta razón:

Y, pues contáis con todo, falta una cosa: ¡Dios!

Este soberbio remate del poema erige frente al pragmatismo lo providencial: contra lo calculable y previsible por el hombre, lo oculto, lo indecible, el designio de Dios. A un lado, la fuerza armada de sus inmensos poderes, y al otro, la debilidad, valida, en su material desvalimiento, por el Altísimo Valedor, que puede más que todo.

Las dos cúspides de expresión del poema están en esas dos palabras correspondientes a cada una de las dos partes: «No» y «Dios». Por genialidad poética resultan ser dos monosílabos, rotundos y de formidable capacidad de impresión en el ánimo del lector, allí donde van colocados. Y aún más, esos dos vocablos monosilábicos son asonantes. Concuerdan en lo fonético, en lo material del sonar y son, en su sentido, entrañablemente opuestos y enemigos. También antagonistas, también actores frente a frente, siempre. Uno la negación pura, en su forma esencial, esencia de lo demoníaco, voz del Diablo, el gran negador. Y otro, la afirmación eterna, el sí a las almas, nombre de Dios. Si nos imaginamos una sierra toda forrada por las neblinas, de las que emergen únicamente dos crestones, y tan bravos de perfil, tan expresivos, que ellos solos compendian, así como parecen estar, flotantes en el aire, la hermosura y grandeza de la montaña entera que hay debajo, acaso podríamos sentir en toda su plenitud significativa ese «No», ese «Dios»; cimeros sobre las palabras que tienen a sus pies, las representan a todas, y asumen, en sus dos sílabas respectivas, los papeles de los antagonistas y toda la magnitud del drama.

EL ESCÁNDALO DEL ÁGUILA

En 1906, un año después de haberse publicado los dos poemas recién comentados, Rubén Darío asistió a la Conferencia Panamericana de Río de Janeiro como secretario de la delegación nicaragüense. Y entonces escribe otra salutación, pero muy distinta de «Salutación del optimista», tanto que es casi su reverso. Los hexámetros, por cierto mucho más endebles y desmayados que los de aquel poema, ensalzan ahora el ideal panamericano, la unión de las dos Américas: Rubén Darío hace suyo, en cuanto poeta, el propósito político de la conferencia de Río.

El símbolo del poema es el águila estadounidense. Darío da la bienvenida, recuerda su excelsa progenie jupiterina, alaba sus atributos:

¡Precisión de la fuerza! ¡Majestad adquirida del trueno!

De ella solicita que sean comunicados los secretos de los hombres del Norte, «la constancia, el vigor, el carácter», a los hijos de la América hispana:

¡Dinos, Águila ilustre, la manera de hacer multitudes
que hagan Romas y Grecias con el jugo del mundo presente,
y que, potentes y sobrias, extiendan su luz y su imperio,
y que teniendo el Águila y el Bisonte y el Hierro y el Oro,
tengan un áureo día para darle las gracias a Dios!

El cóndor, que es su «hermano en las grandes alturas», puede entenderse con el águila, en plenitud, concordia y esfuerzo. Reitera sus saludos al ave poderosa y explícitamente manifiesta el deseo de su influencia:

LA POESÍA SOCIAL

¡Que la Latina América reciba tu mágica influencia...!

Todo ello parece ser previsión ya contenida en la voluntad histórica y llamada a ser bendita por Dios:

¡Que se cumpla lo prometido en los destinos terrenos,
y que vuestra obra inmensa las aprobaciones recoja
del mirar de los astros, y de lo que hay más allá!

El poema causó alboroto y escándalo mayores en el mundo político y literario de América. Se le tuvo por una deserción, aún más, por una traición de Darío a la causa de lo hispano en la que se ganara con sus poemas anteriores el rango de abanderado. Cayeron sobre él censuras, dicterios, hasta insultos. El escritor venezolano Blanco Fombona, en una carta dirigida al poeta, califica al poema de «divino o infame» con patente desatino en los dos adjetivos: «¡Cómo no lo han lapidado a usted, querido Rubén! Le juro que lo merece. ¿Cómo? ¿Usted, nuestra gloria, la más alta voz de la raza hispana de América, clamando por la conquista?». El señor Blanco Fombona incurre en graciosa incongruencia: reconoce en Darío la más alta gloria hispánica, y le comunica, bajo juramento, su convicción de que merecía pena lapidaria; de suponer es que con la consiguiente extinción, para siempre jamás, amén, de la más alta voz de la raza. Cito este ejemplo, uno de los más desaforados, como indicio del torbellino que levantó la poesía y en el cual, revueltas confusamente, revolaban pasiones feroces, ligerezas, nobles sentimientos e interpretaciones erradas. Cuando mejor intencionados, a lo más que llegan los exacerbados comentaristas es a la posición de Contreras, que pone el motivo de «ese cambio tan brusco en el carácter de este hombre débil, tímido, hasta la puerilidad, y por tanto doblegable a todas las sugestiones».

De lo que se culpa a Darío es, en realidad, de ser como era: hombre de paz, alma de concordia. Vivió el gran problema continental sincera y entrañablemente. Creyó, dudó y volvió a creer; y su ánimo fue pasando por una serie de situaciones que a los políticos cerrados se les antojaban ilegítimas veleidades o traiciones y al observador respetuoso de las formas de vida del tema se le aparecen como tonos psicológicos—en cuanto honrados, perfectamente legítimos—que iba tomando en su conciencia la magna cuestión. Ya vimos cómo en la mayoría de las ocasiones concibe a los dos agonistas en postura enfrentada, en actitud de fatal pugnacidad que presagia terribles males. Darío no es belicoso, jamás. Sólo espera de la América sajona respeto, libertad para la otra América, para que viva según sus antiguos y arraigados modos. En su espíritu no hay odio, sí temor. ¿Cómo va a ser inexplicable que algún día, como alternativa a la resolución brutal y violenta de ese antagonismo, no se le aparezca deseable, prometedor, cantable, el otro desenlace por las buenas, el pacto, el acuerdo entre los dos mundos? ¿Cómo se le puede reprochar que no quiera mantener su gran alma de poeta en constante pie de guerra, que sueñe un día—cuando todo lo que le rodea conspira en hechos hacia ese sueño—en la paz?

Nada traiciona en sus versos. Espera del Norte lo que hoy llamaríamos una técnica, no un ideal. Basta con leer los versos que citamos, cuando se dirige al águila. Le demanda *una manera*. Y con ella se forjarán multitudes disciplinadas—el gran arte de Norteamérica—¿para qué? Para hacer Romas y Grecias de hoy, para crear naciones que, a más de poseer y usar del hierro y el oro, guarden en su alma la presencia de Dios y el agradecimiento a Dios. ¿Es que no aparece bastante explícita la fidelidad que conserva Rubén al ideal de lo latino, su ilusión de modelar los pueblos hispánicos según patrones de helenismo y latinidad, a los que se junte fecundador el espíritu cristiano? Lo que no hay en estos versos es cerrazón política, estrechez humana, como no la había en nada de Darío. Él pudo escribir un poema arrancado de una experiencia política, pero era un *poema*; por tanto, llamado a sostener la esencia de esa realidad lírica a la mayor altura posible, desprendida de lo doctrinario, abierta a muchos posibles caminos, vista en lontananzas que se escapan a la política del momento.

El águila llevó a Darío en este poema a una curiosa actitud no ya histórica, sino ultrahistórica. Alzado en sus alas, parece observar las cosas de este mundo, los trajines y afanes de la política actual, desde una altitud que los hace cambiar de dimensión y hasta de sentido:

y desde tu etérea altura, tú contemplas, divina Águila,
la agitación combativa de nuestro globo vibrante.

Manifestación—no obstante su importancia momentánea—de esa agitación es la Conferencia, a la que el poeta asiste. En ella se debatirán los aspectos inmediatos, las cuestiones recientes urgentes del gran problema. Pero el poeta y el águila, que ven desde lo sumo y no desde el salón de conferencias, ven más, más allá, en lo futuro mediato: Rubén halla los versos más hermosos del poema al dedicarlos a un pensamiento magnífico:

> Es incidencia la historia. Nuestro destino supremo
> está más allá del rumbo que marcan fugaces las épocas,
> y Palenque y la Atlántida no son más que momentos soberbios
> con que puntúa Dios los versos de su augusto Poema.

¿Dónde estaba el delegado de Nicaragua a la Conferencia Panamericana de Río, en este instante? Él, obrero modesto de un hecho histórico, pronuncia allí mismo, en el taller donde se forja ese hecho, esas palabras en que la historia queda reducida a puro incidente, y sus concreciones magníficas, los imperios, a simples signos que la Divinidad emplea como marcas divisorias en los alientos de su gran poema. Ahí, en ese nivel de conciencia, creo yo que hay que buscar la clave de la postura de Darío. El águila, la visión altanera y pura de las cosas, le permite ver más lejos, mucho más lejos, de la presente y actual oposición entre las dos Américas. Avizora, en la marcha de los designios de Dios, una superación de los términos en que ahora se presenta el problema del continente; en ella se disipará el miedo, el terror, la amenaza que muchos ven descender del Norte, ineludible; amanecerá la concordia—no la sumisión ni el rendimiento, como se afirma falsamente por tantos comentaristas—que gracias al pacto de concordia dará a la América latina paz y poderío para ser lo que ella quiere ser. El sueño de Rubén convierte aquí la potencialidad de daño, la única que algunos ven en la coexistencia de sajones y latinos en las mismas tierras, en una potencialidad de bien. Y eso acaso fuera por debilidad, pero ¿es que no cabe interpretarlo, tal como aquí se hace, como nacido de una virtud permanente del alma de Rubén, virtud de amor, y de una visión de la ultrahistoria en la que se funden los odios de lo histórico—que se sienten allí, en Río, tan cerca—en una armonía final? El pensamiento de Darío en este poema no está enteramente claro. Pero nuestro deber y nuestro gusto es hacer por aclararlo con las luces que nos da el propio poema, y no confundirlo con las turbiedades que le pongan nuestras pasiones.

Cierto que, aunque escrito con entera nobleza y sinceridad el poema, Rubén no se sentía tan ahincado en esta nueva posición suya como en las anteriores. Por eso, al escribir a la señora de Lugones, refiriéndose a su estancia en Río dijo:

*Yo panamericanicé
con un vago temor y con muy poca fe.*

LA GUERRA Y LA PAZ

Torvos fueron los años en que a Rubén le tocó despedirse del mundo. A su amada Europa se le desencadena sobre casi todo el cuerpo la guerra más terrorífica que ha sufrido. A punto está de cumplimiento aquella profecía del soneto a Francia, escrito muchos años antes, y el casco imperial llega a la vista de Lutecia. No hay duda de que Rubén se afectó enormemente con el gran suceso. Ya sabemos que por artes de bellaquería lograron embarcarle en Barcelona en octubre de 1914, con rumbo al Nuevo Mundo. Emprendía ésta su postrer travesía sin saber muy bien lo que estaba haciendo. Pero acaso había en su abandono de Europa—tuviera o no conciencia de ello—algo de fuga desalentada; aquel mundo europeo, sede de las delicias, rebosando de riquezas intelectuales, feliz en su paz abundosa, se torna de la noche a la mañana en tremebundo simulacro del infierno. Darío, acobardado por el quebranto de su salud y endeble de ánimo como fue siempre, puede que escapara contento de tanto horror, en busca de la paz que quedaba en el mundo transatlántico. Las pocas poesías sociales que escribirá están todas transidas de ese anhelo de paz; la más larga e importante se titula así, «Pax»; escrita en 1915, leída en New York, muestra cuán mermada y malherida andaba ya su energía creadora. Pero es notable por la claridad con que denota el modo de sentir del poeta frente a esta bélica agudización de los problemas del mundo.

El primer verso descubre ya entera la actitud del poeta:

LA POESÍA SOCIAL

>Io vo gridando pace, pace, pace!
>*Así clamaba el italiano,*
>*así voy gritando yo ahora...*

Evocación, luego, de los estragos de la guerra, vistos como cumplimiento de profecías bíblicas, recordando imágenes de los grandes grabadores de la desolación, Durero, Callot, Goya. El mundo es un vasto Apocalipsis actualizado; sobre el telón de asolamientos y de ruinas, Caín alza su odio contra Abel. Se mancillan palabras sagradas, se jura en vano lo más santo:

>*Se grita: ¡Guerra Santa!,*
>*acercando el puñal a la garganta*
>*o sacando la espada de la vaina;*
>*y en el nombre de Dios,*
>*casas de Dios, de Reims o de Lovaina*
>*las derrumba el obús 42.*

Y no obstante, a despecho de las imponentes evidencias del imperio absoluto del mal, el hombre no debe desfallecer:

>*cierto que duerme un lobo*
>*en el alma fatal del adanida;*
>*mas también Jesucristo no está muerto,*
>*y contra el homicidio, el odio, el robo,*
>*¡Él es la Luz, el Camino y la Vida...!*

El poema sigue avanzando, con penosa perisología, a lo largo de esa idea eje, volviendo sobre lo mismo en variadas reiteraciones. Si domina el mal y el espíritu de destrucción es porque los humanos desoyen la voz divina:

>*si los hombres guerrean, es porque nadie escucha*
>*los clarines de paz que suenan en el cielo.*

Formidable lección, sin par escarmiento, el de Europa, dice al final, volviéndose con toda su alma a los países de América. Ya tuvieron ellos las luchas obligadas, gestas de la Independencia, y bastan. Darío remata el poema con una conmovida impetración que por desdicha no alcanza virtud poética eficiente, y se queda en sentida oratoria versificada:

> ¡Oh pueblos nuestros! ¡Oh pueblos nuestros! ¡Juntaos!
> en la esperanza y en el trabajo y en la paz.
> No busquéis las tinieblas, no persigáis el caos
> y no reguéis con sangre nuestra tierra feraz.

Uno de los alejandrinos del final permanecerá como la divisa y lema de la última querencia que tomó el pensamiento social del poeta en estos postreros días de su vida:

> Paz a la inmensa América. Paz en nombre de Dios.

No era nueva en él. Yo me atrevería a decir que es la esencial, la que se mantiene con más tenacidad, entre las vicisitudes de los sucesos políticos, en el curso de su poesía social. Por eso, para más clara demostración dejamos hasta ahora los poemas argentinos de Rubén Darío. En uno de ellos, el «Canto a la Argentina», resplandece esa idea madre de su poesía social, con imponente evidencia.

LOS POEMAS ARGENTINOS

Son la «Oda a Mitre» y el «Canto a la Argentina». Poesías de nación, tienen por ilustre singularidad—y me refiero muy particularmente al «Canto»—que, constituyendo una verdadera apoteosis del país celebrado, están limpias de todo nacionalismo exclusivista y en los senos del «Canto a la Argentina» halla Darío las visiones más claras y preclaras de su sueño de universalidad humana.

De la «Oda a Mitre» se hablará más en páginas siguientes. Por el momento notemos que alaba en él al defensor, como Catón y Cincinato, de todos los derechos y libertades. Su mayor timbre de gloria es haber desviado los horrores de la guerra de su continente:

> *¡Cuántas, evitaste los llantos,*
> *la triste faz, los negros mantos*
> *y el morder las manos de horror!*
> *¡Cuántas, con tus acentos grandes*
> *apartaste sobre los Andes*
> *nubes de trueno y de dolor!*

Su obra es un «triunfo civil sobre las almas». Tras la guerra necesaria, él descansó

> *hallando en los amores de la santa Armonía*
> *la esencia más preciosa del zumo de la tierra.*

Se ve bien que el patricio argentino es loado, más que por sus logros militares, por su magnanimidad, por sus virtudes cívicas y sobre todas por su amor a la paz y la armonía. El héroe argentino es héroe de palma, no de espada. Y así personifica lo que Rubén Darío tiene por seña gloriosa y distintiva de la República del Plata, ese destino de paz, al que iba a cantar con magnificencia insuperable en la poesía social de lengua española en el «Canto a la Argentina».

EL «CANTO A LA ARGENTINA»

Tiene por lo pronto, dentro de la lírica rubeniana, una primacía, la de la extensión. Nunca se había atrevido Rubén a poema tan numeroso. Su primer acierto está en la perspectiva en que se sitúa al tema de la poesía. Está expresada en dos versos:

> *¡Argentina! El cantor ha oteado*
> *desde la alta región tu futuro.*

Se hallan al final casi del poema; pero, no obstante, esa situación de oteo, de mirada desde lo alto, preside la composición desde el primer momento y en todo su desarrollo. Poema panorámico, Darío lo escribe como aleando y cerniéndose sobre la realidad que va a cantar; nos coloca en una especie de punto cenital, desde el que podemos ver las dimensiones de la Argentina en el tiempo histórico, ayer y futuro, en el espacio terrestre, dentro de sus fronteras, y más allá de ellas. Sin duda el motivo psicológico de ese punto de vista procede de su deseo de ver a la Argentina no ceñida y delimitada en unos contornos temporales y espaciales finitos, sino como país ilimitado en sus hermosuras, riquezas y esperanzas.

No menor acierto es la entonación que da a la voz del poema. Acorde con la ocasión, prorrumpe, desde que empieza, en tono de himno. Es poema ditirámbico, canto jubilar, máquina de exaltación de los simples sentimientos. A sus veces, se mitiga un poco la pompa verbal, se remansa el entusiasmo en tal o cual estrofa, para volver a correr en soberbio caudal majestuoso. Diríase que el poeta supo herir el venero con el primer verso; y, así, el lírico gozo va por sus estrofas en oleadas, que lo llenan, sin cesar, a plenitud, y que fluyen tan naturales y seguidas que el poema ofrece por momentos una promesa de no acabar, de perpetuo avance. Se aúnan, de ese modo, la magnitud del asunto, desplegado ante nuestra vista, en vasto mapa, y las encendidas lumbres del tono, que no dejan nada sin iluminarlo de entusiasmo, y que superponen su intensidad a aquella extensión. Poema exterior, poema solar,

¡Foibos triunfante en el trágico
vencimiento de las sombras...!

también sus versos pelean, como el padre teogónico, contra todo lo que ensombrece al mundo, y el poema quiere repetir la fabulosa empresa del sol de limpiar el haz de la tierra de todas las oscuridades. Es una iluminación de lo humano, de sus almas y destinos, paralela a la iluminación que el sol confiere a la naturaleza inanimada cuando llega más alto.

Comienza por la visión de la tierra abierta a todos, canto a los inmigrantes, de cualquier rincón del mundo, a todos los tristes y acongojados que hallarán en la Argentina tierra para el trabajo y el sueño. Desfilan los pueblos de Europa, enormes éxodos, hacia la nación prometedora, como otras tantas afluencias que vienen a engrosar su grandeza, a traerle variedad y gracias distintas. Rubén se acerca a la técnica enumerativa de Whitman; sin embargo, se detiene en cada término de la enumeración para señalarlo con una característ-

LA POESÍA SOCIAL

tica peculiar y que no pase sin dejar recuerdo, como cabeza de ganado.

Ejemplo precioso es la estrofa de España, la de los «finos andaluces sonoros», de los vascos «hechos de antiguas raíces», de las gentes de Cataluña y Levante herederos de «los inmortales fuegos de hogares latinos». Como si fuéramos sumidos en ese éxodo, llegamos con ellos por fin a la tierra deseada. Allí elige Rubén tres grandezas supremas, símbolos de la magnificencia argentina: una es la natural, esa que más distingue, no obstante tener otras hermosuras, al paisaje argentino, la pampa. Tan henchida, por supuesto, de «extensa melancolía» como de fecundidad sin tasa, lugar del canto gauchesco y de las cosechas sin fin, responsiva, por igual, al apetito por el pan y por la canción. Otra grandeza es la labrada entera por el hombre, la ciudad. La poesía moderna de la urbe se siente también, desde lo alto, según la «ley de vista» del poema. Primero la confusión de sonidos y de encontradas fuerzas:

> *rosales eléctricos, flores*
> *miliunanochescas, pompas*
> *babilónicas, timbres, trompas,*
> *paso de ruedas y yuntas*
> *voz de domésticos pianos,*

las mil heterogéneas formas de la vida urbana, para los ojos y el oído perceptibles, en su riqueza o en su humildad, al parecer irreductibles a nada común, pero que desde la altura y la distancia se van empastando hasta que sólo vemos u oímos—espectadores desde una colina de la gran ciudad—a lo último, una prodigiosa unidad, ya sin detalles, que es ella, la urbe, viviendo unánime:

> *todo vibra,*
> *pulsación de una tensa fibra,*
> *sensación de un foco vital,*
> *como el latir del corazón*
> *o como la respiración*
> *del pecho de la capital.*

La tercera gran maravilla simbólica de la Argentina es el río de la Plata, río mayor en el canto de Rubén que los otros mayores Tíber y Sena, Danubio y Ganges, porque éste va a fecundar las orillas donde se críe la humanidad del porvenir.

Entra luego el poema en el movimiento procesional. El poeta pide el himno, y a sus sones empieza la marcha por las estrofas de todas las gentes que acuden con su tributo a la grandeza que se cantó. Previos sendos saludos a los antepasados de la colonia, «Don Nuño, Don Pedro, Don Gil», a los patricios forjadores de la independencia y a los héroes de la guerra gaucha, se inicia el desfile de las gentes argentinas, bajo el argentino sol. El sol, objeto de un hermoso trozo del poema, es rico en significaciones. Marchan bajo sus luces dobles las multitudes: es sol de verdad, el del día del Centenario, que da al cuadro festival resplandor y alegría, y sol simbólico, el de la patria argentina, que a cada cual le luce en el pecho. Darío designa a algunas de las clases ciudadanas que forman el cortejo. Y se detiene, con particular delectación, en uno de los pasajes más graciosos del poema, el elogio de la mujer argentina, «con savias diversas creada», placentero microcosmos que compendia en su gentileza encantos desparramados por el haz de la tierra:

> *Talle de vals es de Viena,*
> *ojo morisco es de España,*
> *crespa y espesa pestaña*
> *es de latina sirena;*
> *de Britania será esa piel...*

Viven estos versos dentro del gran «Canto» como otro canto menor, dedicado a la fémina argentina, y cuyo sentido final es exactamente parejo al del poema entero. Nación y mujer coinciden en haber logrado su perfección gracias a la mezcla y refinamiento en ellas de fuerzas, de encantos, que en otras hembras y países andan separados.

Esta fiesta del Centenario argentino no puede ser celebrada por el poeta sin tener presente al resto de América. El poeta, prevaliéndose siempre de esa «vista de pájaro» en que se colocó desde el principio del poema, encuentra ahora una espléndida imagen, ejemplo de la capacidad concentradora de la metáfora:

LA POESÍA SOCIAL

> *¡Gloria a América prepotente!*
> *Su alto destino se siente*
> *por la continental balanza*
> *que tiene por fiel el istmo:*
> *los dos platos del continente*
> *ponen su caudal de esperanza*
> *ante el gran Dios sobre el abismo.*

Esa formidable masa continental tiene como sentido, que la anima a toda, el deseo de libertad. Y, con ella, el anhelo de paz. La única guerra posible es la que se haga a la misma guerra.

> *¡Paz para los creadores,*
> *descubridores, inventores,*
> *rebuscadores de verdad;*
> *paz a los poetas de Dios,*
> *paz a los activos, y a los*
> *hombres de buena voluntad!*

El poeta desde su posición histórica cenital ha visto hundirse en la ruina ciudad tras ciudad, Persépolis, Tiro, Bizancio, Roma; su ruina acarreada siempre por los demonios de la guerra. Pero ahora un astro nuevo, el de la Libertad, invita a esta urbe argentina a convertirse en la sede de la confraternidad humana:

> *la confraternidad de destinos,*
> *la confraternidad de oraciones,*
> *la confraternidad de canciones,*
> *bajo los colores argentinos.*

Ella, la Argentina, es la luz que se levanta en América, la favorita de los tiempos nuevos, y en su torno zumban las profecías y los cánticos de gloria. Sus hijos serán

> *concentración de los varones*
> *de vedas, biblias y coranes,*

y esta floración de floraciones será dominada por un perfume latino, desde Roma venido a través de lo español. Acaba el «Canto» con dos estrofas de ofertorio, votos del corazón del poeta por el cumplimiento de sus entusiastas vaticinios.

LECTURA DE IMÁGENES

Más que lo que se diga en su poema, en forma directa queda dicho subidamente, reveladoramente, en sus imágenes, porque el sentido traslaticio total de la imagen vale más, y por otra cosa, que los significados lógicos de las frases explicativas. Vamos a reunir unos cuantos de los modos que tiene Darío de ver la Argentina, por imágenes. Eso, mejor que nada, nos revelará lo esencialmente significante de la visión del poeta. He aquí una lista, suficiente creemos, si no completa. La Argentina es «región de la aurora»; «granada abierta»; «región del Dorado»; «paraíso terrestre»; «vellocino de oro»; Canaán; «el existir que en sueños / miraron los melancólicos»; «la Babel / en donde todos se comprenden»; «país de la armonía»; «granero del orbe»; donde se preparan «las hostias del mañana»; «solar de hermanos»; para que allí se críen «los adanes del porvenir»; «aurora de América»; «preferida de nuestro siglo»; «floración de floraciones»; «la Argentina de fuertes pechos / confía en su seno fecundo».

Los atributos admirables de la Argentina son, pues, varios: el don material de la riqueza, que Dios le concedió: granero, Canaán, seno fecundo y fuertes pechos nutricios. Su generosidad de tierra abierta a todos, la granada. El poder integrador que, de tantas floraciones pasadas, saca la nueva y mejor. La fraternidad, porque en su solar todos se hermanan, porque en ella reina la armonía y a despecho de su babélica composición todos se entienden, por milagro. País en futuro, que nada niega en su porvenir. Esta nota es quizá la más vibrante en el poema, la Argentina tierra auroral, alba de América y de todos, que engendrará los hombres del porvenir, y cuyo suelo dará el trigo para las hostias, es decir, las comuniones del mañana. ¿Y no es todo eso pura utopía realizada? Por eso este país es el Dorado, de veras, en él se vive la vida con que soñaron tantos tristes y en él, por fin, se halla el paraíso terrestre.

LA POESÍA SOCIAL

LO QUE SE CANTA EN EL «CANTO A LA ARGENTINA»

Ya lo vamos viendo. Una nación sí, pero bien llamada por el poeta «nación de naciones». Más que una nación, la latinidad, el continente hispano, con todas sus hermanas. Más todavía, encima, la América sajona, el otro platillo de la gran balanza metafórica. Y aún más allá, las tierras de orígenes de los argentinos, la rusa, la francesa, la itálica, todas las europeas y con especial tinte de amor, la española. Los hebreos junto a los gentiles. Es decir, que se va quebrando toda posibilidad de contención de ese país, la Argentina, dentro de unos límites nacionales, por amplios que sean. La Argentina es, sobre todo, una capacidad. Tierra capaz de nutrir a los suyos y a los ajenos, que en ella se arraiguen y se hagan suyos por vínculos de amor. Tierra capaz de absorber tierras y terrícolas de cualquier parte. Tierra capaz, sobre todo, en el tiempo. Su virtud capital es la capacidad de futuro, a diferencia de los países del otro lado, tan llenos de pasado. La Argentina está inmensamente disponible para acoger el porvenir y sus maravillas.

Estas maravillas han de forjarse merced a una suma y superación de las virtudes de todos los hombres. Nunca nación exclusiva, sino nación incluyente, que va cifrando en su tierra todos los logros de épocas y de naciones pasadas. Ni estos hombres, solos, ni aquéllos; todos enlazados, todos uno. La Humanidad. Ése es el hito a que convergen tantos vigores, tantas aspiraciones:

> *¡Salud, Patria, que eres también mía,*
> *puesto que eres de la Humanidad.*

Y como piedra de clave de este concepto de nación, que ya ha dejado de serlo en nuestro estrecho sentido para convertirse en tierra de nacer y bien vivir para todos, como alma de esta sociedad humana universal, la paz. El centro de la poesía social de Rubén Darío es la paz entre los hombres. Si ama tanto a la Argentina es porque en ella ve la sede más ancha para una humanidad en paz:

> *¿A qué los crueles filósofos?*
> *¿A qué los falsos crisóstomos*
> *de la inquina y de la blasfemia?*

LA POESÍA DE RUBÉN DARÍO

> *¡Al pueblo que busca ideal*
> *ofrezca una nueva academia*
> *sus enseñanzas contra el mal,*
> *su filosofía de luz;*
> *que no más el odio emponzoñe,*
> *y un ramaje de paz retoñe*
> *del madero de la Cruz!*

POESÍA, PAZ

Ése es el ideal social que Rubén ha ido siguiendo como su más alta y ardorosa estrella, a través de toda su poesía de lo colectivo. Desde el poema a Colón, donde sus lamentos se los arranca el despliegue de horrores que la guerra siembra por América. Eso es lo que explica su recelo ante los yanquis: que no dejen a sus hermanos latinos vivir en paz. Se angustia por Francia en su soneto, cuando ve la guerra acercársele. Por su sueño de paz—y no por mezquinas motivaciones de flaqueza—se ve ahora justificada, y en su sitio, la «Salutación al águila». La paz que pide en su poema «Pax», la que en Europa ha sido brutalmente expulsada por la guerra de 1914, para América, es la que mira por más posible que en trozo alguno del planeta en esa Argentina, que es esperanza de paz y futuro para la paz. En cuanto Darío pone su pensamiento en los hombres, lo que le duele del espectáculo retrospectivo y actual de su vida en común es la malicia, el daño, el cainismo. Por cualquier asunto que escoja para sus poesías sociales, va a desembocar al mismo dolor, los odios fratricidas. Porque toda guerra es obra de Caín, muerte del hermano por el hermano. Contra esa trágica modulación negativa de la vida social que es, aún, la triste realidad moderna, está el sueño del futuro, la confraternidad, la vida en común de todos los humanos en concordia y armonía. Lo que se les ha negado a las gentes en el pasado, y sobre todas las naciones de la faz de la tierra, la paz, se les promete ahora—o se lo quiere prometer él ahora—en el «Canto». Generosidad humana, amor desbordado a todos los prójimos, libertad para la creación de las obras del hombre, disfrute de ellas en común, imperio de la fraternidad, esos son los materiales con que Rubén Darío labraba, en su imaginación y su deseo, la ciudad futura. Y ese ideal universal de amor y paz es el que no deja de sonar de poema en poema, como la nota más inmaculada de su lírica social, que así viene a ganar un hermosísimo aspecto de monumental unidad.

EL ARTE, LA POESÍA Y EL POETA

SUBTEMA 2

EL PRÓLOGO A LOS «CANTOS DE VIDA Y ESPERANZA»

Por más de una significación descuella el Prólogo de *Cantos de vida y esperanza* en la lírica rubeniana. Su contenido—tal como lo indica el mismo autor en *Historia de mis libros*—es tan vario como complejo. El poeta se toma como objeto de su propio poema, el cual es uno de esos ajustes de cuentas que dos o tres veces en el transcurso de sus años el hombre realiza en la soledad de su conciencia para averiguación de su debe y de su haber ante sí y el mundo, del estado de su gran negocio, la vida.

Nace el prólogo de la necesidad de Rubén de explicarse. ¿A nosotros? ¿A él mismo? Claro, clarísimo resulta el poema en su motivación, y ese deseo de dar razón de sí, que le motiva, no puede ser más limpio; transparece la honradez de alma, a cada paso. Pero el poeta, al escribir ese poema sobre su propio ser de hombre y de poeta, se sitúa, forzosamente, en una postura ambigua, en un modo equívoco, que acaso sea inherente al acto mismo de poetizar. Baudoin sostiene que la obra de arte proviene de dos tendencias opuestas, y de su equilibrio recíproco; la una aspira a la expresión, la otra al disfraz del artista. Hace pensar esa idea en el autorretrato pictórico. El pintor se mira en un espejo; pero se ve, como en otro espejo invisible, en su propio concepto de sí; está copiando su realidad refleja en la superficie azogada y a la par su personalidad según él, con toda convicción, se la imagina. Y en el lienzo va poniendo pinceladas y trazos que recogen, ya un rasgo de su fisonomía materialmente reflejada, ya una línea ideal de esas con que él se ve a sí mismo, en su conciencia. Se figura—si se permite el juego verbal—su figura. Y el cuadro saldrá hermoso hijo de una presunta realidad y una presunta ficción, de copia y fantasía. Así alcanzará su verdad.

El Prólogo tiene mucho de autorretrato, ya que no en el espacio de una tela, en el tiempo que tardan en sucederse hasta su final los soberbios endecasílabos. El propósito encarnizado de ser veraz consigo y con los demás se aprecia en seguida. Campea sobre todo el poema esa divisa:

> *si hay un alma sincera, ésa es la mía.*

Presentarse como es, eso quiere. Pero un poeta se representa siempre. Las gentes simplonas y arrebañadas se imaginan que no hay más manera de sinceridad que esa aludida en lo de «al pan, pan, y al vino, vino». Ser sincero, para ellos, será decir lo que sinceramente se desea, literalmente, simplemente, de modo directo. Lo cual se aleja de la esencia de la poesía. Rubén no quiere desoír ese mandato de sinceridad, pero tampoco la orden constante del poeta. Y así nace el poema, que proclama el horror a la literatura, y rezuma literatura por todos sus versos, que descubre los senos de su alma, pero celados en tal sistema de símbolos y traslaciones que su palpitante verdad sólo se siente misteriosamente a través de operaciones de la imaginación, nunca por directa y brutal evidencia. La distinción del poema consiste en que la sinceridad sólo logra expresarse eficazmente como tal, gracias a un exquisito organismo de estilización. Sinceridad de hombre, que quiere decir, y sinceridad de poeta, que le obliga a más que a decir, a cantar, se hacen una realidad sola en el poema. El asunto del Prólogo—el hombre explicándose a sí mismo, siendo él el que mira y lo mirado—lleva en sí ese estado de equívoco, infuso en la poesía, y en el cual hay dos elementos igualmente indispensables, uno la existencia, inicialmente, de una verdad de experiencia humana, distinta e individualizada, de donde mana el poema; y otro, la voluntad de sobreponerse a su literalidad por el método de la objetivación artística, de suerte que, en la obra hecha, la tal verdad no se aparezca como lo que es, sino como visión o revelación, y, sobrepujando su infancia cuando era sólo humana, aparezca en su mayoría de ser sobrehumana o poética.

En el Prólogo, visto por su contenido, hay de todo: confesiones sobre la vida, explicaciones de la obra, doctrina de estética y moral, recuerdo y programa, soluciones y enigma. Es un otero, y en él subido el poeta recoge en su interior vista las escenas de ayer, clarificadas y ordenadas por la contemplación, ya, en forma de noble drama, y los vislumbres de lo que viene. Allí está lo hecho, lo sufrido, lo que fue —quisiérase o no— los errores, los tinos fatalmente sumados, todo irreversible y noblemente aceptado; y lo que hacer, lo que, a la luz aleccionadora del escarmiento, podría ser siempre mejor, y que tiembla, todo posibilidad, en querencia, norma o sueño. La debilidad pasada y la resolución de firmeza hacia el porvenir. De ahí la plenitud del poema; porque el poema entero se ha arrojado a llenarlo, con todo lo que tiene y todo lo que falta, es decir, con toda su verdad.

Y como está allí esa su verdad, allí tiene que estar la trágica verdad suya del tema erótico, la constante oposición, el dualismo lidiador, distintivo de su modo de vida. Se ofrecen las consabidas parejas de símbolos: estatua y carne viva; turrieburnismo y sed de espacios; Psiquis y su peligroso vecino en la sagrada selva, el sátiro. En dos versos se recoge otra forma de oposición, tocante a la vida total del poeta:

> *y si hubo áspera hiel en mi existencia,*
> *melificó toda acritud el Arte.*

Contrapuestos se ven aquí los términos existencia, esto es, común y sufrido vivir del hombre en la tierra, y Arte, actividad excepcional y elegida, extracto exquisito y sin tiempo de las tareas de cada día. En aquella se encuentra la hiel; en éste la miel.

Darío se vivió en el tema erótico en cuanto hombre, sujeto a todas las debilidades de la condición humana, porque todos los mortales, magnos o insignificantes, son sujetos de erotismo. Ésa fue su forma de vida atormentada y congojosa, la agónica, compartida en lo que tiene de pura existencia con todos sus tristes hermanos de la humanidad. Pero Darío vive también en otra forma vital, de ser humano distinto y descollante, alzado a zonas adonde no alcanza el demonio erótico, esto es, como poeta. Aquí no se mueve por sus apetitos generalmente humanos, sino por un ideal específico, de hombres un tanto sobrehumanos, el del Arte; se sale de la órbita de lo sensual, por la que nos movemos en muy sospechosas vecindades con la bestia, y se encumbra al nivel donde la sed no es de labios, y el ímpetu no corre tras los cuerpos, sino en pos de las criaturas aún por crear y que le son propuestas no por los sentidos, sino por su aspiración interior, su afán creador.

Este subtema es tan antiguo como el tema principal, el erótico, en la lírica de Darío, y se hace presente en ella a lo largo de toda su obra, con persistencia y firmeza indicadoras de su profunda raíz en la vida espiritual del poeta. Al terminar el examen de sus variantes, veremos la incomparable significación que en ella tuvo.

REACCIÓN

Sus creencias sobre el valor del Arte y la poesía, al igual de su lírica, son una síntesis de conceptos y tendencias dominantes en la literatura del siglo XIX europeo. Rubén, desde *Azul*, fue perfectamente consciente de su tarea en la poesía española. Tuvo que formarse un repertorio de nociones esenciales sobre arte y poesía que, expresamente unas veces, o tácitas otras, sirvieron de sistema vertebral de su obra.

Se define Rubén su misión como un alzamiento contra dos desdichados caracteres de la poesía española de fines del XIX; el uno es un positivismo, veteado de notas escépticas, que se entrometería en la poesía, llevando a ella un estilo deliberadamente prosaico y saliendo al paso a todo intento de plenitud de fe poética. La otra, una chabacanería y avulgaramiento de la sensibilidad, estrechamente correlativa de la anterior. Como contrahierbas contra esas dos ponzoñas, apela Darío al idealismo esteticista a lo Renan, a la orgullosa aristocracia de la escuela del arte por el arte y a los ejemplos de altanería y grandeza de pensamiento poético del padre Victor Hugo. En estas tres escuelas aprendió Darío los principios esenciales de su actitud poética, en ellas afincó su fe de poeta y puso su esperanza de reformador.

IDEALISMO

En su modo más general y simbólico, le eleva un altar en el soneto «La Dea», en el que asoma, por cierto, el nombre de Renan. El altar es de oro, y en él se alza la Dea con solemne hieratismo bizantino. Imagen, divinizadora de lo hermoso:

toda belleza humana ante su luz es fea;

toda visión humana, a su luz es divina:
y ésa es la virtud sacra de la divina Idea
cuya alma es una sombra que todo lo ilumina.

La reminiscencia platónica se rodea de símbolos para mejor hacer resaltar el imperio de la divina Idea, dechado de todo Arte; sólo alumbrado por esa sombra supremamente luminosa de la Idea o Dea podrá la visión humana acercarse a la deífica luz.

Otra representación simbólica del mismo concepto se halla en «Helios», que al pasar con su carro despierta el sacro instrumento y llena el mundo de gozo:

¡Helios! Portaestandarte
de Dios, padre del Arte ...

De él bajarán las potencias inspiradoras del bien, del amor, de la virtud:

Que sientan las naciones
el volar de tu carro; que hallen los corazones
humanos, en el brillo de tu carro, esperanza;
. . . .
que hallen las ansias grandes de este vivir pequeño
una realización invisible y suprema.

Al perenne idealismo rubeniano se le ofrece soberbia coyuntura de potenciación cuando su poesía se enfoca sobre una gran figura, predilecta de su alma, Don Quijote. Darío al comentar las «Letanías» dijo: «... afirma otra vez mi arraigado idealismo, mi pasión por lo elevado y lo heroico». El manchego resume todas las virtudes idealistas, ensueños, fantasías, ilusiones, y hace suya cualquier noble empresa del corazón. Toma el poeta su figura como patrón por el cual medir el desmedro a que ha llegado el espíritu en el mundo moderno. Lo que el héroe tenía y prodigaba, fe, entusiasmo, desprendimiento, todo nos falta. Y a él se dirige, en tono oracional, para que ruegue por nosotros y nos saque del atolladero espiritual en que sufrimos:

> *Ruega generoso, piadoso, orgulloso;*
> *ruega casto, puro, celeste, animoso;*
> *por nos intercede, suplica por nos,*
>
> . . . .
>
> *De rudos malsines,*
> *falsos paladines,*
> *y espíritus finos y blandos y ruines,*
> *del hampa que sacia*
> *su canallocracia*
> *con burlar la gloria, la vida, el honor...*

Quiere decirse que el personaje cervantino queda proclamado Santo Patrono de la causa eterna del idealismo, por este fervoroso creyente de su religión.

También el cisne, el ave de tantos usos en la simbología de Darío, fue, una vez por lo menos, investido con la misión de significar el idealismo, en el soneto «El cisne». Él será el progenitor con la nueva Poesía de

> *la Helena eterna y pura que encarna el ideal.*

ARISTOCRACIA Y MEDIOCRACIA

Para la escuela del arte por el arte, que conoció Darío a la perfección, es marca del artista su sentimiento de aristocracia y la creencia en su superioridad. El vocablo Aristo, que usa Darío, se define en Francia como «el hombre superior y con conciencia de dicha superioridad». Desde Gautier en adelante, esa consideración del arte como actividad de unos pocos, los mejores autores, para un público no de muchos, los mejores lectores, fascina a algunos de los grandes de las letras. Baudelaire, Flaubert, Renan, etc. El aristocratismo de Darío fue, tanto o más que una manera de ser natural, una posición táctica, que había que tomar, por exigencia de las circunstancias en que se hallaba la poesía en su juventud, para contrarrestar la marea de ramplonería. De los personajes míticos inventados por el siglo XIX como peleles, que encarnan en su carne de trapo la vulgaridad mesocrática, Monsieur Prudhomme, Homais, Bouvard et Pécuchet, etc., escoge Darío el bautizado por Remy de Gourmont como *Celui-*

qui-ne-comprend-pas. Es índice de la carencia de altura mental del continente americano cuando Darío empieza a escribir. En esas palabras preliminares en *Prosas profanas* y en el prefacio a *Cantos de vida y esperanza* afirma explícitamente su «respeto por la aristocracia del pensamiento, por la nobleza del Arte». En las dilucidaciones de *El canto errante*, se refiere a lo que llama «mediocracia pensante».

Al dirigirse a Don Ramón del Valle-Inclán en el «Soneto autumnal», llamándole marqués de Bradomín, contrapone la evocada figura aristocrática del amigo ausente a la presencia del «vulgo errante, municipal y espeso», la «vulgar gente», que mancilla la tarde de Versalles, de la que sólo «gente» como ellos dos sería digna usufructuaria. También Don Quijote, no obstante su natural condición de simple hidalgo, es, en la historia de los hombres, caballero de los caballeros, «barón de varones», «príncipe de fieros», «par entre los pares».

El vulgo es natural antagonista de la poesía, incomprendedor profesional de los poetas, es el enemigo. Con desusada violencia calificativa y denigratorio léxico, Darío le acusa de encarnizarse en su horror al arte, y de rebeldía ignara contra lo mejor. Dice a los poetas en el poema IX de los *Cantos*:

> *Esperad todavía.*
> *El bestial elemento se solaza*
> *en el odio a la sacra poesía*
> *y se arroja baldón de raza a raza.*
> *La insurrección de abajo*
> *tiende a los Excelentes.*
> *El caníbal codicia su tasajo*
> *con roja encía y afilados dientes.*

Lucha entre los aristos, los superiores, y el común de las gentes. Rubén acierta al añadir un nombre a la lista de las denominaciones que se le han dado al hombre superior. Cuando pone esa mayúscula a Excelente, proponiendo el nuevo mote, tenía sin duda muy claro en su intención el sentido etimológico del vocablo, que lo justifica. Porque el Excelente no lo es por azar de cuna, o dádiva de la suerte, sino porque se proyecta más allá de los demás, se alza, por su propia estatura y grandeza, por encima de los otros. Ese sentido de *mayoría*, de *mejoría*, natural, no caprichosa, infuso en el *excellere* es sin duda el de la aristocracia de Darío.

SUPREMACÍA DEL ARTE

Desde el romanticismo comienza, a cargo de los mismos artistas, un incesante coro apologético del Arte, al que se coloca en la sumidad de las obras del hombre en la tierra. Darío, por su contacto estrecho con los autores de la escuela esteticista, con los parnasianos, con los simbolistas, llegó a hacer suya esta doctrina, a vivirla con toda su alma. En su lírica hay pocas afirmaciones tan terminantes, pocas creencias tan entrañadas, como las que tocan a ese culto del arte.

En primer lugar el Arte es todopoderoso. Él supera todas las limitaciones que se cruzan ante el esfuerzo humano; nada hay que se le oponga, y él sale triunfador de toda empresa terrenal:

> *El Arte es el glorioso vencedor. Es el Arte*
> *el que vence el espacio y el tiempo, su estandarte,*
> *pueblos, es del espíritu el azul oriflama.*
>
> [«Cyrano en España»]

Fue Victor Hugo quien dijo: «L'art, c'est l'azur». Azul significó para Darío la enseña más excelsa, la bandera a que nunca hizo traición, color del pueblo infinito de los creadores.

En el gran arte se halla compañía para la soledad, antídoto para los sinsabores y las acritudes. Tal virtud consoladora la concreta en Cervantes, en un soneto de los *Cantos*:

> *Horas de pesadumbre y de tristeza*
> *paso en mi soledad. Pero Cervantes*
> *es buen amigo. Endulza mis instantes*
> *ásperos, y reposa mi cabeza.*

A sus sueños errabundos, ofrece el autor del Quijote «un yelmo de oros y diamantes», símbolo de la perfección que lo creado por el arte añade a lo natural.

No se sabe a qué libros alude Rubén en su soneto «Libros extraños». Acaso se refiera a ciertas obras de estilo esotérico, a las que era aficionado el poeta. Están escritos «en un lenguaje inaudito y tan raro» que ellos hacen surtir de la misteriosa fuente interior lo más puro y lo más querido; encienden en el alma un faro radiante que se encara con el enorme mar de Dios.

Cuando cantó a Mitre, en la famosa «Oda», miró en él múltiple personalidad, guerrero, político, tribuno. Mitre fue un actor de historia, un creador de historia, de lo cual le acreció gloria perenne. Y, sin embargo, hay otra gloria mayor, y también fue suya:

> *amar, sobre los hechos fugaces de la hora,*
> *sobre la ciencia a ciegas, sobre la historia espesa,*
> *la eterna Poesía, más clara que la aurora.*

Con su adjetivación acusa Darío a la ciencia de actividad que no ve a dónde va; a la historia de algo como confusión y torpeza. Por encima de ellas irradia, señoril, el resplandor de la Poesía, certera y luminosa. Ella también es la esforzada vencedora de las potencias del mal, que se deshacen rendidas ante el canto:

> *Supiste que en el mundo los odios, la mentira,*
> *los recelos, las crueles insidias, los espantos*
> *se esfuman ante el alma celeste de la Lira*
> *que puebla el universo de estrellas y de cantos.*

Es así el Arte, no por propósito didáctico ni sumisión a ninguna doctrina moral, sino por efecto de su inmanente pureza, de su inmaculada perfección, el gran enemigo y debelador de los vicios, el campeón del bien.

La preeminencia del Arte, su valor, tanto en términos generales como personalizada en la historia humana del propio autor, es la idea capital del Prólogo a los *Cantos de vida y esperanza*. El poeta va desarrollando el cuento de su vida a través de una serie de brillantes figuraciones estéticas. Confiesa sin rebozo todos los asaltos de las tentaciones y sus consiguientes derrotas. Se queja de los dones fatales del mundo, amargura y dolor. Pero hay algo que impide su total perdición:

Mas, por gracia de Dios, en mi conciencia
el bien supo elegir la mejor parte;
y si hubo áspera hiel en mi existencia,
melificó toda acritud el Arte.

Mi intelecto libré de pensar bajo,
bañó el agua castalia el alma mía,
peregrinó mi corazón y trajo
de la sagrada selva la armonía

La asimilación de arte y moral sigue siendo evidente. Escapa de los viles pensamientos, de la pequeñez, porque su alma fue lustrada en el manantial de la poesía.

Tantas selvas como hay en la literatura americana—Alfonso Reyes ha hablado justamente del «complejo de la selva»—ninguna dentro de ella, ni las que Rubén exploró en su poesía—«Estival», «Tutecotzimí»—, tan extraña y misteriosa como la selva del Prólogo. Es una mitificación personal, elaborada con elementos conocidos de la Mitología, de la complicación y dualismo de lo humano. Las dos naturalezas del hombre se diversifican en variados seres, el Dios, la hembra, el sátiro, Psiquis, el ruiseñor y la hipsipila, pobladores de esa inventada floresta, que por ella circulan, vecinos y antagónicos; la vida empuja su actividad, en esta fantástica luz silvana, por las formas simbólicas del abrazo del sátiro y el canto del ruiseñor, paralelamente. Es la selva de la experiencia del hombre; con su nivel de abajo, donde el sátiro abraza, y el nivel supremo—la cúpula del laurel—donde Filomela canta por puro amor al canto. Todo está salvado de su carácter ocasional, episódico, por la transmutación mitificadora, que lo eleva a representación abstraída y eterna de la vida en general, de la que brota un último sentido de armonía entre las cosas. Se siente el vasto misterio de la vida, o de la selva, por manera casi religiosa. Y el hombre debe penetrar en ese secreto ámbito como el místico en los caminos que llevan a Dios:

> *El alma que entra allí debe ir desnuda,*
> *temblando de deseo y fiebre santa,*
> *sobre cardo heridor y espina aguda:*
> *así sueña, así vibra y así canta.*

La llama interior—que sin duda vale por el afán creador, el anhelo poético, siempre ardiendo—se ve trifurcada en tres ramales, que son los atributos por los cuales se reconoce su autenticidad: vida, luz y verdad. En la selva, esa fuerza espiritual es la llama ductriz, la que orienta al hombre, llamándole a ese camino con las mismas palabras del Cristo:

> *Vida, luz y verdad, tal triple llama*
> *produce la interior llama infinita;*
> *el Arte puro como Cristo exclama:*
> *Ego sum lux et veritas et vita!*

El Arte comparado con Cristo. Fuerza redentora, agente de purificación, guía salvador del hombre, aquí Rubén Darío, con irreverencia sin malicia, lo coloca en los órdenes de su espíritu allá en lo más alto, a la misma diestra de Dios.

FE EN EL ARTE Y VOLUNTAD DE CREACIÓN

De la virtud del Arte así concebido no se puede dudar, como no se puede dudar del poder de Dios. En Rubén, zarandeado por tantos vendavales de titubeos o indecisión, no se siente ni un soplo de flaqueza en su fe absoluta por el Arte. El culto artístico exige, junto a la fe, las obras; la una impulsa a las otras. Así Darío, por hombre de fe, fue hombre de creación; y en él la voluntad de crear no se amengua ni desmaya, cosa por demás notable en persona tan floja y desmandada para el ejercicio constante de otras voluntades.

En el soneto con que termina *Prosas profanas* el poeta expresa su fe en la misteriosa promesa que le ha sido hecha por las estrellas:

> *los astros me han predicho la visión de la Diosa.*

A ese presagio debe corresponder una actitud, no de pasiva espera, sino de búsqueda:

Yo persigo una forma que no encuentra mi estilo.

Lo único que por el momento se encuentra son vagas realidades, palabras fugitivas, pasajero son de flauta, el surtidor:

y el cuello del gran cisne blanco que me interroga.

Cuál de estas formas, todas imbuidas de una capacidad de símbolo expresivo, será la que le abra el camino hacia la visión de la poesía, no se sabe. Remata el soneto, sin angustia ni prisa, en aire de esperanzada pregunta al futuro, la que el cisne dibuja en la noche con su cuello.

El poeta ha de escucharse por dentro para dar con su propio ritmo; en él está presupuesto su mundo y su canto:

eres un universo de universos,
y tu alma una fuente de canciones.

La música divina, visible en las estrellas, audible en el pájaro, la ajustará a su ritmo. Y, alzándose contra el apático silencio, debe ir buscando poema a poema la realización de su poesía:

mata la indiferencia taciturna
y engarza perla a perla cristalina
en donde la verdad vuelca su urna.

[«Ama tu ritmo»]

Al hablar a su propia alma, en el soneto de *Prosas profanas* que empieza: «Alma mía», le aconseja constancia y firmeza en su destinado camino. Cortando flores, desdeñando espinas, ha de marchar bajo la luz de los astros y el canto de los pájaros:

atraviesa impertérrita por el bosque de males
sin temer las serpientes; y sigue, como un dios...

La fuerza para el viaje le surtirá de la contemplación del ideal que dentro le resplandece y al que debe fidelidad inquebrantable. Es el lema general para todo artista, contenido en el verso inicial:

> *Alma mía, perdura en tu idea, divina.*

Con coloración romántica y localizado en el desván del bohemio, genio desconocido, se presenta la fe en el arte, en una estrofa de rico dibujo interior, en la «Balada en honor de las musas de carne y hueso»:

> *Cabellos largos en la buhardilla,*
> *noches de insomnio al blancor del invierno,*
> *pan de dolor con la sal de lo eterno...*

Y frente a esas realidades, signo de miserias y terrenas oposiciones, el brillo de la juventud en los ojos y la

> *visión de gloria para el libro impreso*
> *que en sueños va como una mariposa,*

el libro que vencerá al tiempo, salvando el oro del cabello cantado por el poeta del filo de los años:

> *el tiempo en vano mueve su cuchilla,*
> *el hilo de oro permanece ileso.*

«La canción de los pinos» acaba en un lírico alegato pro romanticismo. El indiferente, el insensible,

> *aquel que no sienta amor ni dolor,*
> *aquel que no sepa de beso y de cántico,*
> *que se ahorque de un pino: será lo mejor.*

El poeta no es de ésos, es de los que, siguiendo el consejo dado ya a su alma de perdurar en la idea divina, se empeña en su afán:

> *Yo, no. Yo persisto. Pretéritas normas*
> *confirman mi anhelo, mi ser, mi existir.*

Y ello porque se siente poseído de la fe en su destino, de la seguridad en su alto origen y alto final, del amor a la poesía, bajo especie tanto de ensoñación como de concreción:

> *¡Yo soy el amante de ensueños y formas*
> *que viene de lejos y va al porvenir!*

Tan orgullosa proclama a voz en grito de su creencia contrasta con el tono del hermoso poema número XI de los *Cantos*, con su aire de intimidad a lo Rembrandt y análoga atmósfera tiernamente umbrosa, rota al fondo por un mágico resplandor de esperanza.

El poeta está solo, con la conciencia de su excepcionalidad, que le pone una misteriosa blancura en la cara. El mundo, amargo siempre, agudiza para con él su acritud:

> *Para ti, pensador meditabundo,*
> *pálido de sentirte tan divino,*
> *es más hostil la parte agria del mundo.*
> *¡Pero tu carne es pan, tu sangre es vino!*

No importa; la divina paciencia, nutrida por la fortaleza interior, dejará que pasen al lado las horas presentes y sombrías, los odios de los bajos, puesta la vida en lo que aún no se ve más que por fe:

> *Dejad pasar la noche de la cena*
> *—¡oh Shakespeare pobre, y oh Cervantes manco!—*
> *y la pasión del vulgo que condena.*
> *Un gran Apocalipsis horas futuras llena.*
> *¡Ya surgirá vuestro Pegaso blanco!*

GLORIAS Y TRABAJOS DE LA POESÍA

El desempeño por el poeta de su misión no está, por supuesto, exento de sinsabores y aflicciones. La poesía tiene su faz gloriosa, y su reverso de sufrimientos.

En la carta a la señora de Lugones, refiriéndose a las gentes que le censuran por su prodigalidad, escribe:

¿Saben esos
que tal dicen lo amargo del jugo de mis sesos,
del sudor de mi alma, de mi sangre y mi tinta,
del pensamiento en obra y de la idea encinta?

No hace aquí más que insinuar algunas de esas fases arduas y atormentadas por las que ha de pasar la obra poética antes de alcanzar su estado final, el poema, que para los frívolos nada cuesta, y se produce tan sin pena como el canto del ave.

La confesión de estos trabajos que la creación supone, y que el poeta ha de sobrellevar por su causa, es mucho más angustiosa y dramática en el soneto «Melancolía». Se mira el poeta como ser desorientado y sin luz:

Soy como un ciego. Voy sin rumbo y ando a tientas.
Voy bajo tempestades y tormentas
ciego de ensueño y loco de armonía.

Ceguedad ésta equiparable a la del místico, que le saca con bien, por secreta facultad misteriosa, de los temporales que atraviesa, cegado por el soñar, enloquecido por la música interior. Vienen a ser tales locura y ceguedad, por inversión de valor espiritual, razón y luz del poeta:

Ése es mi mal. Soñar. La poesía
es la camisa férrea de mil puntas cruentas
que llevo sobre el alma. Las espinas sangrientas
dejan caer las gotas de mi melancolía.

La poesía es un numen apoderado del poeta, que nunca se libertará de él, y que le aguija el alma sin cesar, con mil puntas. Pero esas gotas de melancolía que se oyen caer ¿no son acaso las obras, los poemas, y con su sangre de sacrificio, gota a gota, no se va marcando la vía gloriosa para el creador?

Esta consideración del poeta como la víctima de su propio don, muy circulante entre los románticos, que ensalzan al creador cual si fuese especie de mártir que sufre por su alma, no se entiende por Rubén como la definitiva, ni debemos quedarnos con el triste gusto a desaliento que dejan sus hermosos versos. Todo lo contrario. En un soneto de extraordinaria gallardía de espíritu, «Tant mieux», Darío se hace cargo, minuciosamente, uno por uno, de todos los impedimentos y arduidades que el mundo y los hombres van poniendo artera o estúpidamente al paso del poeta. Las condensa, alegóricamente, en el laboratorio de Canidia, donde se fabrican la envidia y la ponzoña. En una lista de horrores y bajezas designadas ya directamente, ya traslaticiamente, desfilan el sapo, la araña, el cieno, el guijarro, la insidia, el diente del can mordedor, el odio, los bajos celos, toda la hez de la mala pasión de los hombres. Pero lo curioso es que a cada una de esas humanas ruindades las acoge el poeta con una paradójica forma de bienvenida, con un grito de «Gloria»:

> *Gloria al laboratorio de Canidia,*
> *gloria al sapo y la araña y su veneno,*
> *gloria al duro guijarro, gloria al cieno,*
> *gloria al áspero errar, gloria a la insidia...*

¿Cómo es posible celebrar, glorificándolas, las mayores fealdades y felonías de nuestra naturaleza? El soneto lo hace encarnizadamente, en los dos cuartetos, en el terceto primero. Su estilística es magistral. Cada palabra expresiva de una deformación o maldad va emparejada inevitablemente con un «Gloria». El vocablo se repite trece veces. Ese emparejamiento, verdaderamente monstruoso, va creando en nuestro ánimo una sensación de extrañeza y de incomprensión literal. Algo debe de haber—se dice uno inconscientemente—que explique tan reiteradas incongruencias. Y el terceto último trae la solución, brevemente, en sus tres versos, que deshacen todos los equívocos de los once que anteceden:

> *pues toda esa miseria transitoria*
> *hace afirmar el paso a los Atlantes*
> *cargados con el orbe de su gloria.*

Estos Atlantes de ahora, los Excelentes de poesía, son los Poetas, en su acepción más amplia, los grandes creadores de la humanidad. Para ellos, almas de primera, todas esas maldades y vilezas que la malicia les pone delante son otras tantas pruebas de sus aceros, otras tantas coyunturas ofrecidas para que ellos den la plena medida de su excepcionalidad. La repetición en el soneto de perfidias y miserias logra objetivar poéticamente la ininterrumpida serie de obstáculos con que se encuentra el Poeta, y que, con ser tantos y de tan subida repugnancia, nada pueden contra la firmeza del Atlante. Lo que se le interpuso como estorbo para impedirle el camino se convierte, al ser salvado, en demostración de su fuerza para superarlo, en razón de orgullo y confianza: de este modo queda explicada la contradicción que sirve de tema estilístico al poema: el «gloria a la insidia». El «Tant mieux» es acaso el más brioso y noble acto de fe en la poesía que salió de la pluma de Darío, y la justificación más cabal de todos los dolores que por su causa le traiga la vida al creador.

EL POETA Y SU FUNCIÓN

Las épocas históricas traen y llevan al poeta, como tipo humano, del pudoroso retraimiento del apartado huerto a las mismísimas candilejas de la escena, impudente exhibicionismo. En un breve espacio del siglo XIX, que Rubén Darío tenía recorrido con su imaginación y conocido palmo a palmo, se le presentan dos concepciones del poeta, nacidas en dos escuelas, mejor dicho, en un hombre—aunque él solo era toda una escuela—. Victor Hugo, y una escuela, la del arte por el arte. Darío, para forjar su sintetizadora poesía, se acercó tanto a los manantiales caudalosos de Hugo como a los artísticos surtidores y acuáticos artificios de Gautier y compañía, y en su lírica están transfundidas, decantadas, algunas de las virtudes mejores de esas dos corrientes, tan inseparablemente que casi no se advierte ya su origen. Pero en punto al concepto de lo que el poeta es, de su lugar en la sociedad, ¿era posible análoga fusión?

VICTOR HUGO Y «L'ART POUR L'ART»

Victor Hugo se entregó, durante toda su obra, en prosa y en verso, a una empresa de exaltación del poeta, tan arrebatada que frisa en el delirio. En el William Shakespeare formula su teoría de las grandes almas: «¿Por qué no va a haber grandes almas en la humanidad, como en las selvas hay enormes árboles y altas cimas en el horizonte?». Esas almas son las que hacen rodar la civilización. El hombre grande alzado en un promontorio del pensamiento se encuentra fascinado por el prodigio que ve delante, la vida y su misterio: «Desde este momento será el pensador dilatado, engrandecido, pero flotante; es decir, el soñador. Por un lado tocará con el poeta, por otro con el profeta». Victor Hugo, arrastrado por su frenética retórica mental, desmesura al poeta, le magnifica de tal suerte que aparece como gran maravilla natural, algo así como un Momotombo humano, o de gran gigantón, figurante ilustre en la procesión de la historia; queda perdida toda su delicada persona, su debilidad, su límite que le distingue. En «Les mages», donde vuelca sobre un grupo de grandes almas un soberbio diluvio de imágenes relampagueantes, los llama «actores del drama profundo», «máscaras sombrías de algún incógnito prodigio», y por fin «espléndidos histriones». Con un gran pero:

> *Ah, ce qu'ils font est l'oeuvre auguste!*
> *Ces histrions sont les héros!*

Este sospechoso acercamiento del histrión al héroe, plenamente victorhuguesco, que acaso dice de él más de lo que él quiere decir de los otros, señala en su máximo ese carácter público del poeta, que tiene la vida vuelta al exterior. Su público son los pueblos, nada menos:

> *Peuples, écoutez le poète,*
> *Écoutez le rêveur sacré;*
> *Dans votre nuit, sans lui complète,*
> *Lui seul a le front éclairé.*

En casi todos los libros de Hugo se pueden espigar estas calificaciones sublimes y sublimantes del poeta. «Poetas sagrados, sublimes». «Poetas poderosos tocados por la mano de Dios». Poetas profundos a quienes carga Dios con una vasta frente...

Los escritores de la escuela del arte por el arte no tienen en menos al poeta. Su orgullo no le cede en nada al de Hugo. Pero se niegan a estar vueltos, como el actor lírico, a la multitud que les escucha, allí delante, y a la que ofrecen lo mejor de su don. El sentimiento de aristocracia les empuja hacia el aislamiento o la distancia alterna: «Le principal—escribe Flaubert—est de tenir son âme dans une région haute, loin des fanges bourgeoises et démocratiques». Y en otro pasaje de sus *Correspondences*: «On publie pour des amis inconnus». Esta idea del público, compuesto de algunos amigos desconocidos que la imprenta, «instrument de sympathie», va a alcanzar a larga distancia, es opuesta, radicalmente opuesta, a la de «los pueblos» de Hugo. Ni se imaginan rectores de muchedumbres, pastores de hombres, ni quisieran serlo. Desdeñan la acción y se figuran la vida del artista sin brillo ni recompensa, como labor oscura y encarnizada, sin otro móvil que el ideal de perfección en la obra.

ENTRE EL PROFETA Y EL ARTÍFICE

Rubén conocía lo mismo la plataforma del vate que la oficina del aurífice. Tentado por la primera, lanza su voz a los millones de hispanos de dos mundos; y, seducido por la exquisitez de la segunda, pule y redondea estrofas para los pocos.

Hay en su obra algunas apariciones del tipo huguesco. En Mitre ve una de esas almas grandes con que llevan su actividad por varias vías de grandeza:

> *Cuando hay hombres que tienen el divino elemento*
> *y les vemos en cantos o en obras traspasar*
> *los límites de la hora, los límites del viento,*
> *los reinos de la tierra, los imperios del mar,*
>
> *¡sepamos que son hechos de una carne más pura,*
> *sepamos que son dueños de altas cosas y los*

> *que, encargados del acto de una ciencia futura,*
> *tienen que darle cuenta de los siglos a Dios!*

[«Oda a Mitre», VI]

El argentino entra en las filas de esas «almas grandes» y sufre una operación de agrandamiento, de desmesuración, conforme al patrón de Hugo.

Cuando regresa a Nicaragua, quizás a la vista del Momotombo, consagrado por el francés, otra vez se le repite esa visión de la función del poeta en la tierra:

> *Más sabe el optimista religioso y pagano*
> *que por César y Orfeo nuestro planeta gira*
> *y que hay sobre la tierra que llevar en la mano*
> *dominadora siempre o la espada o la lira.*

Este reparto del mundo sin duda hubiese complacido en lo más íntimo a Victor Hugo en su momento de máxima idolatría a Napoleón, ya que se compendiaba la grandeza del orbe en la espada de Bonaparte, y en una lira, la de su cantor.

> *El paso es misterioso. Los mágicos diamantes*
> *de la corona o las sandalias de los pies*
> *fueron de los maestros que se elevaron antes*
> *y serán de los genios que triunfarán después.*

¿Son otra cosa esos «maestros» más que la procesión, por los siglos, de las «almas grandes» de Hugo, que según él dice se enlazan unos con otros sin solución de continuidad? ¿O que la fantástica comitiva de los Magos, de ayer y de mañana, que hacen girar al planeta con su inspiración genial?

En una ocasión personifica en sí mismo Rubén ese concepto de los «poetas de Dios». Al despedirse de Mayorga Rivas, se confiesa atado por conciencia de su ser de poeta a una misión fatal:

> *Yo debo seguir mi camino...*

EL ARTE, LA POESÍA Y EL POETA

> *De mi destino voy en pos,*
> *entre sombra y luz, peregrino*
> *por secreto impulso de Dios.*

Huguesca es la figura vista y entrevista, medio en tinieblas, medio en claro, avanzando hacia su suerte. Huguesca la máquina que le mueve; mucho más la voluntad del artista que el anhelo de la obra ideal, el mandato de Dios, empujándole hacia su misión, sin que él la haya escogido.

También como investido de un mensaje para el mundo entero, a modo de viajante en poesía, omnipresente, y que no puede hacer estación ni parada por su destino de trovador errante, se ve al poeta:

> *El cantor va por todo el mundo*
> *sonriente o meditabundo.*
> . . . .
> *en automóvil en Lutecia,*
> *en negra góndola en Venecia;*
> . . . .
> *Y entra en su Londres en el tren,*
> *y en asno a su Jerusalén.*

Personaje de todas las tierras y los tiempos, volando con las dos alas de la Armonía y la Eternidad,

> *va el cantor por la humanidad.*

HEROÍSMO DEL POETA

Aún queda otra figuración ideal del poeta que apuntar. La del héroe, no a la moderna, en su carácter social en función de las multitudes, sino la del héroe mitológico, el individuo en plenitud de energía, disparándose hacia la empresa que él aguarda, y sintiéndose tocado de un aliento de divinidad. Se toma como símbolo a Pegaso. La hazaña es montar ese caballo, igual que Belerofonte:

> *Cuando iba yo a montar ese caballo rudo*
> *y tembloroso dije: «La vida es pura y bella».*
> *Entre sus cejas vivas vi brillar una estrella.*
> *El cielo estaba azul y yo estaba desnudo.*

Momento de la iniciación, del arranque del poeta, hacia el ser o el no ser, al borde mismo de su suerte. Gracias a la protección apolínea, el poeta logra domar el corcel de diamantinos cascos. Y ya, insuflado por el entusiasmo y la fe, desprendido de lo terreno, el vivir del poeta será

> *un gran volar, con la aurora por guía,*
> *adelante en el vasto azur, ¡siempre adelante!*

La poesía es fuerza elemental, energía puesta en un hombre, pero que le eleva al través de la empresa mítica, la doma del caballo inmortal, a momentánea categoría de semidios, que hiende el azur simbólico, el cielo del arte, yendo cada vez más lejos en su vuelo.

También en el soneto a Juan Ramón Jiménez se dirige al poeta novel como a un joven guerrero en víspera de su primera aventura:

> *¿Tienes, joven amigo, ceñida la coraza*
> *para empezar, valiente, la divina pelea?*

Esta lucha requiere cualidades sobrehumanas, aparentes a las de los seres míticos:

> *¿Y, como el fuerte Herakles al león de Nemea,*
> *a los sangrientos tigres del mal darías caza?*

Al final añade otro atributo a los exigidos, pertenecientes al mundo del vaticinio o adivinación, antes de dar su espaldarazo al novicio:

> *¿Tu corazón las voces ocultas interpreta?*
> *Sigue, entonces, tu rumbo de amor. Eres poeta.*

En ambos casos se estima la función poética a manera de actividad heroica, o caballeresca, a la que sólo los señalados por la virtud interior pueden lanzarse, domeñando el Pegaso.

Es en la poesía número ix de los *Cantos* donde se maridan en magnífica hechura las dos concepciones, Hugo y Arte por el Arte, del poeta. La primera estrofa es un desatarse de magníficas caracterizaciones hiperbólicas de los poetas, de imagen en imagen:

> *¡Torres de Dios! ¡Poetas!*
> *¡Pararrayos celestes*
> *que resistís las duras tempestades,*
> *como crestas escuetas,*
> *como picos agrestes,*
> *rompeolas de las eternidades!*

La letanía metafórica pertenece a la visión de Hugo: torres, pararrayos, crestas, picos, rompeolas, serie de grandezas naturales, casi todas habitantes de las alturas, en los niveles de las «almas grandes», a la vista de todos, como índices de la magnitud gigantesca a que puede tocar lo humano. Pero a esta estrofa de los Excelentes, sigue la estrofa de los miserables, de los bestiales odiadores de la poesía. Ya se citó al hablar del concepto del vulgo. Los Superiores se enfrentan con sus adversarios naturales, los inferiores, el vulgo, el bestial elemento. Y ese concepto se acerca mucho más al de la escuela del Arte, despectiva, menospreciadora siempre del público desalmado. ¿Qué han de hacer en este trance los poetas? El consejo se les da en los versos finales por vía de metáfora:

> *Torres, poned al pabellón sonrisa.*
> *Poned, ante ese mal y ese recelo,*
> *una soberbia insinuación de brisa*
> *y una tranquilidad de mar y cielo.*

La solución del orgulloso desdén, de la confianza en la propia altura; a ejemplo del firmamento y el océano—de nuevo la tensión huguesca de imagen—cumple al artista la indiferencia sonriente de todo lo grande por todo lo pequeño. En estado de ánimo análogo al del final del Prólogo de los *Cantos*, el poeta se pinta altanero, solitario y sereno, descuidado de la piedra o la flecha con que desde abajo quieran mortificarle los pequeños del alma.

No hay duda de que Darío se buscó muchas veces, deseando encontrarse en la figura ideal del poeta. Que se miró en varios espejos, por él mismo azogados, en busca de la convicción, tan necesitada, de su autenticidad poética, de su real existencia como creador. En todos, aunque cambiaran las imágenes, pudo reconocerse con unos pocos invariables rasgos: creyente fervoroso en la poesía; poseído de la dignidad impar de la función del poeta; puro, por gracia del ejercicio lustral del arte, en medio de las miserias del mundo.

ADMIRACIONES Y MODELOS

Aún conviene completar estas líneas con una referencia a aquellas poesías de Darío dedicadas a artistas o poetas, y que expresan la admiración por ellos sentida o el carácter de dechados o ejemplos con que les mira. La lista es muy variada. El mayor número de nombres corresponde a España: dos pintores, Velázquez y Goya; y poetas, desde Berceo a Antonio Machado y Juan Ramón Jiménez. Cervantes se lleva la palma en lo de sacar de la lírica de Darío las notas más hondas y originales. A Valle-Inclán lo toma como emblema misterioso de alta aristocracia. A Salvador Rueda, «el joven homérida», a modo de valeroso iniciador de una revolución poética. De los no españoles en el soneto a Whitman ve al gran americano revestido del significado profético o sacerdotal del poeta. Las canciones de Díaz Mirón son saludos a la libertad. La mejor poesía de esta clase es—con las «Letanías» quijotescas—el soberbio «Responso» a Verlaine. Ahí sí que infundió Darío mucho de una idea del poeta a quien la Naturaleza entera rinde un misterioso culto, y acude con ofrendas debidas a lo divino; y sobre cuya tumba se pose, como consagración suprema y signo de perdón, la imagen de la Cruz. En las «Letanías»—ya se dijo—*quijotiza* Darío su afán idealizante caballeresco, su generosidad humana y su amor al bien. En el «Responso» busca el acuerdo misterioso, entre la paganía y la cristiandad, todo fundido, incorporado al mundo, en una armonía cósmica y sideral; el poeta es una fuerza más de la tierra que seguirá operando misteriosamente, eterno numen, sobre el pastor, la náyade y el sátiro.

12

CONCLUSIÓN

VARIEDAD DE TEMAS, UNIDAD EN EL ALMA

De este modo se me aparecen, no figurados en mi juicio o por mi prejuicio, sino hechos evidentes en su realidad poética, y con plena objetividad, los temas—el mayor y los menores—de la lírica de Darío. Perfectamente distintos, los tres principios activos, el erotismo agónico, la preocupación social, y la idea del Arte y el poeta, funcionan en ella al parecer encerrados cada cual en su órbita propia. En el orden de las realidades objetivas son, sin duda, del todo independientes. Pero el destino les llevó a convivir en la creación poética de Rubén. ¿Será posible que esos tres grandes temas hayan coincidido en su espíritu, como simples alojados en un mismo recinto, conservándose ajenos y separados sin ninguna forma de contacto fecundativo ni comunicación enriquecedora?

Cierto es que los temas no se tocan por ninguna banda, si se les mira sueltos, abstractamente. Pero una cosa tienen de común: ellos—independientes entre sí—dependen los tres del mismo señor, el espíritu del poeta, a cuyas necesidades y servicios asisten en concurrencia, cada uno por su lado y con su propia virtud. No existiría contacto entre ellos antes, pero en cuanto entren en el ámbito de un alma viva, no hay duda que ha de creárseles alguna forma de relación, nacida del desempeño y ejercicio en común de la función activa en que se emplean y que es servir materia de poesía al poeta, mantenerle poéticamente vivo. Los tres temas no se tocan, pero ¿tocan los tres a la misma alma? Y acaece entonces lo que en el juego del rompecabezas o *puzzle*, cuando tres trozos parecían de imposible ajuste y encaje, por no encontrárseles las superficies adecuadas de contacto, y entonces se halla una pieza que conviene por cada uno de sus lados a las otras tres, y tiene la gracia de descubrir la capacidad de coherencia latente entre ellas y que no se veía.

Así, el alma de Rubén actuó sobre estos tres temas tan disímiles como opera siempre el espíritu poético original, a manera de fuerza correlacionante, de potencia combinatoria, la cual percibe las secretas proximidades de las cosas lejanas y apartadas, sus misteriosas referencias a un centro común, y atrayéndolas desde sus distancias, realiza en sí el inesperado contacto del cual tan sólo él descubrió que eran capaces. Por eso, al final de este ensayo, creo posible explicar cómo, los tres temas rubenianos se ensamblan, en una unidad última, en la vida psicológica original y propia del poeta.

Mantuvo el erotismo agónico a Darío en estado de guerra permanente. Los dos antagonistas en que estaba desgarrada su naturaleza, apenas si le daban punto de reposo—momentos de exaltada y jubilosa inconsciencia—, treguas de descanso que separaban los actos de la dilatada tragedia. El poeta siente imponerse a su ánimo la terrible verdad de que la lucha es el destino inescapable de todo afán erótico que desee su perduración. De ahí le nace un anhelo, creciente de paz. Pues bien, después de leídos atentamente sus poemas sociales, se nos impone la evidencia de que el hilo espiritual donde quedan todos ensartados es la prédica de paz, la esperanza de la paz, el sueño de la paz. ¡Curioso mecanismo de transferencia de esfera a esfera, de tema a tema! Lo imposible dentro del círculo de un tema, lo erótico, ¿no será posible en el círculo del otro, lo social? Darío ve que los hombres lidian entre sí, como en su alma los dos antagonistas, y que la unidad de lo humano colectivo está tan desgarrada como la de su ser individual, entre fuerzas del bien y fuerzas del pecado. De esa coincidencia entre una y otra pugna, nace, colmada de angustia y de sinceridad, la súplica del mayor de los bienes, la paz. La pide para todos, él que la estuvo esperando la vida entera para sí mismo. Se suma Rubén a sus hermanos tristes y, vuelto uno más de la grey sufridora, el gran angustiado erótico recoge la voz de Petrarca, y con ella demanda a gritos para la humanidad entera la paz ansiada. De seguro que ese grito civil y de ágora rebotaba, delicadamente vuelto eco, en su interior, y allí significaba otra cosa, solicitaba otra paz; la suya, la de su alma individual, la paz entre el ángel y el sátiro.

Esa tragedia del poeta empezó, como sabemos, el día en que se arrostraron por vez primera lo erótico y el tiempo, Eros y Chronos. De ese careo sale ya condenado a derrota, en el futuro, el erotismo. Los heroicos intentos—«Poema del otoño»—para disimularse su incapacidad fatal de durar sólo dejan detrás huellas de amargura o melancolía. No puede servir el placer erótico de razón suficiente de vida; porque, en cuanto llamado a morir también, dejaría al hombre sin razón de ser, vacío, tan pronto como él desapareciera. El erotismo es mortal, y por eso hace iguales a los hombres en el sentimiento angustioso del pasar. Pero he aquí que en otro orbe de la vida se alza una forma de acción, un empleo de la energía humana, en el que se promete eternidad. Es el arte y la creación artística. Pensemos en el sepulcro de Lorenzo, en Florencia. Pasó el mozo, pasaron con él sus bizarrías y deportes. Pero perdura el monumento que sobre esos tristes restos alzara el arte de Miguel Ángel: la figura del caballero de piedra, el que es, hija del arte, sobrevive con mucho a la carne y a las primaveras del caballero que fue. ¡Soberbia perspectiva de eternidad, la que está brindando al que la sueña el Arte! Allí, en su mundo, todo es pureza; servicio a altísimos designios, faena de ángeles. Y, el alma atribulada, el herido de sed de eternidad para los besos, de perfección para el abrazo, huye de toda pareja carnal y se entrega a la pasión más pura de todas: al Arte, en donde quedarán compensados por las muchas, las verdaderas, las únicas, las familiares a Pegaso, tantos quebrantos y desilusiones traídos por las impostoras de un momento, las falsas musas, las de carne y hueso. Dentro de la zona del erotismo Rubén las proclamó las mejores. Pero ¿es que no podemos ver ahora oteando su obra entera, toda a la vista y en conjunto, que, en el balance final de su alma, Rubén Darío se desdice de lo dicho y volviendo la espalda a las del parisiense Parnaso, a las musas fáciles de Montparnasse, las olvidadizas, vira su amor devoto a las de la fuente Castalia, que, por hijas de Mnemósine, ni olvidan nunca ni son jamás olvidadas?

Radica el erotismo en el mismísimo más profundo centro de la naturaleza y la poesía de Darío. Dos bienes hay que allí, en ese círculo, no se encuentran: paz y eternidad. Sale Rubén de ese cerco erótico, entra en otros, más de afuera, y vislumbra señales de que en ellos se le puede alcanzar lo que en el otro se le niega. Los hombres es posible, acaso, que vivan en paz; el arte posee, a diferencia del goce erótico, gracia de eternidad. Y entonces opera el mecanismo de transferencia poniendo en comunicación los tres temas, de suerte que dos de ellos sirvan equívocamente de compensadores a la íntima necesidad insatisfecha del otro. Darío, a fuer de gran poeta, se engaña con las palabras que se inventa. Con la palabra paz, que bien sabe él, al cantarla para la humanidad, que no es la misma que él se busca para sí; con el vocablo eternidad, jamás aplicable, como desearía, al placer amoroso, pero que vale y rige, en la esfera del arte, y cuya resonancia llega, consoladora, a todas partes, hasta el abismo erótico. ¡Gran equívoco! Pero ¿es que no está la plena verdad poética como premio al final de los luminosos laberintos, de los resplandecientes equívocos de la poesía? Ella, como todo arte, arriba a la claridad, atravesando entre luces de equívocos.

Así se adunaron por fin, equívocamente, en el alma de Darío el anhelo erótico, la paz y la eternidad. Ése fue su último engaño, revelador de su última y definitiva verdad.

ÍNDICE ALFABÉTICO DE POESÍAS DE RUBÉN DARÍO COMENTADAS EN ESTE LIBRO

A Colón, 199
A Juan Ramón Jiménez, 244
Aleluya, 52
Al rey Óscar, 191-192
Allá lejos, 194
«Ama tu ritmo...», 234
Año lírico, El, 45
A Roosevelt, 204-206
Augurios, 138
«Ay triste del que un día...», 139

Balada en honor de las musas de carne y hueso, 53-55, 235
Blasón, 80

Canción de los pinos, La, 235
Canción de otoño en primavera, 50, 125-130
Canto a la Argentina, 213-217
Canto de esperanza, 159-160
Canto errante, El, 242-244
«Carne, celeste carne...», 55
Cartuja, La, 161-165
Cisnes, Los (I), 200-201; (III), 83; (IV), 81-83
Coloquio de los Centauros, 76, 154
Cyrano en España, 192, 230

Dafne, 72
Dea, La, 227-228

Divagación, 69, 107-108, 110-115
Divina Psiquis, 171-175
Dulzura del ángelus, La, 155-156

Eheu, 147-150
Elogio de la seguidilla, 196
En las constelaciones, 119, 174
Epístola a la Sra. de Lugones, 66
«Era un aire suave...», 102-107
Eros, 67

Fatal, Lo, 142-143

Helios, 227

Invierno, 91-92

Leda, 82
Letanías de Nuestro Señor Don Quijote, 192-193, 229

Marina, 98-99
Mediodía, 65
Melancolía, 237-238
Mía, 56-57
«Mientras tenéis, oh negros corazones...», 237

Se da para mayor facilidad de consulta. Las poesías a que se refiere están comentadas con diversa extensión, unas totalmente y otras sólo en parte. No se incluyen las meramente citadas.

ÍNDICE ALFABÉTICO DE POESÍAS DE RUBÉN DARÍO

Nocturnos, 139-141, 152-153

Oda a Mitre, 231, 242

«*Pax*», 210-212, 220-221
Pegaso, 243-245
Pequeño poema de Carnaval, 69
Poema del otoño, 48, 59-60, 70, 131-132, 144, 147
Pórtico, 196
Programa matinal, 59, 140
Prólogo a los *Cantos de vida y esperanza*, 187-188, 223, 231-233
Propósito primaveral, 67

«Que el amor no admite...», 58

Raza, 198
Reino interior, El, 120-123
Responso, 156-157
Retorno, 195, 242-243

Salmo, 160
Salutación al águila, 206-210, 220-221
Salutación del optimista, 201, 204-206
Soneto a Cervantes, Un, 230
Soneto autumnal al marqués de Bradomín, 229
Soneto pascual, 157
«*Spes*», 158
«*Sum*», 157

«*Tant mieux...*», 238-239
Thánatos, 155
Toisón, 182
«¡Torres de Dios! ¡Poetas!...», 229, 245
Tutecotzimí, 189-190

Venus, 46, 119
Visión, 168-171

«Yo persigo una forma...», 234